Paul F. Knitter · Ein Gott – viele Religionen

Paul F. Knitter

Ein Gott – viele Religionen

Gegen den Absolutheitsanspruch des Christentums

Kösel-Verlag München

Ins Deutsche übertragen von Josef Wimmer. Titel der amerikanischen Originalausgabe »No Other Name? A Critical Survey of Christian Attitudes Toward the World Religions«, erschienen bei © 1985 Orbis Books Maryknoll, New York.

CIP-Kurztitelaufnahme der Deutschen Bibliothek

Knitter, Paul:
Ein Gott viele Religionen : gegen d. Absolutheitsanspruch d. Christentums / Paul F. Knitter. [Ins Dt. übertr. von Josef Wimmer]. München : Kösel, 1988
Einheitssacht.: No other name? dt.
ISBN 3-466-20295-7

© 1985 by Orbis Books, Maryknoll
© 1988 by Kösel-Verlag GmbH & Co., München, für die deutsche Ausgabe.
Printed in Germany. Alle Rechte vorbehalten
Satzarbeiten: Verlagseigene Produktion auf einem PC mit dem Satzprogramm Ventura Publisher
Belichtung: Print Shop Schimann, Pfaffenhofen
Druck und Bindung: Kösel, Kempten
Umschlag: Bine Cordes, Weyarn
ISBN 3-466-20295-7

Für Cathy

Inhalt

Vorwort 11

1. Kapitel
Das Eine gegenüber dem Vielen 17
Der religiöse Pluralismus: Eine neue Erfahrungswirklichkeit 18
Die Möglichkeit und die Notwendigkeit eines einheitlichen Pluralismus der Religionen 26
    Philosophie: Die prozessual-rationalistische Sicht der Wirklichkeit 26
    Soziologie-Psychologie: Persönliche Identität durch Weltbürgertum 31
    Politik und Wirtschaft: Die Notwendigkeit einer internationalen Ordnung 36
Gefahren und die Chancen für die Christen 41
    Die Gefahren 41
    Unvermeidliche Fragen und Chancen 43
    Ein neuer *kairos* für das Christentum 44

2. Kapitel
Kulturelle und christliche Einstellungen zu den Weltreligionen. Ein Überblick 48
Kulturell gängige Einstellungen 49
    Die historische Perspektive: Alle Religionen sind relativ .. 49
    Die philosophische Perspektive: Alle Religionen sind gleich 51
    Die Perspektive der Psychologie: Eine gemeinsame psychische Wurzel für alle Religionen 54
Christliche Einstellungen gegenüber anderen Religionen 57
    Exklusivismus: Das konservative evangelikale Modell – »eine wahre Religion« 58

Modifizierter Exklusivismus: Das gängige protestantische
Modell – »Erlösung nur in Christus« 60
Inklusivismus: Das römisch-katholische Modell – »Viele
Wege – ein Maßstab« 62

3. Kapitel
Das theozentrische Modell: Viele Wege zur Mitte 67
John Hick: Der Mythos der Inkarnation 69
    Eine neue Landkarte der Religionen 70
    Eine neue Christologie 74
Raimondo Panikkar: Der universale Christus und der individuelle Jesus 78
    Ein weltweiter Ökumenismus 79
    Eine »echt universale Christologie« 81
Stanley Samartha: Die Relativität aller Offenbarungen 85
Jüdisch-christlicher Dialog: Jesus ist nicht der endgültige
Messias 89
Befreiungstheologie/Politische Theologie: Absolute Normen
sind unethisch 95
Schlußfolgerung: Eine evolutionäre Wende im christlichen
Bewußtsein? 98

4. Kapitel
Wie ist Jesus einzigartig? Auf dem Weg zu einer theozentrischen Christologie 101
Ein authentischer Dialog 101
Ein neuer *kairos*, eine neue Christologie 104
    Einzigartigkeit und die Christologie des Neuen
    Testaments..105
    Jesus war theozentrisch 106 – Vom Reich Gottes zum
    Sohn Gottes 108
    Christologie von Anfang an: dialogisch, vielgestaltig,
    evolutionär.......................................112
Einzigartigkeit und Ausschließlichkeit 119
    Der historisch-kulturelle Kontext 120
    »Einzig und allein« – Merkmal der Bekenntnissprache 123
Einzigartigkeit und die zeitgenössische Auffassungen der
Inkarnation 125
    Transzendentale Christologie 126

Prozeß-Christologie 129
Was sagen sie und was sie interpretieren 132
Einzigartigkeit der Befreiungstheologie 135
Der Primat der Praxis 136
Orthopraxie und Orthodoxie 138
Und was ist mit der Auferstehung? 141
Schlußfolgerung: Einzigartigkeit und persönliche Hingabe ... 147
Die Psychologie des Glaubens 147
Im Spannungsfeld zwischen Universalität und
Partikularität 149
Ein Bekenntnis mit offenem Ausgang 151

5. Kapitel
Erst handeln, dann wissen – die Herausforderung des interreligiösen Dialogs 153
Dialog als Hermeneutik der Praxis 154
Wesen und Voraussetzung des Dialogs 156
Wie stellt man es an? – Die Rolle der Vorstellungskraft ... 166
Dialog auf der Grundlage eines Wahrheitsmodells 171
Das frühere Modell 172
Das neue Modell 173
Implikationen für die religiöse Erfahrung und die
missionarische Tätigkeit 177
Das Bedürfnis nach einer globalen Theologie 183
Globale Fundamentaltheologie 187
Globale Systematische Theologie 189
Globale Praktische Theologie 191
Was wird kommen? Ist Jesus einzigartig? 192

Anmerkungen 196

Vorwort

Jede Theologie, so sagt man, wurzelt in einer Lebensgeschichte. Das vorliegende Buch bestätigt diese Feststellung. Die Theologie, die hinter den Fragen und versuchsweisen Antworten steht, die ich auf den folgenden Seiten untersuchen möchte, erwuchs aus meinen eigenen inneren Kämpfen als christlich Glaubender. Die Motivation zur Abfassung dieses Buches entstand mit anderen Worten nicht nur aus dem Wunsch, ein drängendes theologisches Problem zu erforschen, sondern auch und mehr noch aus dem Bedürfnis, zu einer tiefergehenden Integrität und Verbindlichkeit meines eigenen christlichen Glaubens zu gelangen.
Ich habe in den etwa zwanzig vergangenen Jahren durchaus nicht geringe Probleme verspürt, das, was ich von anderen Glaubensrichtungen gelernt und erfahren habe, mit dem zu verbinden, was ich herkömmlichen christlichen Lehren – insbesondere bezüglich der Einzigartigkeit und Letztgültigkeit Jesu Christi und des Christentums – entnommen habe.
Aus meinen Erfahrungen im Hörsaal einer katholischen Universität und in einer typischen katholischen Pfarrgemeinde weiß ich, daß ich damit nicht allein bin; andere Christen haben dieselben Probleme. Dieses Buch wird ihnen, so hoffe ich, ebenso helfen wie es mir geholfen hat, jene Probleme in Augenschein zu nehmen und nach neuen Antworten zu suchen – nach Antworten, die sowohl unseren heutigen Erfahrungen wie der christlichen Tradition gerecht werden.
Die Struktur des Buches spiegelt den Weg wider, den ich verfolgt habe, als ich mich mit der Frage nach dem Verhältnis von Christus/Christentum zu anderen Religionen auseinandersetzte und sie zu lösen versuchte. Das erste Kapitel dient der Problemstellung: die neue Erfahrung des religiösen Pluralismus in der Welt von heute, die Vision einer neuen Art von Einheit und Dialog unter den verschiedenen Religionen, die viele Menschen haben, und die ver-

wirrenden Fragen, auf die jene Christen stoßen, die sich zu dieser Art von Einheit und Dialog hingezogen fühlen.

Das zweite Kapitel untersucht ein paar der weitverbreiteten Einstellungen bezüglich der Frage, warum es so viele Religionen gibt. In gewisser Hinsicht teilen wir alle diese Allerweltsurteile des gesunden Menschenverstandes oder werden irgendwie von ihnen beeinflußt: »Alle Religionen haben ihre Grenzen und können einander nicht beurteilen. Allen ist ein Wesentliches oder ein Ursprung in der Seele des Menschen gemeinsam.« Diese verbreiteten Ansichten mögen zwar weitgehend stimmen – sowohl im allgemeinen als auch in theologischer Hinsicht – aber sie erscheinen doch auch zu oberflächlich, zu wenig hinterfragt.

Realistisch gehe ich aus von verschiedenen christlichen Modellen, Zugang zu anderen Religionen zu erhalten und sie zu verstehen: das konservative evangelikale, das gängigste protestantische und das katholische. Jedes ist insoweit hilfreich, als es zentrale christliche Glaubensüberzeugungen betont, die in den interreligiösen Dialog eingebracht werden müssen. Keines dieser konfessionell gefärbten Modelle scheint jedoch wirklich in der Lage zu sein, auf das zu hören, was die Jünger anderer Wege zu sagen haben. Das Problem, das sie alle haben, dreht sich anscheinend um den traditionellen christlichen Anspruch auf den Vorrang und die Normativität Jesu Christi.

Das dritte Kapitel zeigt auf, daß bei einer breitgestreuten Zahl von Theologen (und ich vermute, auch bei vielen »gewöhnlichen Gläubigen«) ein neues »theozentrisches« Modell für die christliche Begegnung mit anderen Glaubensrichtungen Gestalt annimmt. Dieses theozentrische Modell scheint mir die vielversprechendste Richtung für eine christliche Annäherung an die Jünger anderer Wege zu sein. Aber es ist neu und stellt für viele Christen eine Bedrohung dessen dar, was sie als die eigentliche Grundlage ihres Glaubens empfinden: daß Jesus Christus im Mittelpunkt steht. Im vierten Kapitel versuche ich daher, die Stichhaltigkeit dieses theozentrischen Modells zu bekräftigen, indem ich zeige, inwiefern eine theozentrische Theologie mit dem Zeugnis der Heiligen Schrift und mit einem großen Teil der maßgeblichen zeitgenössischen Theologie übereinstimmt. Das fünfte Kapitel geht der Frage nach, wie eine theozentrische Christologie und Theologie der Reli-

gionen für die derzeitige Aufgabe des Dialogs nutzbar gemacht werden können. Eine theozentrische Sicht der Religionen und Jesu Christi gestattet den Christen, sich ganz an Jesus zu binden *und* für andere Wege offen zu sein.
Auf dieser Bahn bewegt sich mein Forschen – und das anderer Menschen. Sie bedarf größerer Zustimmung durch »die Herzen der Gläubigen«, ehe sie als überzeugende christliche Denkschiene gelten kann. Ich hoffe, daß dieses Buch eine derartige Validierung voranbringt.
Kurz zum Thema »Modelle«: Wie die zeitgenössische Theologie beweist, können Modelle (oder »Typen« bzw. »Paradigmen«) sehr nützlich sein, wenn man ein vielschichtiges und vielgestaltiges theologisches Territorium darstellen will. Die Gefahr liegt wie bei jedem Klischee darin, daß die Landkarte für das Territorium gehalten wird. Modelle können aufgrund ihrer unvermeidlichen Allgemeinheit nicht umhin, die Ausnahmen und die Meinungsvielfalt jenes Bereiches auszusparen, den sie näher zu bestimmen versuchen. Wenn ich also von »konservativen evangelikalen« oder »katholischen« Modellen des Verständnisses anderer Religionen spreche, sage ich damit nicht, daß alle Evangelikalen oder Katholiken sich zwanglos in diese Nischen einfügen lassen; viele Katholiken fühlen sich beispielsweise im gängigsten protestantischen Modell mehr zu Hause als im katholischen. Glücklicherweise gibt es heutzutage eine Menge ökumenische Vermischung. Ich gebe diesen Modellen konfessionelle Namen, weil ihre jeweiligen Hauptvertreter einer bestimmten Konfession angehören; jedes Modell wurzelt in den Kernsätzen einer gesonderten christlichen Tradition und wird von ihnen getragen. Wenn wir die verschiedenen konfessionellen Wurzeln verstehen, können wir auch die verschiedenen christlichen Ansätze im Hinblick auf andere Glaubensüberzeugungen besser verstehen und einschätzen. Die Verwendung dieser Modelle sollte daher auch den innerchristlichen Dialog fördern.
Da ich dieses Buch insbesondere für jene Art intelligenter und Fragen stellender Laien geschrieben habe, denen ich im Hörsaal und bei den Gemeindeversammlungen begegnet bin, habe ich versucht, die Argumente so unkompliziert und den technischen theologischen Jargon so gering wie möglich zu halten. Wo Fachausdrücke notwendig schienen, habe ich sie zu übersetzen versucht.

Ich habe aber auch an meine theologischen Kollegen gedacht. Bei der Behandlung der Frage nach dem Verhältnis von Christus/Christentum zu anderen Religionen stehen zentrale christliche Lehrsätze oder Überzeugungen auf dem Spiel. Ich wollte diese Lehren nicht von oben herab behandeln. Ich mußte in die »theologische Diskussion« einsteigen.

Obschon ich versucht habe, die Anmerkungen auf ein Minimum zu beschränken, wollte ich doch auch verdeutlichen, daß ich bei der Erwähnung der Ansichten anderer Autoren akkurat bin oder anscheinend neue bzw. unorthodoxe Gedanken durchaus in guter theologischer Gesellschaft vortrage. Obwohl dieses Buch in erster Linie eine persönliche Glaubensaussage für andere, Glauben suchende Menschen ist, soll es doch auch ein achtbarer theologischer Beitrag sein.

Das Buch entwickelte sich aus Vorlesungen für Anfänger und Fortgechrittene an der Xavier University in Cincinnati und an der Catholic Theological Union in Chicago. Ich habe seinen Charakter als Lehrbuch absichtlich und in der Hoffnung beibehalten, daß auch andere Lehrer es als nützliches Instrument empfinden, wenn sie Kurse über interreligiösen Dialog, über das Christentum und die Weltreligionen und über Christologie anhalten. Die ersten drei Kapitel versuchen eine genaue Darstellung sowie eine sorgfältige Kritik des aktuellen Gedankengutes in bezug auf den religiösen Pluralismus; die beiden letzten Kapitel versuchen, neuen Boden urbar zu machen. Die fünf Kapitel finden problemlos in einem Semester Platz. (Bei einer einsemestrigen Vorlesung habe ich herausgefunden, daß den Studenten eine zusätzliche Diskussionswoche willkommen ist, bei der es um die Kapitel über das theozentrische Modell und vor allem um die abschließenden Kapitel über Christologie und die Praxis des Dialogs geht.) Die ergänzende Literatur, die in Anmerkungen zu jedem Kapitel genannt wird, ist sorgfältig ausgewählt. Sie ist wenig umfangreich und ermöglicht den Studenten, Primärquellen oder abweichende Meinungen eingehender zu untersuchen.

In dem Jahr vor der endgültigen Abfassung dieses Buches erschienen – ein wenig, explosionsartig – zahlreiche Untersuchungen zum Thema Christentum und religiöser Pluralismus. Sie weisen, wie ich glaube, darauf hin, daß nach der intensiven Diskussion einer »Theologie der Religionen« in den 50er, 60er und frühen 70er

Jahren[1] das Thema erneut akut wird. Vielleicht signalisieren diese Bücher tatsächlich einen *kairos*, einen neuen Kontext, in dem eine Überprüfung der Art und Weise, wie das Christentum sich selbst und andere Religionen versteht, notwendig und möglich ist. Eine kurze Kommentierung dieser rezenten Veröffentlichungen kann durchaus geeignet sein, in meine Studie einzuführen und ihre Absicht herauszustellen.

Willard Oxtoby bietet in seinem Buch *Offenes Christentum*[2] eine allgemeinverständliche und klare Einführung in die Probleme, die sich aus dem neuen christlichen Gewahrsein anderer Religionen ergeben; er bleibt mit Absicht an der Oberfläche seines Gegenstandes. Eingehendere Analysen der erforderlichen Veränderung unserer christlichen Einstellungen gegenüber anderen Wegen liefern Walbert Bühlmann *(Alle haben denselben Gott)*, Arnulf Camps *(Partners in Dialogue)*, John B. Cobb, Jr. *(Beyond Dialogue)* und Richard Drummond *(Toward a New Age in Christian Theology)*[3]. Sie bleiben jedoch alle – wie ich auf den folgenden Seiten andeuten werde – innerhalb der Grenzen des von mir so genannten katholischen Modells für eine Theologie der Religionen.

Bühlmann und Camps setzen den Vorrang und die Endgültigkeit der Selbstoffenbarung Gottes in Christus voraus und stellen sie nicht in Frage. Cobb und Drummond sind sich der Schwierigkeiten traditioneller Ansprüche auf die Normativität Christi bewußt, und obwohl sie in ihrem Ruf nach einem authentischeren Dialog diese Frage aufgreifen, halten sie an der notwendigen Vervollständigung anderer Religionen fest, die in der geschichtlichen Offenbarung Gottes in Jesus Christus liegt[4]. Solche Ansprüche, so werde ich einwenden, müssen für eine Revision offen sein; wenn sie überhaupt erhoben werden sollen, muß dies mit größerer Behutsamkeit geschehen, als diese Autoren sie an den Tag legen. Alan Race zeigt eine derartige Behutsamkeit in seinem Werk *Christians and Religious Pluralism*[5]. Wir teilen viele Bedenken und Schlußfolgerungen, besonders hinsichtlich der Einzigartigkeit Jesu. Obwohl wir uns in unseren Deutungen einzelner Theologen (besonders von Raimundo Panikkar, Hans Küng, Paul Tillich und John Robinson) unterscheiden, weisen Race's »Typen« (Exklusivismus, Inklusivismus, Pluralismus) und meine Modelle eine erstaunliche und bestätigende Ähnlichkeit auf. Unsere Studien werden einander ergänzen. Ich habe aber versucht, den theologischen Gehalt jedes Modells/ Typus und die Theologen, die für sie jeweils stehen, ausführlicher und nuancierter darzustellen. Darüber hinaus habe ich versucht, den Relativismus zu vermeiden, der den Schlußfolgerungen von Race immer noch anhaftet[6].

Ich kann nicht all die Menschen erwähnen, deren Weisheit und Unterstützung hinter diesen Seiten und in ihnen steht. Phil Scharper vom Verlag Orbis Books, war buchstäblich von Anfang an, als ich den Inhalt des Buches zum ersten Mal skizzierte, an meiner Seite. Bill Danker und Jerry Anderson trugen zur Entscheidung der American Society of Missiology bei, meine Untersuchung in die entsprechende Reihe aufzunehmen; ihre kritischen Bemerkungen zu dem ganzen Manuskript waren oft verwirrend und immer lohnend. Für ihre hilfreiche Beurteilung einzelner Abschnitte des Manuskriptes schulde ich Raimundo Panikkar, Stanley J. Samartha, James Ebner, Monika Hellwig, William Collinge, Archie Nations und Peggy Starkey meinen Dank. Für das Durchlesen des gesamten Textes sowie für die Bereinigung von Stil und Argumentation danke ich Coralyn Kendall, Dennis Doyle und vor allem meiner Frau Cathy Cornell.

1. Kapitel
Das Eine gegenüber dem Vielen

Die Überschrift dieses Kapitels könnte bei einem empfindsamen Leser das Gefühl eines *déjà vu* hervorrufen. Sie klingt wie eine weitere Wiederaufbereitung des alten Problems von dem Einen und dem Vielen. Die Frage, ob die Wirklichkeit Atome, Menschen, Götter letzten Endes eine Einheit oder eine Vielheit ist, hat den menschlichen Geist von Heraklit und Parmenides bis Alfred North Whitehead, von den Sehern der Upanishaden bis zu den zeitgenössischen Zen-Buddhisten aufgestachelt und geplagt.
Dieses einleitende Kapitel gibt keine nochmalige Wiederaufbereitung des Problems zum Besten; es versucht vielmehr – im Licht des Ringens unserer Welt des 20. Jahrhunderts, den Eintritt ins 21. Jahrhundert zu schaffen – eine neue und andersartige Auseinandersetzung mit der uralten Frage. Wie alle wahrhaft großen Fragen verfolgt auch die nach dem Vielen und dem Einen den menschlichen Geist unablässig – nicht, um uns in immer neue Verwirrungen zu stürzen, sondern um uns zu immer neuen Erkenntnissen über uns selbst, unsere Welt und die Art und Weise, wie wir unser Leben leben sollen, anzuspornen.
Ich möchte mich der Frage nach dem Einen im Gegensatz zum Vielen im Zusammenhang der Weltreligionen – der *vielen* Weltreligionen – zuwenden. Von den dunklen Ursprüngen der Spezies Mensch an, als der Funke des Bewußtseins sich ausdehnte und die brennende Sorge um den Sinn des Lebens entstehen ließ, hat es immer viele Religionen gegeben, deren jede ihre eigenen »letztgültigen« Antworten besaß. Unsere heutige weltweite Kommunikation hat uns schmerzlicher als je zuvor den religiösen Pluralismus und die vielen verschiedenen letztgültigen Antworten bewußt gemacht.
Warum schmerzlich? Weil die Quantität und die Qualität dieses Wissens um die vielen und anderen Religionen heutzutage einen wahren Berg von Fragen aufwirft, denen sich religiöse Menschen

der Vergangenheit, wohlgesichert in ihren jeweiligen für sich seienden religiösen Lagern, nie gegenüber sahen: Warum gibt es so viele verschiedene Religionen? Wenn Gott Einer ist, sollte es da nicht auch Eine Religion geben? Sind die Religionen alle gleich wahr, gleichermaßen falsch? Haben sie alle etwas gemeinsam? Wie sollten sie sich zueinander verhalten? Sind die vielen Religionen tatsächlich eins? Oder noch etwas spezifischer: Wie sollte sich *meine* Religion zu den anderen verhalten? Kann ich von anderen Religionen etwas lernen? Kann ich von ihnen mehr lernen als von meiner eigenen? Warum gehöre ich der einen Religion und nicht einer anderen an?

Dies sind schmerzliche Frage für jeden, der den religiösen Glauben ernst nimmt. Immer mehr Menschen glauben heute, sie könnten vor solchen Fragen nicht davonlaufen, jedenfalls dann nicht, wenn ihr eigener Glaube aufrichtiger werden soll. Das gilt besonders für Christen – vielleicht deshalb, weil sie immer gemeint oder gesagt bekommen haben, daß ihre Religion die einzig wahre sei, daß die »vielen« anderen Religionen nach dem Willen Gottes dazu bestimmt seien, schließlich zur »einen« christlichen Religion zu werden.

Auf den folgenden Seiten dieses Kapitels soll der Versuch gemacht werden, all diese Fragen nach der einen und den vielen Religionen anzugehen und auszuloten. Ehe wir wirklich nach einer Antwort suchen können, müssen wir uns des ganzen inhaltlichen Gewichts und der Dringlichkeit der Frage bewußt sein. Um dahin zu gelangen, widmen wir uns zunächst folgenden Punkten:

1) der Realität des religiösen Pluralismus in der Welt von heute;
2) der neuen Vision einer religiösen Einheit, die diese Realität vielen Denkern nahelegt und
3) den Problemen, die sich aus all dem für den engagierten, intelligenten Christen ergeben.

Der religiöse Pluralismus: Eine neue Erfahrungswirklichkeit

Viele Faktoren haben zusammengewirkt, so daß die uralte Tatsache des religiösen Pluralismus für viele Menschen von heute eine neue Erfahrungswirklichkeit darstellt. Der bedeutendste Faktor ist auch der offenkundigste: das Wissen. Wir im Westen wissen heute mehr über andere Religionen als je zuvor. Die Religionswissenschaft hat einen langen Weg zurückgelegt, seit sie durch Max Müller mit der Veröffentlichung seiner *Beiträge zur vergleichenden Mythologie* und besonders seiner *Einleitung in die vergleichende Religionswissenschaft* (1874)[1] begründet wurde und zu wissenschaftlichen Ehren gelangte. Was zunächst eine esoterische Stoffsammlung war, die den Philologen, Lexikologen, Phänomenologen oder vergleichenden Philosophen in seinem Elfenbeinturm entzückte, ist zu einer immensen, allgemeinverständlich geschriebenen und herrlich bebilderten religiösen Literatur angewachsen, die die Regale der amerikanischen und europäischen Buchhandlungen füllt. Neben der Bibel finden sich Übersetzungen der *Bhagavad Gita*, des *Tao Te Ching*, des *Dhammapada*. Erläuterungen zur Bedeutung und zum Wert des Hinduismus, Buddhismus und Taoismus von Huston Smith, Alan Watts und Mircea Eliade verkaufen sich ebenso gut – wenn nicht sogar besser – wie die Werke christlicher Theologen. Immer mehr Menschen bieten sich immer mehr Gelegenheiten, etwas über jene anderen Religionen zu erfahren, die nicht ihre eigenen sind. Und sie machen sich diese Gelegenheiten zunutze.

Westliche Christen werden in ihrem Wunsch, mehr über andere zu wissen, von dem wachsenden Bewußtsein motiviert, daß »wer nur einen kennt, keinen kennt«. Das weitverbreitete Interesse an anderen Religionen hat sich anscheinend über seine enthusiastische, weniger kritische Frühphase der 50er und frühen 60er Jahre hinausentwickelt, wo viele Menschen nach Osten schauten, als fänden sie dort ein Allheilmittel für all ihre persönlichen und religiösen Frustrationen[2]. Heute sind die religiösen Konsumenten größtenteils viel kritischer: Sie kaufen ein neues »Produkt« nicht, ohne zuerst die Inhaltsstoffe sorgfältig zu prüfen. Aber der Wunsch, andere »Produkte« kennenzulernen, besteht immer noch.

Dies zeigt sich insbesondere an der unausgesetzten Beliebtheit von Vorlesungen über die Weltreligionen für die jüngeren Semester unserer Universitäten. Derartige Vorlesungen ziehen die Studenten nach wie vor mindestens ebenso stark an wie die Standardvorlesungen über christliche Theologie. Bei ihrem Studium der anderen Religionen sind die Studenten aber im allgemeinen nicht damit zufrieden, einfach nur über die Lehren oder religiösen Praktiken zu hören

– über *Nirwana* oder *Karma* oder *Brahman* oder das *Tao*. Sie werfen Fragen bezüglich der Bewertung, der Wahrheit, des Vergleichs mit der christlichen Lehre auf oder zwingen den Lehrer, es zu tun. Selbst in Seminaren über christliche Theologie spüren die Studenten, daß die Kenntnis nur ihrer eigenen Religion keine wirkliche Kenntnis ist. Charles Davis gibt die Erfahrung manch eines Professors der Theologie wider: »Es ist immer schwerer, vor jungen Menschen eine religiöse Frage zu erörtern, ohne sie in den Kontext aller Weltreligionen zu stellen... Die Studenten wollen religiöse Fragen nicht nur im Rahmen christlicher Vorstellungen diskutieren... Der religiöse Pluralismus hat zweifelsohne im Bewußtsein der jüngeren Generation Platz gegriffen.«[3]

Das Wissen, das aus dem religiösen Pluralismus eine neue Erfahrungswirklichkeit macht, ist nicht nur ein Wissen über andere religiöse Systeme oder Ideen. Es ist auch und vor allem ein Wissen über andere religiöse *Menschen*. Es ist *eine* Sache, sich mit einer religiösen Wahrheit abstrakt auseinanderzusetzen – anhand einer bedruckten Seite oder bei einer Vorlesung im Hörsaal; ganz etwas anderes ist es, wenn man sie im Leben eines Freundes leibhaftig vor sich sieht. Das ist es nämlich, was in unserer schrumpfenden Welt passiert.

Unsere heutigen Nachbarn sind vielleicht nicht nur Baptisten oder Juden, sie können auch Hindus oder Moslems sein:

»Das religiöse Leben der Menschheit wird von nun an, wenn es denn überhaupt gelebt werden soll, in einem Kontext des religiösen Pluralismus gelebt werden... Das trifft auf uns alle zu; nicht nur für die ›Menschheit‹ im allgemeinen auf einer abstrakten Ebene, sondern für dich und mich als individuellen Menschen. Menschen mit einem anderen Glauben sind nicht mehr an der Peripherie oder stehen uns fern als nichtssagende Kuriositäten von Reiseberichten. Je aufmerksamer wir sind und je mehr wir am Leben teilnehmen, um so mehr finden wir heraus, daß sie unsere Nachbarn, unsere Kollegen, unsere Konkurrenten, unsere Kameraden sind. Anhänger des Konfuzius und Hinduisten, Buddhisten und Moslems sind nicht nur in der UNO mit uns zusammen, sondern auch auf der Straße. Das Schicksal unserer Zivilisation wird nicht nur in wachsendem Maße von ihren Handlungen beeinflußt; wir trinken vielmehr mit ihnen persönlich auch Kaffee.«[4]

Weil wir einander so nahe kommen, »lernen wir jeweils die

Sprache des anderen, sowohl buchstäblich als auch im übertragenen Sinne.«[5] Jeder, der solche Erfahrungen gehabt hat, weiß, was sie alles in sich schließen und welche Fragen sie aufwerfen. Wenn wir einen Freund, Kollegen oder Nachbarn haben, der seinen Lebenssinn auf einem religiösen Pfad gefunden hat, welcher sich offensichtlich vom Christentum ziemlich unterscheidet, sind wir nicht nur beeindruckt, sondern auch verwirrt. Ein Zen-Buddhist, der seinen Frieden durch eine Übung gefunden hat, die nicht einmal die Existenz Gottes lehrt, oder eine Hinduistin, die die »Erlösung« in der Erkenntnis entdeckt hat, daß es zwischen ihr und anderen Menschen und einem Baum keinen wesentlichen Unterschied gibt – was bedeutet das für *unser* Leben und für *unsere* Glaubensanschauungen? Wir wissen wohl, daß solche Freunde keine religiösen Fanatiker sind. Sie sind normale, glückliche Menschen, die ihre Arbeit verrichten, ihre Kinder großziehen – ebenso gut oder vielleicht besser als wir – und ein Leben der Liebe, des Dienens, der Hingabe leben. Wir können uns nicht einfach zurücklehnen und selbstgefällig folgern, dies sei eben gut für sie; wir wollen mehr über sie sowie über die Bedeutung ihres Lebens und ihrer Glaubensüberzeugungen für unsere christliche Identität erfahren. So verspürt unsere »eine« christliche Religion den machtvollen Einfluß der »vielen« anderen.

Dieser Einfluß wird noch bedrängender, wenn wir uns sorgfältig ansehen, was die neunzehn Jahrhunderte christlicher Missionstätigkeit tatsächlich erreicht haben. Gewiß sind die Errungenschaften umfangreich und lobenswert. Dank des Schweißes und Blutes der Generationen von Missionaren ist die christliche Kirche auf allen Kontinenten und in fast jeder Nation »eingepflanzt« und präsent. Die Vision und die Wertvorstellungen des Nazareners, wie sie in der Bergpredigt enthalten sind, haben, so hat Gandhi richtig erkannt, auch jene Kulturen erstaunlich beeinflußt, die sich standhaft weigern, christlich zu heißen. Wenn wir aber berücksichtigen, daß das Ziel der christlichen Mission die Bekehrung ist, wird das Bild weniger eindrucksvoll, ja eigentlich ziemlich entmutigend. Nach zweitausend Jahren missionarischer Arbeit machen die Christen nur etwa 31 Prozent der Weltbevölkerung aus. Wenn die gegenwärtigen Trends der Bevölkerungsentwicklung anhalten, wonach der Hauptanteil der Bevölkerungsexplosion in nicht-westlichen, nichtchristlichen Ländern stattfindet, werden die Christen nach den Prognosen einiger Fachleute um das Jahr 2000 nur noch 16 Prozent der Weltbevölkerung stellen[6].

Wenn wir lediglich in Betracht ziehen, wer zum Christentum bekehrt worden ist und heute noch wird, sehen wir uns weiteren ernüchternden Erwägungen gegenüber: »Im wesentlichen waren es abergläubische Stammesreligionen und ein dekadenter Götterglaube, die vor dem bemerkenswerten Voranschreiten des Christentums im Mittelmeerraum und in der europäischen Welt in die Knie gingen, als der Glaube sich dort behauptete, wo heute der Sitz der kulturellen Tradition des Christentums ist. Das ist die Art von Feld, die für die christliche Ernte immer am goldensten ist.«[7]
Eine Religion als »abergläubisch« zu bezeichnen, hat zugegebenermaßen einen ethnozentrischen Unterton; wir müssen jedoch den geschichtlichen Tatsachen der christlichen Mission ins Gesicht sehen: die große Mehrheit der Bekehrten kam von polytheistischen oder animistischen Religionen oder von solchen, die ihren Einfluß auf die Herzen der Menschen bereits verloren hatten. Waren die christlichen Missionare mit lebendigen Religionen, vor allem mit solchen, denen irgendein intellektuelles System zugrundelag, konfrontiert, so hatten sie praktisch keine Konversionserfolge.

Ein bekannter Kirchenhistoriker faßt es so zusammen: Bis zum 20. Jahrhundert konnte das Christentum »relativ wenige Konvertiten aus dem Islam, dem Hinduismus und dem Buddhismus verbuchen.«[8]

Die großen Weltreligionen stehen immer noch neben dem Christentum als die vielen gegenüber der einen! Was bedeutet das für eine Religion, die sich selbst als die einzig wahre Religion betrachtet hat, die von Gott dazu ausersehen ist, alle Völker in sich zu begreifen?

Während die Christen eingestehen, daß Jahrhunderte missionarischer Schwerarbeit die Realität des religiösen Pluralismus nicht beseitigen konnten, erleben sie gleichzeitig – und zu ihrem erneuten Entsetzen – ein Wiederaufleben des missionarischen Elans bei eben diesen anderen Religionen. Hindus, Buddhisten und Moslems behaupten, ihre Botschaft habe, wie die des Christentums, »universale Bedeutung«. Sie wollen ihren eigenen Beitrag zu der sich entfaltenden modernen Welt leisten und glauben, ihrer könnte vielleicht bedeutsamer sein als ein Großteil dessen, was das offizielle Christentum verbreitet und erreicht hat. Andere Weltreligionen senden demgemäß ihre eigenen Missionare aus, damit sie in den Missionsgebieten eine Konkurrenz aufbauen und sogar in den Hinterhöfen des Christentums – in New York, San Francisco, Chicago und Cincinnati – ihre Stationen errichten.

Dieses missionarische Ausgreifen zeigte sich schon 1893 auf dem Weltparlament der Religionen, als Swami Vivekananda, ein Schüler Ramakrishnas, den Hinduismus als universalen Glauben für die ganze Menschheit präsentierte. Seine Arbeit und seine Vision bestehen in den dreizehn Zentren der Vedanta Society fort, die über die Vereinigten Staaten hin verstreut sind. Die neo-vedische Neueinschätzung des Hinduismus unter der geistigen Führung des Mystiker-Philosophen Sri Aurobindo und des Oxford-Gelehrten und Politikers S. Radhakrishnan ruft das gleiche Gefühl einer universalen Bedeutung wach.

Der erneute Vorsatz des Buddhismus, den universalen *Dharma* für alle Menschen zu verkünden, wurde 1952 sichtbar, als U Thaken Nu, der Premierminister von Burma, die Weltfriedenspagode in Burma erbauen ließ und verkündete, daß der Buddhismus eine Botschaft für die politischen Nöte der Welt hat. Die Konferenz der Weltföderation der Buddhisten im Jahre 1961 brachte einen missionarischen Eifer zum Vorschein, der jenem der großen missionarischen Ratsversammlungen des Christentums in unserem Jahrhundert ebenbürtig ist. Die Gründung des Naropa Institute in Boulder, Colorado, im Jahre 1974 und seine staatliche Anerkennung als Institution für Höhere Studien bestätigt die intellektuellen und kritischen Grundlagen des buddhistischen Ausgreifens auf Amerika.

Politische und ökonomische Entwicklungen der letzten Jahre haben auf klare und vielleicht beunruhigende Weise bezeugt, daß die Moslems ein erneuertes Gefühl ihrer islamischen Identität und Präsenz in der modernen Welt haben. Hinter den manchmal fanatischen Äußerungen dieses islamischen Wiederauflebens gibt es durchaus auch die Bemühungen vieler moslemischer Gelehrter und Gläubiger, eine dialogischere und kooperativere Form ihrer Botschaft herauszuarbeiten.

Man sollte nicht zu schnell von hinduistischen und buddhistischen »Missionaren« hier in den Vereinigten Staaten sprechen. Sie würden uns sicher klarmachen wollen, daß der Zweck ihrer Präsenz unter uns nicht in erster Linie die Bekehrung, sondern die Kommunikation ist – sie möchten der religiösen Musik des Westens ihre Melodien beigesellen. Dennoch: Die Tatsache, daß sie unter uns sind und wissen, was sie wollen, sowie die Tatsache, daß wir ihre Stimmen hören, bedingen eine neue Erfahrung des religiösen Pluralismus, die eine neue Ära in der religiösen Geschichte der Welt anzuzeigen scheint: »Die religiöse Geschichte der Menschheit vollzieht in unserem Jahrhundert eine ebenso monumentale Wende wie die politische oder ökonomische, und wir könnten sie durchaus wahrnehmen, wenn wir nur hinschauen würden. Das rapide Anwachsen einer lebendigen und selbstbewußten religiösen Neuorientierung von Buddhisten, Hindus und so weiter beweist eine neue Phase nicht nur in der Geschichte dieser Einzeltraditionen, sondern auch in der Geschichte des gesamten Komplexes menschlicher Religiosität, zu dem auch das Christliche gehört – und zwar in einer zunehmend partizipatorischen Form.«[9]

Die neue Wahrnehmung des religiösen Pluralismus treibt unser kulturelles Bewußtsein der einfachen, aber tiefgründigen Einsicht entgegen, *daß es den einen und einzigen Weg nicht gibt*. Die Macht dieser Erkenntnis betrifft in ihren Auswirkungen nicht nur die Religionen, sondern auch die verschiedenen Kulturen, Philosophien und Wirtschaftssysteme. »Heutzutage hat die Welt des Sinnes kein Zentrum.«[10] Etwas persönlicher formuliert heißt das: Wir sehen uns der Tatsache gegenüber, daß »ich (meine Vernunft, mein Bewußtsein, mein Sein, meine Nation, meine Religion) das Wirkliche nicht erschöpfend ausmache noch auch sein Zentrum bin – vielmehr lediglich einer seiner Pole, wenn überhaupt. Es gibt andere«[11].

Das neue Gewahrsein der Vielheit, des Pluralismus, wird nicht nur als ein Provisorium oder als vorläufiges Zugeständnis empfunden, das wir solange tolerieren müssen, bis wir mit einem Superplan daherkommen können, mit dessen Hilfe wir all diese »anderen« Schafe in den einen Pferch zusammentreiben können. Der Pluralismus folgt nicht einfach aus der Beschränktheit des menschlichen Geistes, der nicht »alles unter einen Hut bringen kann«. Er scheint vielmehr aus dem Stoff gemacht zu sein aus dem die Realität besteht, scheint dem zu entsprechen, wie die Dinge sind und wie sie funktionieren. Ohne Vielfalt, ohne die vielen anderen, könnte unsere Welt – von den Atomen und Molekülen bis hin zu den Pflanzen, Käfern und Menschen – nicht existieren und funk-

tionieren. Die Wirklichkeit ist wesenhaft pluriform: vielschichtig, reich, kompliziert, geheimnisvoll.. »Der Pluralismus ist keine bloße Rechtfertigung von Meinungen, sondern die Erkenntnis, daß das Wirkliche mehr ist als die Summe aller möglichen Meinungen.«[12]
In einem gewissen Sinn werden wir also nie in der Lage sein, alles zusammenzubringen. Es kann nie nur jeweils ein Exemplar geben. Wir spüren das heute. Und deshalb sind wir auf der Hut vor jedem Menschen oder jeder Bewegung, die sich als das eine und einzig Wahre oder als letztgültiges Wort präsentieren. Die Einbahnstraße ist wahrscheinlich der Weg zur Zerstörung. Vielleicht ist dies der bleibende Sinn der Geschichte vom Turmbau zu Babel; Gott der Herr hat vor der Verwüstung gewarnt, die allen Träumen oder Projekten einer monolithischen, eingleisigen Sicht der Wirklichkeit innewohnt.
Gleichwohl führt uns unser neues Gewahrsein der Pluralität auch zu der Erkenntnis, daß selbst dann, wenn es *den einen Weg* nicht geben kann und immer *die vielen* geben wird, die »vielen« nicht einfach als viele existieren können. Wir spüren es, daß die vielen nicht in einer *splendid isolation*, einander in einer Art müder und indifferenter Toleranz angähnend, existieren können. Sie können auch nicht in wütender Opposition zueinander bestehen, Gewehr bei Fuß oder von den Abschußrampen ihrer Raketen aus einander entgegentretend. Irgendwie müssen sie sich begegnen und zueinander in Beziehung treten – nicht um sich gegenseitig zu vertilgen oder zu absorbieren, sondern um voneinander zu lernen und sich gegenseitig zu helfen. Die Worte der frühen amerikanischen Patrioten bekommen in unserer pluralistischen Welt einen neuen und dringlicheren Sinn: Wenn wir – die vielen in unserer Vielheit – nicht zusammenhängen, werden wir getrennt hängen. So wird der Puralismus nicht nur zu einer Tatsache, die wir anerkennen, sondern auch zu einer Herausforderung, die wir bewältigen müssen:
»Der Pluralismus ist heutzutage ein existentielles Problem des Menschen, das drängende Fragen nach der Art und Weise unseres künftigen Lebens inmitten so vieler Optionen aufwirft. Der Pluralismus ist nicht mehr bloß die alte Lehrbuchfrage nach dem Einen und dem Vielen; er ist zum konkreten Alltagsdilemma geworden, verursacht durch das Aufeinandertreffen wechselseitig unvereinba-

rer Weltanschauungen und Philosophien. Heute stehen wir vor dem Pluralismus als vor der sehr praktischen Frage der planetaren Koexistenz der Menschen.«[13]

Wir haben daher in unserer zeitgenössischen pluralistischen Welt das Gefühl, daß wenn es *die eine* Religion nicht geben kann, auch nicht einfach *viele* Religionen vorhanden sein können. Im folgenden Abschnitt dieses Kapitels werde ich die Gründe beleuchten, aus denen heraus viele Menschen heutzutage auf eine neue Art von Einheit zwischen den vielen Religionen der Welt drängen – auf einen *einheitlichen Pluralismus** der Religionen.

Die Möglichkeit und die Notwendigkeit eines einheitlichen Pluralismus der Religionen

»Einheitlicher Pluralismus« ist ein ziemlich zweideutiger Begriff. Seine Bedeutung kann sich klären, wenn wir die Gründe durchsehen, warum heute viele Menschen bekunden, dieser einheitliche Pluralismus sei nicht nur möglich, sondern auch nötig. Wir können die Argumente für einen einheitlichen Pluralismus unter den Religionen gemäß den jeweiligen grundlegenden Ausgangspunkten zusammenfassen: den philosophischen, den soziologisch-psychologischen und den politisch-ökonomischen.

Philosophie: Die prozessual-relationalistische Sicht der Wirklichkeit

Eine philosophische Hauptströmung unserer Tage bringt in typisch komplexem Jargon eine Sicht der Wirklichkeit zum Ausdruck, von der viele »gewöhnliche« Leute das Gefühl haben, sie treffe auch auf ihr individuelles Leben zu: daß nämlich die Welt und alles in ihr sich *in Entwicklung* befindet oder *im Prozeß* ist. Schlagwortartig heißt das: Wir sind nicht in einem Zustand des *Seins,* sondern

---

**Anm. d. Übers.:* Der Ausdruck *unitive pluralism* weist mehrere Bedeutungsnuancen auf, die bei der deutschen Übersetzung »einheitlicher Pluralismus« stets mitzudenken sind: Pluralismus in Einheit, nach Einheit strebender oder auf Einheit zielender Pluralismus, einheitstiftender Pluralismus, einheitlicher Pluralismus.

in einem Zustand, oder besser in einem Prozeß des Werdens. Nichts auf der Welt ist einfach so gegeben oder vorgefertigt, so daß es nur nach einem vorausbestimmten Plan zusammengesetzt werden müßte. Wir und alles um uns her sind vielmehr in einen Prozeß ständiger Veränderung, Bewegung und Erforschung von Neuland einbezogen.

Diese Einsicht in den Zustand des menschlichen Denkens ist nicht gerade brandneu; vor zweitausendfünfhundert Jahren hat Heraklit beobachtet, daß »alles fließt« und daß wir nicht zweimal in den gleichen Fluß steigen können. Heute formulieren moderne Denker das Thema des Heraklit erneut und radikaler, mit größerer Klarheit und Überzeugungskraft. Zu solchen zeitgenössischen Neuformulierungen gehören die Weltbilder eines Alfred North Whitehead und eines Charles Hartshorne, nach denen die Wirklichkeit in ein prozeßhaftes schöpferisches Abenteuer verwickelt ist; eines Teilhard de Chardin, demgemäß das Universum sich unter Schmerzen, aber stetig von der Biosphäre über die Noosphäre zur Einheit im Punkt Omega hinentwickelt; eines Bernard Lonergan und seiner »allmählich in Erscheinung tretenden Wahrscheinlichkeit einer Weltordnung«; eines Aurobindo schließlich, der in hinduistischer Weise die Welt auf die Göttlichkeit hin sich entfalten sieht[14].

Die Vision, die diese Denker vorbringen, unterscheidet sich grundlegend von jener Sicht der Welt, die den Geist und die Phantasie der westlichen Zivilisation nahezu während ihres gesamten Bestehens geleitet hat. Für die Mehrheit der Europäer des Mittelalters bis hin zur Renaissance entsprang die Schöpfung der Hand Gottes als fertiges Produkt, das unveränderlich und hierarchisch geordnet war. In diese Ordnung hatte man nicht hineinzupfuschen. Die Menschen sollten sich an ihre Stellung im Verhältnis zu Gott halten. In der göttlich verfaßten Ordnung der Dinge sollten auch die gesellschaftlichen Klassen so bleiben, wie sie waren; Gott wollte die Leibeigenen als Leibeigene und die Feudalherren als Feudalherren haben.

Natürlich hat sich etwas verändert, aber die Veränderungen waren nie wirklich radikal oder essentiell. Aus Eicheln wurden Eichen und aus Kindern Erwachsene. Es war eher eine Sache des natürlichen Wachstums der Gegebenheiten als eine Entwicklung von etwas wirklich Neuem. Die radikale Veränderung in der Welt war dem Ende der Zeiten vorbehalten. Selbst das erste wissenschaftliche Weltbild – das des Isaac Newton – stellte die Wirklichkeit als eine kunstvoll geschmiedete Maschine dar, die nach definierbaren und unveränderlichen Gesetzen arbeitet. Ein unwandelbares, gottgegebenes »Naturgesetz« herrschte über die Welt der Menschen und der Atome.

Ein Zusammenwirken vieler Ereignisse und Entdeckungen änderte diese Vorstellung einer unveränderlichen Welt. Die tiefgreifenden Umbrüche der Französischen Revolution und die Industrielle Revolution brachten einige Menschen auf den Gedanken, die gesellschaftliche Ordnung könnte vielleicht gar nicht so unwandelbar und gottgegeben sein, wie sie gemeint hatten. Darwins Entdeckung der biologischen Evolution war sogar noch umwälzender für die Stabilität der Dinge. Sein Buch *Die Entstehung der Arten durch natürliche Zuchtwahl* forderte, die Schöpfung – so man überhaupt an sie glauben sollte – müsse nicht als weit zurückliegendes Ereignis, sondern als kontinuierlicher Prozeß gesehen werden, der immer noch unabgeschlossen und undeterminiert ist.

Dann kamen die Erkenntnisse und Entdeckungen der »neuen Physik«, angebahnt durch Albert Einstein, die über eine Zeitspanne von zwanzig oder dreißig Jahren das Newton'sche Universum grundlegend umformten. Die Wirklichkeit wurde nicht länger als eine wohlgeordnete Maschine aus säuberlich miteinander verbundenen Einzelteilen betrachtet. Sie war vielmehr ein Geschwirr an Aktivität, ein ständiger Prozeß, dessen einzelne Teile nicht einmal eindeutig zu bestimmen und zu orten waren. Auf der untersten, der subatomaren Ebene schien die Welt überhaupt keine »Grundbausteine« oder »Seinspartikel«, sondern vielmehr einen verschlungenen, in ständiger Verwandlung begriffenen und beziehungsreichen Prozeß der Aktivität oder des Werdens aufzuweisen.

Vor allem die neue Physik hat der Philosophie eine weitere Einsicht in das Wie der Dinge vermittelt: Wenn alles eher ein Werden als ein Sein ist, vollzieht das Werden sich durch *ein Geflecht wechselseitiger Beziehungen*. Wenn wir nun als Werdende Seiende sein können, können wir nur Werdende sein, wenn wir »die Hand ausstrecken« und in Beziehung treten. Nichts, weder ein Elektron noch ein Mensch, kann »eine Insel für sich« sein. Auch die moderne Psychologie versucht, aus dieser wesenhaft *interrelationalen* Qualität der Wirklichkeit die atemberaubenden Implikationen herauszuschälen. »Wir sind unsere Beziehungen« ist schon

fast zu einem Klischee geworden. Es ist schwer, diesen Satz als buchstäblich wahr zu begreifen, weil wir die Dinge immer noch als Substanzen statt als Ereignisse betrachten; wir halten uns selber in erster Linie für Individuen statt für Partner.
Die Struktur unserer Sprache als solche hindert uns, zu begreifen, daß wir unsere Beziehungen *sind*. Wir fangen unser Denken und Reden mit Nennwörtern an, auf die dann Tätigkeitswörter folgen; das Subjekt muß dem Prädikat im allgemeinen vorausgehen. Wenn wir die Sprache der Hopi-Indianer nachfühlen und sprechen könnten, die vorwiegend aus Verben aufgebaut ist, welche als Nomina fungieren, wären wir vielleicht der Wirklichkeit der Welt und unser selbst näher. Wir sind nicht an erster Stelle Individuen, die dann in Beziehung zueinander treten; vielmehr macht uns gerade unser Auf-andere/anderes-Bezogensein – wie wir in Beziehung treten, uns verhalten, und mit wem oder was – zu Individuen (oder verleiht uns den Anschein, solche zu sein). Wir sind nicht »Werdende«, sondern »Mit-Werdende«. Nehmen wir das »Mit-« weg, hören wir auf zu existieren. Diese allseitige Bezogenheit unserer Existenz ist ebenso real wie jenseits aller feinsäuberlichen begrifflichen Analyse und eindeutigen Formulierung. Nach dem Sprachgebrauch des Physikers David Bohm sind wir alle und die ganze Welt Teil einer »impliziten Ordnung«, eines unendlich komplexen und dynamischen Netzwerkes wechselseitiger Beziehungen und Verhältnisse[15].
Diese Denker glauben, daß die Vielfalt, die Pluralität der Schöpfung mit der Fähigkeit zu immer größerer Einheit begabt ist, auch wenn viele von ihnen sich nicht in der Lage fühlen, den Endpunkt dieses Potentials einfachhin anzugeben. Die Vielen sind gerufen, eins zu sein. Aber dieses Eine verschlingt die Vielen nicht. Die Vielen werden genau dadurch eins, daß sie die Vielen bleiben, und das Eine kommt zustande, indem jedes einzelne der Vielen seinen umschriebenen Beitrag für die anderen und so für das Ganze erbringt. Dieser Vorgang zielt auf eine immer durchdringendere Konzentration der Vielen aufeinander und so auf ihre Sammlung in ein größeres Ganzes. Die Individualisierung wird zwar abgeschwächt, aber die Personalisierung wird verstärkt; das Individuum findet sein wahres Selbst als Teil anderer »Selbste«. Die Bewegung geht also nicht auf ein absolutes oder monistisches Einssein hin, sondern auf so etwas wie einen »einheitlichen Pluralismus«, eine

Einheit in der Vielheit, auf Pluralität, die Unität konstituiert. Ist das alles nun nur ein Traum, Produkt einer dichterischen Verzückung? Vielleicht. Wie wir sehen werden, haben wir wohl heutzutage keine andere Wahl, als diesen Traum zu träumen und zu versuchen, ihn Wirklichkeit werden zu lassen.

Das oben Gesagte ist den Anhängern Teilhards und den Lesern prozeß-philosophischer/theologischer Werke oder der Bücher eines Wissenschaftler-Philosophen wie Fritjof Capra[16] durchweg vertraut. Aber was bedeutet es für die Religionen der Welt? Jeder, dem dieses philosophische Modell des Werdens durch Bezogenheit sinnvoll erscheint, wird in ihm eine Optik finden, mit deren Hilfe er die neue Erfahrung des religiösen Pluralismus interpretieren kann, die im ersten Abschnitt dieses Kapitels beschrieben wurde. Die Weltreligionen treffen wie nie zuvor aufeinander und erleben ein neues Gefühl der Identität und der Existenzbestimmung, weil sie sich – wie Atome und Menschen und Kulturen – durch bessere wechselseitige Beziehungen auf eine durchdringendere Einheit zubewegen. Sie werden von etwas angereizt, was die schöpferische Verlockung zu sein scheint, die in aller Realität vorhanden ist, und zu einer neuen Form von Einheit, zu einem einheitlichen Pluralismus vorangedrängt.

Einheit in der Vielheit ist ein *neues* Verständnis von religiöser Einheit und darf nicht mit der alten, rationalistischen Vorstellung der »einen Weltreligion« gleich welchen Namens verwechselt werden. Die neue Vision der religiösen Einheit hat nichts mit *Synkretismus* zu tun, der sämtliche historischen Unterschiede zwischen den Religionen verdampft, um ihren gemeinsamen Kern zu institutionalisieren; sie hat auch nichts mit *Imperialismus* zu tun, der der Überzeugung ist, es gebe eine und nur eine Religion, die die Macht hat, alle anderen zu purifizieren und anschließend zu absorbieren[17]. Sie hat auch nichts mit einer gewissen faulen Toleranz gemein, die alle Religionen auffordert, einander als vollgültig anzuerkennen und anschließend zu ignorieren, während sie auf ihren jeweiligen selbstzufriedenen Wegen wandeln. Ein einheitlicher Pluralismus ist vielmehr eine Einheit, in der jede Religion ihre Personalität verstärkt (ihr Selbstgewahrsein durch Beziehung), auch wenn sie an Individualität (ihr separates Ego) ein wenig verliert. Jede Religion wird sich ihre Einzigartigkeit bewahren, aber diese Einzigartigkeit wird sich entwickeln und durch die

Beziehungen zu anderen Religionen, in wechselseitiger Abhängigkeit, neue Tiefendimensionen gewinnen.
Und wiederum fragen wir uns einen Augenblick lang, ob das alles nur ein phantastischer Traum ist.

Soziologie-Psychologie: Persönliche Identität durch Weltbürgertum

Im Licht der neuen Perspektiven aus dem Bereich der Soziologie und Sozialpsychologie erscheint der Traum weniger phantastisch. Diese Perspektiven rühren von einem erneuten Ringen mit dem uralten Problem des Verhältnisses von Individuum und Gesellschaft her. Wie kann der individuelle Mensch gleichzeitig seine persönliche Identität erlangen und Teil der Gesellschaft sein sowie ihren Forderungen entsprechen? Dank solcher Psychologen und Pädagogen wie Lawrence Kohlberg erkennen wir heute die Wichtigkeit der Weiterentwicklung vom »konventionellen« zum »postkonventionellen« Verständnis von Identität und Moral.
Die konventionelle persönliche Identität ist im wesentlichen eine kindliche: ich gehorche, ich übernehme Regeln oder Wertvorstellungen, um im Gegenzug akzeptiert und von Mami und Papi geliebt zu werden. So vernünftig die Wertvorstellungen aber auch sein mögen, sie sind nicht wirklich meine eigenen. Und meine Identität ist es auch nicht. Die postkonventionelle Identität mit der eigenen Person spornt die Menschen an, in ihrem Heranwachsen Wertvorstellungen und Rollen aus freien Stücken, mit Verstand und kritisch zu akzeptieren. Die Wahrheit oder Gutheit dessen, was ich zu tun und zu sein beliebe, wird nicht von der Belohnung, die ich dafür erhalte oder von seiner Konformität mit den Erwartungen der Nachbarn, des Chefs oder der Eltern bestimmt; es wird seine Wahrheit in sich selber tragen. Wahrheit und Werte werden eine *universale* Qualität haben, die unabhängig davon ist, was die Gesellschaft von mir erwartet oder fordert. Indem ich sie als allgemeingültig anerkenne, werden sie meine Wahrheit und meine Werte, meine Identität sein[18].
Einigen Zeitgenossen ist jedoch klar geworden, daß ein derartiges Verständnis der postkonventionellen Identität nicht ausreicht. Gesellschaftsanalytiker wie die der Frankfurter Schule der »Kriti-

schen Theorie« warnen uns, daß in dieser neuen und notwendigen Betonung der persönlichen Freiheit und Selbstbestimmung das Krebsgeschwür eines destruktiven – persönlichen und nationalen – Individualismus haust. Die Gefahr im Festlegen des Wahren und Guten für und durch mich liegt in dem Umstand, daß ich immer nur *meine* Wahrheit und *mein* Gutes erhalte und daß ihre universale Qualität verlorengeht. Die Kriterien für die Festlegung des Wahren richten sich allzu leicht danach, welchen Nutzen mir und meiner Identität die Wahrheit bringen wird; wie sie auf andere Menschen wirkt und ob sie ihnen vielleicht Schaden zufügt, bleibt unberücksichtigt. Die Möglichkeit der Selbsttäuschung und der Eigennützigkeit droht noch mehr Schaden anzurichten, wenn eine einzelne Nation mit diesen Wahrheitskriterien ihre postkonventionelle Identität sucht. Allzu leichtfertig wird als universale Wahrheit, als verbindlich für alle anderen Nationen proklamiert, was für die eine Nation oder Kultur sinnvoll erscheint und funktioniert. Die Verkündigung einer solchen Wahrheit bei anderen Nationen wird leicht zu einem Instrument ihrer Ausbeutung.

Im Anschluß an Jürgen Habermas, einen Vertreter der Kritischen Theorie, betont Charles Davis nachdrücklich, daß unsere individuellen Identitäten »universalistisch« sein müssen, wenn unsere postkonventionelle persönliche Identität sich wirklich auf *allgemeingültige* Werte gründen soll. Das bedeutet, daß wir in unserer zeitgenössischen Welt zu keinen allgemeingültigen Werten gelangen können, wenn wir ausschließlich im Hinterhof unserer eigenen Kultur oder Nation bleiben. Wir müssen aus unserem Hinterhof oder unserer Nachbarschaft heraustreten und gemeinsam mit den Menschen auf der anderen Seite der Straße oder des Ozeans nach Wertvorstellungen streben, die unsere kollektiven Identitäten begründen können. Ohne diese Bemühungen um Kommunikation und Kooperation können wir nicht umhin, einander zu täuschen und zu verletzen:

»Die menschliche Gesellschaft von heute kann innerhalb der Grenzen eines festgefügten Kollektivs mit eigenem Territorium und besonderer Organisation zu keiner vernünftigen Identität kommen. Unsere grundlegende soziale Identität kann nicht von der Mitgliedschaft in einem stabilen Kollektiv herrühren, das uns als starre objektive Wirklichkeit gegenübertritt. Eine derartige soziale Identität ist mit unserer universalistischen persönlichen Identität unvereinbar. Die tiefste Schicht der kollektiven Identität besteht nicht in der Mitgliedschaft in einem festgelegten Gemeinwesen, sondern in jenem Prozeß universaler Kommunikation, der die Menschen, ohne Unterschiede zu machen, in der Heranbildung eines neuen kollektiven Willens, in der Schaffung einer neuen kollektiven Identität auf der Ebene des konkreten Handelns, in der Formung einer neuen globalen Ordnung vereint.«[19]

Das heißt, daß wir heutzutage *Weltbürger* sein müssen, um gute Staatsbürger jedweder Nation zu sein.

Wilfred Cantwell Smith deutet auf dasselbe, wenn er hervorhebt, daß wahres Wissen, lebenspendendes Wissen, nicht Sache der kalten individuellen Objektivität ist, sondern nur Folge eines von ihm so bezeichneten »kritischen, korporativen Selbstgewahrseins« sein kann. Das Selbstgewahrsein oder die persönliche Identität muß kritisch sein; wir müssen unsere Intelligenz und unsere Vernunft gebrauchen. Es muß aber auch korporativ oder, wie er sagt, »global« oder »transkultural« sein: wir müssen auch die Erfahrung und Intelligenz der anderen nutzen. »Im menschlichen Bereich ist die wahre Erkenntnis jene, die alle intelligenten Männer und Frauen gemeinsam haben und durch Beobachtung und Beteiligung gemeinschaftlich verifizieren können. Wahre menschliche Erkenntnis ist diszipliniertes und korporatives Selbstgewahrsein.«[20]

Eine Wahrheit, die nur für mich gilt, an der andere nicht teilhaben und von der sie infolgedessen keinen Nutzen haben können, ist eine sehr verdächtige Wahrheit. Smith sagt es kurz und bündig: »Unser aller Wahrheit ist Teil der Wahrheit jedes einzelnen von uns.«[21]

Wenn wir diese Vorstellungen von »universalistischer persönlicher Identität« und »kritischem, korporativem Selbstgewahrsein« ernstnehmen, bemerken wir, daß sich unsere Einstellung gegenüber Fremden auf der praktischen Alltagsebene drastisch verändert. Der Fremde, das neue Gesicht, der Mann mit dem Turban oder die Frau mit der anderen Hautfarbe kommt uns nicht mehr wie eine Bedrohung oder ein Gegner vor, sondern erscheint uns als Partner und Freund. Wir werden das Gefühl bekommen, daß wir uns nicht wirklich selber kennen, solange es Fremde, Menschen, die wir nicht kennen, gibt. »Sobald die Annahme, ein Fremder sei minderwertig, erschüttert ist, wird er *als* Fremder erlebt. Und sobald man sich eingesteht, daß man *ihn* nicht versteht, gerät man unter den

Zugzwang, sich einzugestehen, daß man sich selber nicht versteht.«[22] Wir begreifen heute allmählich – und es wird ja auch immer dringlicher – daß wir zur Beantwortung der ewigen Fragen »Wer bin ich?« erstmal fragen müssen: »Wer bis du?«:
»Und das ist eine radikal andere Frage, denn sie kann nicht nur ohne dich nicht beantwortet werden, sondern sie braucht dich auch als Mit-Frager... und das ›dich‹ ist der Pygmäe und der Moslem und die Frau und der Kommunist und der Christ und der Demokrat und die Ehefrau und der Arbeiter und der Arme ... Wie können wir behaupten, uns mit den Letztfragen des Menschen zu befassen, wenn wir nicht aufhören, den Menschen auf den Amerikaner allein oder auf den Christen allein oder auf den Schwarzen, den Mann, den ausschließlich Heterosexuellen, den Gesunden und ›Normalen‹ oder auf den sogenannten Zivilisierten zu reduzieren?«[23]
Solche Erkenntnisse können bedrohlich sein. Aus der Erfahrung der Notwendigkeit und nicht zur Ruhe kommenden Komplexität des Lernens von fremden Menschen und des Zusammenlebens mit ihnen geben es heute viele Menschen auf, sich weiterhin zu bemühen und errichten immer höhere Zäune um ihre Vorgärten und Hinterhöfe. In vielen Ländern lebt zur Zeit der Nationalismus wieder auf. In gewisser Hinsicht ist das nicht gänzlich ungesund, denn wir brauchen »Wurzeln«, wir müssen unsere eigene Kultur kennen und schätzen, wenn wir versuchen, von anderen zu lernen. In dem Versuch, die Universalität fremder Kulturen zu verstehen, können wir draufkommen, daß wir in Wirklichkeit keine von ihnen verstehen. Wir brauchen einen klaren Begriff davon, wer wir sind, ehe wir diesen Begriff durch das Kennenlernen anderer erweitern und korrigieren können. Weltbürger zu werden heißt nicht, seine ursprüngliche Staatsbürgerschaft aufzugeben – und kann es auch nicht heißen.
Die größere Gefahr in der Welt von heute scheint aber zu sein, daß wir uns aus Angst oder Stolz so sehr an unsere persönlichen Identitäten und an unsere eigene Nation klammern, daß wir uns schließlich weigern, von einem Fremdling etwas zu lernen. Und eine Welt von Fremden ist eine Welt von Feinden. Wenn unsere geteilte Welt nicht in Rauch aufgehen soll, wenn sie tatsächlich ein globales Dorf werden soll, müssen wir Weltbürger werden. Wir müssen unsere persönlichen Identitäten gemeinsam mit anderen finden. Diese notwendige Entwicklung wird am meisten durch den Nationalismus

und den Ethnozentrismus bedroht. »Der hundertprozentige Amerikaner oder Russe oder wer auch immer ist unser aller Feind. Wir brauchen ein Stück Weltbürgertum in dem Menschen.«[24]
Es ist klar, was dieses erst seit kurzem erkannte Bedürfnis nach Weltbürgertum für die Weltreligionen bedeutet: Die Anhänger der einen Religion müssen in einem gewissen Ausmaß auch Anhänger anderer Religionen sein. So wie sich die Menschen heute bewußt werden, daß sie eine authentische persönliche Identität nicht erlangen können, ohne sich dem freien Austausch und Dialog mit anderen Menschen zu öffnen, spüren auch religiöse Menschen, daß sie ihre eigene religiöse Identität und ihre eigene Religion nicht wirklich verstehen können, wenn sie nicht mit anderen Religionen in Kontakt treten. Es wird allmählich deutlich, wie engstirnig und naiv und hochmütig wir sein können, wenn wir nie aus unsren Tempeln und Kirchen hinausgehen. Um die Frage »Wer ist mein Gott?« zu beantworten, müssen wir die Frage »Wer ist dein Gott?« stellen.
In dieser Notwendigkeit der Öffnung gegenüber anderen verdichtet sich ein aktuelles religiöses Problem vieler Christen. Sie meinen nämlich, daß zwar ein großer Teil der übrigen Welt um eine universalistische Identität kämpft, ihre eigene Religion aber immer noch weitgehend von einer konventionellen religiösen Identität beherrscht wird. Dieses Gefühl führt zu einer gewissen schizophrenen Spannung im Bewußtsein vieler Christen; die zeitgenössische Welt ruft sie auf, Weltbürger zu werden, aber ihre Prediger oder Priester sprechen die Sprache des »Einen und Einzigen« und der missionarischen Eroberung.
Angesichts der neuen Erfahrung des Pluralismus, besonders des religiösen Pluralismus, reagieren viele Kirchen mit einer Art religiösem Nationalismus. In einer Welt so vieler unterschiedlicher Meinungen und so vieler »Grauzonen« wird die Religion zum alleinigen Refugium absoluter Gewißheit, schwarz-weiß gemalter, unwandelbarer Wahrheit. Ein derartiger religiöser Nationalismus vermittelt in der Tat eine warme Hülle der Sicherheit, aber er tut es oft um den Preis eines Fanatismus, der jeglichen persönlich zu eigen gemachten Glauben erschwert und wie eine Beleidigung der Intelligenz und Integrität des Menschen wirkt.
Eine religiöse Weltbürgerschaft oder postkonventionelle religiöse Identität muß die Zugehörigkeit zur eigenen Religion nicht aus-

schließen und tut es auch nicht. Wir brauchen auch in religiöser Hinsicht Wurzeln. Eine Art »religiöse Weltraumfahrt«, bei der wir versuchen, in mystischer Weise über allen religiösen Traditionen dahinzusegeln, ohne einer von ihnen anzughören, läßt ein ernsthaftes religiöses Leben, eine echte religiöse Hingabe nicht zu. Um religiös zu sein und es damit auch ernst zu meinen, muß man im allgemeinen einer Religion angehören.

Eine universalistische Religionszugehörigkeit ist jedoch etwas anderes als die traditionelle, konventionelle. Charles Davis beschreibt, was sie mit sich bringt:

»Eine postkonventionelle oder universalistische religiöse Identität ist folglich dann verwirklicht, wenn Menschen, die zwar einer religiösen Tradition angehören, aber nicht an ihre festgefügten Inhalte oder Formen gebunden sind, als freie und autonome Personen an einem Prozeß der uneingeschränkten und ungezwungenen Kommunikation mit anderen Menschen teilnehmen, die der gleichen Tradition oder einer anderen oder gar keiner angehören, und sich dabei mit dem Ziel der Übereinkunft, nicht der Konformität, über religiöse Angelegenheiten austauschen.«[25]

»Universalistische religiöse Identität« ist mit anderen Worten ein weiterer Ausdruck für den einheitlichen Pluralismus, der das Gebot der Stunde für die Weltreligionen ist. Sie ist eine neue Form der religiösen Einheit, in der jede Religion ihre eigene Identität beibehält, aber gleichzeitig von neuem in und mit anderen Religionen entdeckt. Nimmt der Traum schon mehr Substanz an?

Politik und Wirtschaft: Die Notwendigkeit einer neuen internationalen Ordnung

In Hinblick auf die gegenwärtige politische und ökonomische Lage der Welt drängen viele darauf, daß dieser Traum einer neuen Einheit unter den Religionen substantieller werden *muß*. Jeder, der Zeitung liest und die täglichen Nachrichten verfolgt, wird zumindest gelegentlich das bleierne Gefühl nicht vermeiden können, daß die Welt amokläuft. Wir alle kennen diese nagende Furcht, daß die zunehmenden und immer verwirrenderen Spannungen zwischen Nationen und »Ismen« plötzlich in einer planetaren Feuersbrunst explodieren könnten. Wir kennen die Probleme nur zu gut: Hunger und Unterernährung, ökonomisches Ungleichgewicht, schwindende Ressourcen, Ausbeutung und Armut, »offizielle« Verhöhnung der Menschenrechte. Und über all diesem Zunder zuckt die Flamme der atomaren Waffenarsenale.

Nach Meinung vieler Sachkundiger entstehen die Krankheiten, die unseren Erdball heimsuchen, aus einem kranken internationalen System, dem man nicht mehr durch Hansaplast oder Aspirin, sondern nur noch durch eine Radikaloperation helfen kann[26]. Wir schwelgen keineswegs in Endgerichtsprophezeiungen, wenn wir uns auf einmal fragen hören, ob denn die biologische und menschlich-kulturelle Evolution uns an einen kritischen Punkt gebracht hat, an dem es um das Überleben der Menschheit und des Planeten als solches geht. Es muß etwas getan werden. Es müssen bedeutsame Entscheidungen getroffen werden, Entscheidungen, die eine neue Weltordnung heraufführen werden.

Der Kern dieser Vision einer neuen Ordnung, die von verschiedenen Propheten der Hoffnung beschrieben wird, ist in einer Kindergeschichte eingefangen: in *Dinosaurs and All that Rubbish* (Dinosaurier und so'n Zeug). Die Geschichte handelt von einem Mann, der die Erde verwüstet, damit er eine Rakete bauen und zu einem besseren Planeten reisen könnte. Nach seiner Abreise machen ein paar Dinosaurier, die ganze Äonen lang unter der Erde geschlafen hatten, die Erde wieder zu einem blühenden Planeten voller Grün und Überfluß. Der Mann in seiner Rakete erkennt in der Zwischenzeit, daß seine Reise zwecklos ist: Alle anderen Planeten sind unfruchtbar.

Schließlich findet er einen, der grün und schön ist und von Dinosauriern gehegt wird. Voller Verwunderung geht ihm auf, daß dieser Planet die Erde ist, die er verwüstet zurückgelassen hatte. Verzweifelt fleht er die Dinosaurier an, ihm einen kleinen Flecken Land zum Leben zu geben, »... nur einen Hügel oder einen Baum oder eine Blume«. Ihre Anwort faßt den Geist der neuen Weltordnung zusammen: »Nein, sagte der Dinosaurier. / Kein Fleckchen, / die ganze Erde. / Sie gehört dir ganz, / aber sie gehört mir auch. / Denk daran. / Dieses Mal gehört die Erde allen und jedem, / nicht stückchenweise bestimmten Leuten, / sondern als ganze allen, / damit wir uns alle an ihr freuen und sie hegen und pflegen.«[27]

Die neue Weltordnung hat eine Welt vor Augen, in der die Erde allen gehört, eine Welt, in der die Nationen sich Werte und Strukturen zu eigen machen, die die Ökonomie der Habgier in die Ökonomie der Gemeinschaft überführen können, eine Welt, in der jede Nation schließlich einsieht, daß sie nur dann gedeihen kann, wenn sie das Wohlergehen der anderen Nationen achtet und fördert. In dieser Weltordnung werden die vielen Gemeinschaften der einzelnen Völker und Nationen eine wahre *Gemeinschaft von Gemeinschaften* bilden[28]. In dieser Völkergemeinschaft wird das Wort »wir« eine neue Bedeutung erhalten; wenn die Menschen »wir« sagen, werden sie nicht mehr nur ihre Familie, ihre Nachbarn, ihr Land meinen. »Wir« sagen wird heißen, im Namen aller Menschen zu sprechen und die ganze Menschheit in sich zu verspüren. Unsere Zukunft scheint nur dann möglich zu sein, wenn sich aus unserer gegenwärtigen gebrochenen und feudalistischen internationalen Ordnung eine solche Gemeinschaft von Gemeinschaften herausschält.

Die im vorangehenden Abschnitt beschriebene Weltbürgerschaft erweist sich nun nicht mehr als psychologische Notwendigkeit, sondern auch als politischer und ökonomischer Imperativ. Kann denn eine solche neue Weltordnung überhaupt geschaffen werden? War sie nicht schon in den letzten Jahrhunderten der unerfüllte Traum der Menschheit?
Nicht verwirklichte Hoffnungen sind keineswegs nicht zu verwirklichende Hoffnungen. Heutzutage ist die Notwendigkeit einer neuen Weltordnung dringlicher als je zuvor. Sie ist unabweisbare Pflicht von Politikern, Philosophen und Wirtschaftsleuten. Dennoch scheint die Geschichte zu belegen, daß die Bemühungen dieser Fachleute – so notwendig sie sind – nicht ausreichen. W.C. Smith spricht es stellvertretend für viele aus:
»Nach meiner Sicht der Dinge ist die Aufgabe, eine weltweite Gemeinschaftlichkeit auch nur ansatzweise zu formen – wie sie ja für das Überleben des Menschen als solches notwendig sein wird – viel zu groß, als daß sie auf einer anderen als der religiösen Grundlage zustandegebracht werden könnte. Ich bin überzeugt, daß der Mensch nur aus der Quelle seines Glaubens die Energie, die Einsatzbereitschaft, die Treue zu diesem großen Traum, die Entschlossenheit und die Fähigkeit, Enttäuschungen zu überstehen, aufbrin-

gen kann, die für die Bewältigung dieser Herausforderung notwendig sein werden oder vielmehr notwendig *sind*.«[29]
Natürlich wird die Schwerarbeit der sozialen und ökonomischen Analyse, die Klugheit der politischen Diplomatie, das Charisma begabter Führungsgestalten in diesem Ringen um eine Gemeinschaft der Gemeinschaften absolut nötig sein. Aber gleichermaßen und vielleicht vorrangig vonnöten ist die Verankerung und Beseelung all dieser Bemühungen in und durch religiöse Symbole und Mythen, die den Wert des Individuums, die Bedeutsamkeit der Gerechtigkeit und der Liebe, die Vision gemeinsamer Verbundenheit in gemeinsamen Ursprüngen und vor allem die Hoffnung bestätigen, daß unsere Bemühungen, die Einheit der Menschheit zu fördern, Früchte tragen werden, auch wenn sie uns das Leben kosten.
Eine ganze Reihe von Wissenschaftlern und Philosophen-Theologen ziehen die Implikationen der biologischen Evolution heran, um die Notwendigkeit einer religiösen Grundlage für ein neues Stadium in der Evolution der Menschheit zu beweisen. Wir Menschen haben das aggressive Verhalten gegenüber Außenseitern und die Loyalität gegenüber unseren Verwandten von den Genen unserer tierischen Ahnen ererbt; beides war für das Überleben und die Entwicklung der lebensfähigen Genotypen entscheidend. In den frühen Stadien der tierisch-menschlichen Evolution war das Überleben des Stärkeren durch Aggression in gewissem Maß notwendig, wenn überhaupt etwas überleben und sich weiterentwickeln sollte. Heute jedoch, wo die biologische Evolution die kulturelle Evolution hervorgebracht und diese sich von den wechselseitigen Abhängigkeiten der Sippen zur Interdependenz der Nationen und Völker weiterentwickelt hat, haben sich die Bedingungen für das Überleben geändert.
Von nun an werden die Kulturen und Nationen dieser Erde nicht mehr durch Aggression und Beherrschung anderer überleben, sondern nur noch durch Zusammenarbeit. Trotzdem sind wir nach wie vor mit unseren aggressiven, selbstsüchtigen Genen beladen. An diesem Punkt treten die Weltreligionen in den Evolutionsprozeß ein. Sie liefern uns keine Genotypen, sondern »Kulturtypen« – nicht neue Gene, sondern neue soziale Werte–, die uns befähigen, unsere natürliche menschliche Selbstsucht und Ethnozentrizität zu überwinden. Alle großen Weltreligionen preisen den Wert der auf-

opferungsvollen Nächstenliebe; alle enthalten Symbole für die universale Einheit des Menschengeschlechtes. Die Bühne ist aufgebaut: Jetzt können sie ihren Beitrag zur Evolution leisten[30].
Um diese Beiträge erbringen zu können, müssen sie zusammenarbeiten. Hier werden aber viele zurecht einwenden: Genau das haben doch die Religionen der Welt weder früher getan noch tun sie es heute. Der ehemalige Außenminister der USA, Cyrus Vance, brachte die Empfindungen vieler Menschen zum Ausdruck, als er (bei einem Gespräch auf dem Interreligious Colloquium des Jahres 1975) seinem Ärger und seiner Bestürzung darüber Luft machte, daß »wir bei der mußmaßlichen inneren Stärke der religiösen Gemeinschaften auf der ganzen Welt von einer Krise in die andere, von einem Brandherd zum nächsten stolpern und daß die Religionen einen offensichtlich derart ineffektiven Einfluß auf die Verwaltung unseres Milliardendorfes haben«[31]. Jeder Bemühung um eine neue Zusammenarbeit zwischen den Religionen muß das demütige Bekenntnis vorangehen – und sie muß auch diesen Geist atmen –, daß die Weltreligionen früher wie heute in verheerender Weise zur Spaltung der Menschheit beigetragen haben.
Vielleicht war diese egozentrische, aggressive Haltung in den früheren Stadien der religiösen Entwicklung unvermeidlich, als jede Religion sich ihre eigene Identität und innere Einheit schaffen mußte. Heute jedoch zwingt die Notwendigkeit weltweiter Gemeinschaft die Religionen, ihre inhärenten Visionen von Liebe und allgemeiner Brüderlichkeit wiederzubeleben. Wie auch immer ihre einstigen Spaltungen und Feindseligkeiten ausgesehen haben mögen – heute haben die Religionen etwas gemeinsam, was sie zusammenruft und -bindet: »Was die verschiedenen religiösen Traditionen gemeinsam haben, ist die Tatsache, daß heutzutage jede von Menschen geleitet wird, die mehr und mehr mit denselben Problemen zu ringen haben. Christen, Juden, Buddhisten, Hinduisten, Moslems und die andern alle stehen gemeinsam und erstmalig vor einer einzigen Herausforderung: zum Aufbau einer gemeinsamen Welt zusammenzuarbeiten.«[32] Ihre gemeinschaftliche Aufgabe wird um so dringlicher, wenn man daran denkt, daß ihr Beitrag vielleicht die wesentliche Zutat oder der notwendige Katalysator für den Erfolg der Politiker und der »Sozialtechniker« ist.
Wenn dieser Beitrag eine Wirkung haben soll, muß er gemeinschaftlich zustandegebracht werden – in Zusammenarbeit aller Re-

ligionen. Das bedeutet, daß sie sich gegenseitig respektieren, voneinander lernen und miteinander reden müssen. Nur wenn sie untereinander eine Gemeinschaft von Gemeinschaften bilden und dann von da aus weiterarbeiten, können sie eine solche Völkergemeinschaft hervorbringen. Es ergibt sich also die anscheinend zwingende Notwendigkeit eines einheitlichen und einheitsstiftenden Pluralismus der Religionen.

Gefahren und Chancen für die Christen

Die aktuelle Erfahrung der Vielfalt der Religionen hat sich im kulturellen Bewußtsein eingenistet, und die Vision eines einheitsstiftenden Pluralismus der Religionen beflügelt die Phantasie vieler Menschen. Auch viele Christen reagieren plötzlich heftig auf diese neue Situation und ereifern sich für diese Vision. Sie bejahen spontan die Möglichkeit – und sogar Notwendigkeit – einer neuen Form von Einheit unter den Religionen und möchten ihre Kraft für deren Verwirklichung einsetzen.
Aber so eine Spontanität ist meistens kurzlebig. Wenn Christen von der strahlenden Vision eines religiösen Pluralismus in Einheit abrücken und etwas nüchterner erwägen, was das bezüglich ihres eigenen Glaubens bedeutet, fühlen sie sich eher unwohl und sogar bedroht. Sie erkennen, daß die neue Vision der religiösen Einheit nicht mit dem übereinzustimmen scheint, was sie in bezug auf Christus und das Christentum glauben. Können sie sich an den Bemühungen um einen einheitlichen Pluralismus beteiligen und sich nach wie vor mit gutem Gewissen Christen nennen? Diese neuen Gefahren und Fragen müssen aufrichtig angegangen werden.

Die Gefahren

Das erste Gefahrenkonglomerat entsteht aus der neuerdings erfahrbaren Tatsache, daß es so viele andere Religionen *gibt*. Denkende Christen, die sich ihres Glaubens bewußt sind, müssen die einfache Frage stellen: Warum? Warum gibt es so viele Religionen? Warum bestehen sie fort und haben sogar eine neue Lebendigkeit und Identität? Warum finden so viele Millionen von Menschen Gott außerhalb von Christus und des Christentums – und machen dabei ihre Sache ganz gut?

Karl Rahner sagt freimütig, welche christlichen Glaubenssätze diese Fragen hervorrufen: »Das Christentum versteht sich als die für alle Menschen bestimmte, absolute Religion, die keine andere als gleichberechtigt neben sich anerkennen kann ... Für das Christentum ist dieser religiöse Pluralismus eine größere Bedrohung und der Grund einer größeren Unruhe als für alle anderen Religionen. Denn keine andere, nicht einmal der Islam, setzt sich selber absolut als *die* Religion, als die eine und einzig gültige Offenbarung des einen, lebendigen Gottes wie das Christentum. Für es also muß der faktische, bleibende, immer noch neu virulente Pluralismus der Religionen nach einer zweitausendjährigen Geschichte das größte Ärgernis und die größte Anfechtung sein.«[33]

Im Hinblick auf das Wesen und die Anforderungen eines einheitlichen Pluralismus werden diese Gefahren nur noch bedrängender und schmerzlicher. Kann das Christentum wirklich an einem interreligiösen Dialog teilnehmen, der die Möglichkeit anerkennt, daß andere Religionen genausogut Heilswege sein können wie das Christentum? Können die Christen eingestehen, daß sie vielleicht von anderen Religionen ebensoviel lernen müssen wie diese vom Christentum? Kann sich das Christentum der Möglichkeit öffnen, daß andere Religionen nicht dazu bestimmt sind, zu Christus bekehrt zu werden und daß sie auch weiterhin ebenso gültig und bedeutsam wie das Christentum sein werden? Eine echte Bemühung um einen einheitlichen Pluralismus scheint auf all diese Fragen ein »Ja« zu verlangen. Dennoch spüren die Christen, daß sie dieses »Ja« nicht in der Weise zum Ausdruck bringen können wie sie es gerne möchten.

Das entscheidende Hindernis scheint der zentrale christliche Glaubenssatz der Einzigartigkeit Christi zu sein. Die grundlegende Voraussetzung eines einheitlichen Pluralismus lautet: alle Religionen sind gleichermaßen gültig oder können es sein. Das heißt, daß ihre Stifter, die religiösen Gründergestalten, ebenso für gleich gelten. Dies würde wiederum die Möglichkeit eröffnen, daß Jesus Christus »einer unter vielen« in der Welt der Heilsbringer und Offenbarer ist. So etwas anzuerkennen ist dem Christen einfach nicht erlaubt. Oder doch?

Unvermeidliche Fragen und Chancen

Eine der dringlichsten Aufgaben, denen sich die heutige christliche Theologie gegenübersieht, ist die Darstellung der Existenz und der erneuerten Vitalität anderer Religionen – mit anderen Worten, eine Theologie der Weltreligionen. Wenn die Rolle der Theologie darin besteht, das Licht der Heiligen Schrift und der Tradition in gebündelter Weise auf die sich entfaltende Geschichte der menschlichen Erfahrungen zu richten, erfordert auch die neuartige Erfahrung des religiösen Pluralismus irgendeine christliche Deutung. Dies darf nicht bloß geschehen, um die abstrakten Ansprüche der theologischen Methodik zu erfüllen; es muß vielmehr darin begründet sein, daß viele Christen mit zunehmendem Unbehagen neue Fragen über den Sinn anderer Religionen haben und stellen. W.C. Smith untertreibt nicht, wenn er die vor der christlichen Theologie liegende Aufgabe so beschreibt:
»Wie erklärt man theologisch die Tatsache der religiösen Mannigfaltigkeit? Dieses Thema ist wirklich beinahe ebenso umfassend wie die Frage nach der theologischen Erklärung des Bösen – aber die christlichen Theologen waren sich der Tatsache des Bösen ungleich mehr bewußt als der des religiösen Pluralismus. ... Von nun an muß jede ernsthafte intellektuelle Äußerung des christlichen Glaubens, soll sie ihren Zweck bei den Menschen erfüllen, irgendeine Lehraussage anderer Religionen beinhalten. Wir erklären die Tatsache des Vorhandenseins der Milchstraße mit der Schöpfungslehre, aber wie erklären wir die Tatsache, daß es die Bhagavad Gita gibt?«[34]
Eine Theologie der anderen Religionen wird man in erster Linie auf der Grundlage der christlichen Tradition ausarbeiten müssen – d.h. im Licht dessen, was das Evangelium über das Wesen und den Wert anderer Religionen sagt. Der Theologe wird aber auch eine gewisse Kenntnis der anderen Religionen haben müssen. Wie wir in späteren Kapiteln noch deutlicher sehen werden, neigt sich der Tag, an dem die christlichen Theologen ihrem Geschäft mit der schlichten Ausstattung ihrer Kenntnis des Christentums nachgehen konnten, rapide seinem Ende zu – wenn er nicht schon vorüber ist[35].
Angesichts der religiösen Pluralität wird die christliche Theologie nicht nur eine Darstellung dieser anderen Religionen erarbeiten

müssen; sie wird sich auch selbst neu darstellen müssen. Hierin liegen die schwierigeren Fragen und folglich die größeren Chancen. Die meisten derartigen Fragen kreisen um das traditionelle Selbstverständnis des Christentums als einzigartig, ausschließlich, überlegen, endgültig, maßgeblich und absolut. Es ist die alte Frage, die der heidnische Philosoph Symmachus im Jahr 384 dem Hl. Ambrosius stellte: Wenn der christliche Gott wirklich ein Gott der Liebe ist, der wünscht, daß alle gerettet werden, warum hat dann dieser Gott solange gewartet, bis er den Erlöser gesandt hat? Warum war es Menschen gestattet, Gott so lange auf so verschiedenen Wegen zu suchen? In unserem Zeitalter stellt sich die Frage erneut und mit größerer Dringlichkeit. Vielleicht lassen sich deshalb neue Antworten erhoffen.

Die Frage nach der Einzigartigkeit des Christentums kann, wie gesagt, nicht ernsthaft aufgegriffen werden, ohne daß man sich der heikleren Frage nach der Einzigartigkeit Christi stellt. Ist er der einzige Offenbarer, die definitive Offenbarung Gottes? Ist er der *einzige* Heiland, der *einzige* Sohn Gottes, die *alleinige* Inkarnation? Dies sind Fragen, die sich – bei aller Diffizilität und »Unangebrachtheit« – dem Bewußtsein vieler Christen aufdrängen. Können wir auf neue Antworten hoffen, die die Substanz der christlichen Tradition und Identität nicht schänden?

Ein neuer kairos *für das Christentum*

Kairos bedeutet – vor allem in dem von Paul Tillich gemeinten Sinn – jene besonderen Augenblicke, die sich von der gewöhnlichen Zeit *(chronos)* unterscheiden. Ein *kairos* ist ein Punkt in der Geschichte, an dem aufgrund der besonderen Konstellation von Ereignissen und Personen genuin neue Möglichkeiten und Fortschritte latent vorhanden sind. Ein *kairos* ist nicht bloß eine Situation; er ist auch eine Chance. Wenn wir einen *kairos* versäumen, versäumen wir etwas sehr Wichtiges. Mit der Wahrnehmung eines *kairos* ist die Bürde einer Verantwortung aufs engste verknüpft.

Die genuin neue Situation des religiösen Pluralismus in Verbindung mit der Vision eines eventuellen einheitlichen Pluralismus der Weltreligionen stellt für das heutige Christentum einen derartigen *kairos* dar. Bei seiner Einschätzung der neuen Erfahrung vieler

Religionen und seinem Versuch, sich selbst im Licht eines echten Dialogs mit ihnen neu einzuschätzen, hat das Christentum die Chance zu echtem Wachstum und genuiner Weiterentwicklung sowie zu einem neuen Verständnis der Botschaft des Evangeliums in einer Weise, in der die Kraft des Evangeliums in lebendigen und verständlicheren Formen aufleuchten kann. Diese Gelegenheit zu versäumen würde bedeuten, das Licht des Evangeliums unter einen Scheffel zu stellen und den Glauben an die frohe Botschaft zu erschweren.

Ein neues Verständnis des Evangeliums und der christlichen Tradition vorzubringen ist nichts Neues. Das Christentum ist während seines ganzen langen Lebens immer von den stets sich wandelnden Geschichtszusammenhängen zutiefst abhängig gewesen. Es ist nicht einfach so, daß das Christentum die Welt beeinflußt; die Welt beeinflußt das Christentum in der Tat ebenso. Die Beziehung der Kirche zur Welt und ihr Versuch, sie zu transformieren, geschieht nicht nur durch die Anwendung eines wohldefinierten Fundus von Wahrheiten auf wechselnde historische Zusammenhänge; die Kirche benützt auch nicht einfach die Vorstellungen und Begriffe einer neuen Situation oder Kultur, um einer bereits in ihrem Besitz befindlichen Wahrheit Ausdruck zu verleihen – so als wäre die Wahrheit schon klar und bedürfte bloß eines neuen Mediums. In der Tat *ist* das Medium der Inhalt der Wahrheit oder schließt sie zumindest auf. Die Kirche lernt von der Welt. Das Christentum und die christliche Wahrheit entfalten sich daher mit der sich entwickelnden Welt. Bei ihrem Versuch, zur Welt zu sprechen, wächst die Kirche und wandelt sich mit ihr. Und so wie die Entwicklung der Welt eine »in der Kontinuität diskontinuierliche« ist, findet auch das Christentum seine Lebendigkeit in *ewigen* Wahrheiten, die ewig *neu* sind.

Die Geschichte der Kirche zeigt, wie wahr das ist. Als die Urgemeinde aus ihrem ersten kulturellen Kontext, dem des Judentums, in die griechisch-römische Welt wanderte, machte sie eine weitreichende Verwandlung durch. Diese Transformierung betraf nicht nur das liturgische, sakramentale Leben der Kirche und die Strukturen ihrer Organisation und Gesetzgebung, sondern auch ihre *Lehre* – das heißt das *Verständnis* der Offenbarung, die sie ins Leben gerufen hatte. Die frühen Christen drückten nicht einfach in griechischer Denkweise aus, was sie schon wußten: Durch die reli-

giösen und philosophischen Einsichten des griechischen Geistes entdeckten sie vielmehr, was ihnen offenbart worden war. Die Lehren von der Dreifaltigkeit und von der Gottheit Christi (die hypostatische Union) wären beispielsweise nicht, was sie heute sind, wenn die Kirche nicht sich selbst und ihre Lehren im Licht der neuen historischen und kulturellen Situationen des dritten bis sechsten Jahrhunderts neu eingeschätzt hätte. Ähnliche, wenn auch weniger radikale Transformationen und Neueinschätzungen vollzogen sich, als das Christentum in die germanischen Kulturen des nördlichen Europa vordrang. Eine weitere Neueinschätzung geschah, als Thomas von Aquin die christliche Lehre der »heidnischen« Philosophie und Weltanschauung des Aristoteles anpaßte.
Raimundo Panikkars zusammenfassende Bemerkungen über die Geschichte des Christentums sind zutreffend: »Die Geschichte zeigt exakt, daß die erfolgreiche Transformation einer Gesellschaft durch die christliche Botschaft nie deswegen stattfand, weil die Kirche die vorhandene spezifische Religion und Kultur »verwertete«, sondern vielmehr, weil sie sich ihr zutiefst anglich – mit einem christlichen Wort nennen wir diesen Vorgang ›Inkarnation‹.«[36]
Ich gehe also durchaus mit der Geschichte konform, wenn ich behaupte, daß die christliche Kirche angesichts einer Welt des religiösen Pluralismus und des interreligiösen Dialogs möglicherweise einen *kairos* erlebt, der eine ebenso umfassende Selbsttransformation verheißt wie jener bei der Begegnung mit der griechisch-römischen Welt erfahrene. Eine Reihe christlicher Theologen äußert sich in genau diesem Sinne. Geoffrey Parrinder sieht den Dialog mit den Religionen des Ostens als »Dritte Reformation«, die auf die eigentliche Reformation des sechzehnten Jahrhunderts, als Luther das Christentum herausforderte, und auf die zweite Reformation im 19. Jahrhundert, als die Naturwissenschaft ins christliche Bewußtsein eindrang, folgt[37].
Kanonikus Max Werner, der ehemalige Generalsekretär der Church Missionary Society in London, hob hervor, daß »sich die Stoßkraft der agnostischen Wissenschaft als Kinderspiel erweisen wird, verglichen mit der Herausforderung, vor die sich die christliche Theologie von den Glaubensüberzeugungen anderer Menschen gestellt sieht.«[38] Der Missionswissenschaftler Walbert Bühlmann betitelte eines seiner jüngsten Bücher *Wo der Glaube lebt*; er vertritt darin den Standpunkt, die Kirche müsse sich auf eine radi-

kale Umgestaltung vorbereiten, da die Hauptmasse ihrer Mitglieder und damit auch ihr Einflußbereich sich über ihre traditionellen Grenzen des Nordatlantiks hinaus auf die Kulturkreise und Religionen der Dritten Welt verlagert[39].

Karl Rahner stimmt mit Bühlmann überein, wenn er geltend macht, was im II. Vatikanischen Konzil in Wirklichkeit begonnen habe, auch wenn die meisten Bischöfe und Theologen es nicht ganz einsehen, sei der erste Schritt zur Entwicklung einer wahrhaften »Weltkirche« gewesen. Diese Weltkirche wird die von Rahner so genannte »dritte Periode« in der Geschichte des Christentums darstellen. Die erste Periode war die Kirche in ihrer judenchristlichen Gestalt, wie sie uns in der frühesten Periode des Neuen Testaments begegnete die zweite Periode war dien die griechisch-römische, europäische oder westliche Kultur hineinverwandelte Kirche – eine Phase, die das Christentum über den längsten Zeitraum seiner bisherigen Geschichte ausgemacht hat. Die dritte Periode oder die Weltkirche wird die Kirche sein, wenn sie sich im Herzen neuer Kulturkreise inkarniert und neu bestimmt und wenn sie in den Dialog mit dem Islam und den Religionen des Ostens eintritt. Rahner macht uns jetzt schon darauf aufmerksam, daß diese Kirche eine neue sein wird – nicht *total* neu, aber *echt* neu[40].

In dem Maße, wie sich die Christen heute in ihrer Wahrnehmung anderer Religionen und im Dialog mit ihnen genuin neuen und unbequemen Fragen stellen, können sie auch neue Antworten erwarten. Die Tür zu einem neuen Verständnis der »Einzigartigkeit« des Christentums und Jesu Christi ist offen. Im weiteren Verlauf des Buches werden wir versuchen, das Ringen christlicher Theologen mit diesen neuen Fragen und Antworten (oder auch ihre Weigerung, sich damit auseinanderzusetzen) in den letzten hundert Jahren zusammenzufassen und repräsentativ darzustellen.

2. Kapitel
Kulturelle und christliche Einstellungen zu den Weltreligionen.
Ein Überblick

Im 1. Kapitel habe ich versucht, die neue Erfahrung des religiösen Pluralismus in unserer zeitgenössischen Welt und die Zukunftsperspektive, die diese Erfahrung bei vielen Menschen hervorruft, zu verdeutlichen. Ehe wir uns an das hauptsächliche Vorhaben dieses Buches machen – nämlich, eine neue christliche Theologie der Religionen vorzutragen – wird es nützlich sein, einen wenn auch sehr schematischen Überblick über die grundsätzlichen *kulturellen* und *christlichen* Reaktionen auf dieses neue Gewahrsein des religiösen Pluralismus zu geben. Unter »kulturellen Reaktionen« verstehe ich die gängigen Einstellungen zu den vielen Religionen, denen man in der Presse, in den Hörsälen und in gelegentlichen Wohnzimmerunterhaltungen begegnet. Unter »christlichen Reaktionen« verstehe ich die vorherrschenden theologischen Modelle, die jeweils in unterschiedlichen christlichen Traditionen verwurzelt sind und mit deren Hilfe die Jünger Christi versuchen, die Anhänger anderer religiöser Wege zu verstehen und auf sie zu reagieren[1].

Wie wir noch sehen werden, neigen die drei kulturell gängigen Reaktionen, die wir uns näher ansehen werden, zu einer Position des *Relativismus* oder nehmen diese Position unmißverständlich ein. Die christlichen Perspektiven, auf der anderen Seite des Spektrums, lassen sich im Grunde in drei Modelle einteilen: *Exklusivismus, modifizierter Exklusivismus* und *Inklusivismus*. Wir wollen durchaus von den wertvollen Einsichten und Bedenken all dieser Einstellungen und Modelle lernen, aber ich werde auch darlegen, daß sie alle nicht wirklich befriedigen. In den folgenden Kapiteln werden wir also versuchen, der Fährte jener zeitgenössischen Theologen zu folgen, die eine neue Theologie der Religionen entwerfen – eine Theologie der Religionen, die über den christlichen

Exklusivismus und Inklusivismus zugleich hinausgeht, ohne jedoch den schlüpfrigen Abhang des Relativismus hinabzurutschen.

Kulturell gängige Einstellungen

Die historische Perspektive: Alle Religionen sind relativ

In Diskussionen über die Vielfalt der Religionen lautet eine der am häufigsten zu hörenden Bemerkungen: »Man kann nicht sagen, daß die eine Religion besser ist als die andere.« Mit anderen Worten, die Leute glauben im allgemeinen, alle Religionen seien relativ – begrenzt, ein Teil unter vielen, unvollständig, nur eine Weise, die Dinge zu sehen. Und wenn man der Meinung ist, daß eine spezielle Religion »besser« als eine andere ist, muß man sofort »für mich« oder »für sie« hinzufügen. »Das Christentum ist die beste Religion für die Christen, der Hinduismus die beste für die Hindus.«

Derartige Einstellungen wurzeln im *Geschichtsbewußtsein*, das unser kulturelles Gewahrsein färbt und unsere Weise der Erfahrung und Deutung der Welt bestimmt. Das Geschichtsbewußtsein war *die* Entdeckung und *die* Revolution des 19. Jahrhunderts. Gelehrte der verschiedensten Disziplinen gelangten zu der Erkenntnis, daß der Mensch nicht nur ein rationales und soziales Wesen, sondern auch ein geschichtliches ist. Das heißt, daß alles, was Menschen sind und hervorbringen, durch ihren historischen Kontext bedingt ist. Historische Kontexte gibt es aber viele, und sie ändern sich fortwährend. Daher ist alles, was in ihnen enthalten ist – die Gesamtheit menschlicher Kultur und menschlichen Wissens – zugleich begrenzt und wandelbar. Was in einer bestimmten historischen Situation so und nicht anders ist, kann in einer anderen völlig anders sein; was heute in einem bestimmten Geschichtszusammenhang so und nicht anders ist, kann morgen ganz anders aussehen. Die Historizität aller menschlichen Errungenschaften schließt somit jede Absolutheit aus – d. h. jeglichen Anspruch auf die »eine und alleinige« oder unwandelbare Wahrheit. Das Geschichtsbewußtsein impliziert also offenbar eine radikale Relativität aller Kulturen und folglich aller Religionen.

Der Denker, der das Christentum als erster mit dieser herausfordernden Perspektive des Geschichtsbewußtseins erschütterte, war der Theologe, Philosoph und Geschichtsforscher Ernst Troeltsch (1865–1923). Er war ebenso entschieden kritischer Denker wie gläubiger Christ und bemühte sich, das Geschichtsbewußtsein mit seinen eigenen christlichen Glaubensüberzeugungen zu verbinden. Seine Geschichte spiegelt die von vielen zeitgenössischen Christen wider. Anfangs versuchte er, in beide Richtungen zugleich zu gehen. In einem seiner berühmtesten Werke. *Die Absolutheit des Christentums und die Religionsgeschichte*[2],konstruierte er zunächst eine zwingende Beweiskette, um darzutun, weshalb das Christentum unter dem Eingeständnis seiner Relativität seinen Platz neben all den anderen Religionen einzunehmen hat. Es ist *nicht* die absolute Religion. Troeltsch erkannte die Allgegenwart und Offenbarung des Absoluten in der Geschichte durchaus an, er mußte aber auch zugeben, daß keine geschichtliche Manifestation des Absoluten absolut sein könnte. Und das traf natürlich für das Christentum ebenso zu wie für jede andere Religion. Dann brachte er aber den Einwand, daß wir bei »objektiver« Betrachtung der Religionsgeschichte dennoch historisch verifizierbar beweisen können, daß das Christentum unter all den anderen Religionen einen »Höhepunkt« oder »Konvergenzpunkt« darstellt[3].Er hatte das Gefühl, die historische Relativität eingestehen zu müssen, konnte aber anscheinend seine traditionelle Überzeugung, das Christentum habe den Vorrang, nicht aufgeben.

Aber seine Offenheit und intellektuelle Integrität holte ihn schließlich ein. In einem Vortrag, den er an der Universität von Oxford halten wollte (der aber posthum veröffentlicht werden mußte) gab Troeltsch zu, daß er sich in seinen Äußerungen über den Vorrang des Christentums getäuscht hat[4]. Er bekannte – indirekt zwar, aber unmißverständlich –, er sei in seiner Einschätzung anderer Religionen von seinen eigenen begrenzten, kulturbedingten europäischen Perspektiven ausgegangen und habe seine Maßstäbe an andere Kulturen angelegt. Er sah ein, daß das zu nichts führt. Und so erkannte Troeltsch schließlich, was man heute die Inkommensurabilität der verschiedenen Religionen nennt. Eine Religion kann letztlich kein Urteil über eine andere fällen. Der Wert einer Religion bestimmt sich aus ihrem eigenen Kulturzusammenhang. Das Christentum mag daher für den westlichen Menschen die beste

oder »absolute« Religion sein; für die Menschen des Ostens kann aber der Buddhismus und Hinduismus dieselbe Rolle spielen. Eine Religion kann »für mich« wahr sein, ohne für jedermann wahr sein zu müssen.
Dieser Umstand bedeutete für Troeltsch nicht, daß die Religionen der Welt deshalb ihre je eigenen Wege in fröhlicher Isolation gehen sollten. Er rief zum Dialog und zur Kommunikation auf – nicht zum Zwecke der Konversion freilich, sondern zur wechselseitigen Bereicherung und Entwicklung. Für Troeltsch würde es zu einer Konvergenz der Religionen wenn überhaupt, dann außerhalb der Geschichte kommen – am Ende der Zeiten.
Indem Troeltsch die Relativität aller Religionen hochhielt, erkannte er gleichzeitig sowohl die Einheit als auch die Mannigfaltigkeit der Geschichte der Religionen an. Er brachte dies auf eine Weise zum Ausdruck, die mit den Gefühlen vieler heutiger Menschen im Einklang steht: »In unserer irdischen Erfahrung ist das Göttliche Leben nicht Eines, sondern Vieles: Aber das Eine im Vielen wahrzunehmen macht den besonderen Wesenszug der Liebe aus.«[5]

Die philosophische Perspektive: Alle Religionen sind gleich

Im tiefsten Grunde sind alle Religionen gleich – sie sind verschiedene Wege, die zum gleichen Ziel führen.» So lautet eine weitere tiefsitzende Volksmeinung über den religiösen Pluralismus in unserer heutigen Gesellschaft. Dieser Standpunkt erscheint vor allem jenen Menschen höchst sinnvoll, die an *einen* Gott, der ein Gott der Liebe ist, glauben. Naturgemäß ist es der Wille dieses Gottes, alle Völker zum Heil zu führen. Und natürlich wird Gott dies gemäß den unterschiedlichen Kulturen und geographisch-historischen Zusammenhängen vollbringen. Daher sind die Unterschiede zwischen den Religionen rein zufällig, kulturspezifisch, zeitbedingt. Hinter all diesen kulturellen Nebensächlichkeiten steht der eine Gott, das gemeinsame Wesen.
Dies ist die Sicht der sogenannten »Schule des gemeinsamen Wesens«. Obwohl die Anhänger die Schule insbesondere aus den Reihen der Philosophen und Mystiker stammen, ist einer ihrer gebildetsten und überzeugendsten Verfechter der Historiker Arnold Toynbee (1889–1975), der ein leidenschaftlicher Vermischer von

Philosophie, Theologie und Geschichtswissenschaft war. Wie schon Troeltsch spiegelt auch Toynbee die Erfahrungen und den Weg vieler zeitgenössischer Christen wider.
Ein Leitmotiv der Toynbeeschen Geschichtsforschung war die Einsicht, daß »Religion... der Kern des menschlichen Lebens«[6] ist; bei seinem Studium der verschiedenen Religionen, die die 26 Kulturen der Welt beseelten, konnte Toynbee zwischen wesentlichen Räten und Wahrheiten der Religion einerseits und unwesentlichen Praktiken und Lehrsätzen andererseits unterscheiden[7]. Toynbee war in der Lage, aus dem hochdifferenzierten Amalgam von Glaubensbekenntnissen, Verhaltensvorschriften und Kultformen, aus dem die Religionen bestehen, einen *gemeinsamen Glauben* abzudestillieren. Er betonte, daß die äußeren Formen der Religionen für das religiöse Leben von vitaler Bedeutung sind und erkannte ihre enormen Verschiedenheiten durchaus an. Aber verglichen mit der »Allgegenwart des Geistes«, die die Quelle der wesentlichen Räte und Wahrheiten der Religionen war, waren die äußeren Formen »unwesentlich«.
Bei seinen Untersuchungen des Theravada und des Mahayana-Buddhismus, des Hinduismus, des Judentums, des Islam, des Christentums und des Zoroastrismus machte Toynbee vier gemeinsame Wesensmerkmale dieser Allgegenwart des Geistes in allen Religionen ausfindig: 1) Sie entspringt aus der Erfahrung, daß das Weltall letztendlich etwas Geheimnisvolles ist; der Sinn der Welt ist in ihr oder im Menschen selbst nicht enthalten. 2) Der Sinn des Alls ist in einer Absoluten Wirklichkeit oder Gegenwart zu finden, die nicht mit dem All identifiziert werden darf, obschon sie »in« ihm ist. 3) Diese Allgegenwart beinhaltet nicht nur die Wahrheit, deren sich alle Menschen bewußt werden können, sondern auch das Gute, nach dem sie verlangen; die Menschheit trachtet deshalb nicht nur danach, diese Wirklichkeit zu erfahren, sondern auch, mit ihr in Einklang zu sein. 4) Die Menschen können nur dann in Einklang mit dieser Wirklichkeit leben, wenn sie sich von ihrer angeborenen Selbstsucht freimachen.
In diesem letzten Charakteristikum der Allgegenwart des Geistes, die allen Religionen gemeinsam ist, entdeckte Toynbee den Ursprung der Religion; er ist vor allem in ihrem Ringen zu sehen, das Böse zu überwinden, dem die Menschen in ihrer eigenen Selbstsucht begegnen, und jene Allgegenwart zu erfahren. Und für

Toynbee wird die Menschheit – besonders in unserem Zeitalter der Nuklearwaffen – nur dann überleben, wenn die Menschen für die Macht dieser Gegenwart empfänglich sind, die ihre egoistischen Herzen in liebevolle Herzen verwandeln kann. Zur Förderung dieser weltweiten Liebe und Einheit werden die Religionen allerdings ihre eigene Selbstsucht und ihren Anschein der Überlegenheit überwinden müssen. Was diesen Punkt anbelangt, so fand Toynbee besonders für die drei Religionen des Westens – Judentum, Christentum und Islam – manch hartes Wort der Kritik, betrachtete er sie doch wegen ihrer Ansprüche auf Absolutheit und Überlegenheit als die selbstsüchtigsten[8].

In dem Prozeß des Aufgebens der letzten Überreste seines Glaubens an die Überlegenheit des Christentums machte Toynbee ganz ähnliche innere Kämpfe wie Troeltsch durch, aber in den 60er Jahren bekräftigte er schließlich die grundlegende Gleichheit und Übereinstimmung aller Religionen. Da er jede Weltreligion als eine Orchestervariation über ein gemeinsames Thema ansah, sagte er voraus, daß mit dem »Kleinerwerden« der Welt und dem Zusammenrücken der Religionen und Kulturen die unterschiedlichen spirituellen Erbgüter mehr und mehr zum »gemeinsamen Besitz der ganzen Menschheit« werden würden.

In der Liste von Anhängern unserer sogenannten Schule des gemeinsamen Wesens ließen sich viele angesehene Namen aufführen: Immanuel Kant, Friedrich Schleiermacher, Rudolf Otto, Friedrich Heiler, Ernest Hocking, Sri Radakrishnan usw. Die vielleicht unmißverständlichste zeitgenössische Bestätigung der Toynbeeschen Behauptung, daß alle Religionen einen gemeinsamen Kern haben, stammt von Verfechtern der *Philosophia perennis* wie Aldous Huxley, Ananda Coomaraswamy, René Guinon, Seyyed Hossein Nasr und Huston Smith. Eine besonders kreative Anwendung der *Philosophia perennis* auf die Geschichte der Religionen gelang dem Mystiker-Philosophen und vergleichenden Religionswissenschaftler Frithjof Schuon mit seinem Buch *The Transcendental Unity of Religions*[9]. Schuon argumentiert, die Religionen der Welt vereinten sich in einer mystischen Erfahrung, die allen »esoterischen« Gläubigen gemeinsam ist, gleich welcher Religion sie angehören; das Problem bestehe darin, daß die Religionen von so vielen »exoterischen« Gläubigen bevölkert sind, die die äußeren Formen der Religion verabsolutieren. Schuon gibt, wie Toynbee, die Ansichten vieler Zeitgenossen wieder, wonach der eine gemeinsame Kern innerhalb aller Religionen wichtiger sei als die Unterschiede, die an ihren Außenseiten in Erscheinung treten.

Die Perspektive der Psychologie: Eine gemeinsame psychische Wurzel für alle Religionen

Für viele heutige Menschen scheint die Psychologie die weitverbreitete Behauptung, alle Religionen seien relativ und ihrem Wesen nach gleich, zu bestätigen und auszuweiten. Die zeitgenössische Psychologie macht in hohem Maße geltend, daß der religiöse Glaube seinen Ursprung in der menschlichen Psyche hat: Alle Religionen entstehen aus (oder als Teil von) einem allgemeinen psychischen Prozeß im Individuum, den die Wissenschaftler des Seelenlebens – die modernen Psychologen und Psychiater – untersuchen und interpretieren können. Einer der Begründer der modernen Religionspsychologie, Carl Gustav Jung (1875 – 1961), hat diese Ansichten am besten zum Ausdruck gebracht.
Als Jugendlicher brach Jung mit den religiösen Überzeugungen seines Vaters, der in der Schweizerischen Reformierten Kirche Pfarrer war: als junger Arzt und Wissenschaftler wies er dann die Sicht der Religion von sich, die sein Lehrer Sigmund Freud vertrat. Jung konnte weder den »Popanz« der institutionalisierten Kirche[10] noch die Freudsche Verwerfung der Religion als Projektion kindlicher Phantasien und Ängste akzeptieren. Seine Erforschung der menschlichen Psyche, seine Erfahrungen mit seinen Patienten und sein Studium der Mythen anderer Kulturen brachte ihn zu dem Schluß, das menschliche Unbewußte sei erfüllt von einer Energie, oder ist Teil von ihr – eines »élan vital«, der ebenso mysteriös wie real ist: Es gebe einen Ruf in uns, ein immer größeres Selbst zu werden. Jung nannte dieses Selbst die Imago Dei, das »Gottesbild«[11], da es all die Merkmale aufwies, die die Theologen Gott zugeschrieben hatten: Es war ein *unaussprechliches* Geheimnis, das weit über alle Vernunftskräfte und Begriffe hinausreichte; es war *sowohl immanent als auch transzendent*, in uns und doch stets mehr als wir; es war ein *mysterium tremendum et fascinosum*, eine geheimnisvolle Macht, die uns in

ihrer Dunkelheit fürchten macht und gleichzeitig faszinierend verheißungsvoll ist[12].

Jungs Forschungen ergaben ferner, daß dieser »göttliche Inhalt« des Unbewußten in »Archetypen« enthalten und verschlüsselt war; diese Archetypen waren zwar der Menschheit über alle Kulturen hinweg gemeinsam, mußten aber durch die unterschiedlichen Mythen und Symbole der Kulturen und Religionen der Welt »entschlüsselt« werden. Ohne Symbole können wir daher an das Göttliche in uns nicht rühren. Da die archetypischen Inhalte des Unbewußten bei allen Menschen gleich sind, postulierte Jung schließlich ein »kollektives Unbewußtes«, das der ganzen Menschheit gemeinsam und wie ein gemeinsamer unterirdischer Strom die Quelle des individuellen Unbewußten ist. »Irgendwo sind wir Teil einer einzigen großen Seele, eines einzigen größten Menschen.«[13]

Aus der Jungschen Analyse der Psyche ergaben sich klare Folgerungen für die konkrete Welt der Religionen. Alle haben sie einen gemeinsamen Ursprung in der menschlichen Psyche: Alle haben sie eine gemeinsame Funktion, indem sie die Mythen und Symbole bereitstellen, mit deren Hilfe die Menschen ihren »Individuationsprozeß« vorantreiben; bei diesem Individuationsprozeß vollzieht sich eine immer umfassendere Integration des bewußten Gewahrseins mit dem göttlichen Unbewußten. Jede Religion erfüllt diese Funktion auf verschiedene Weise, die eine besser als die andere; aber Jung hob hervor, daß keine Religion beanspruchen kann, absolut oder der einzige und alleinige Weg zu sein, auf dem man die »Imago Dei« realisieren kann. Für Jung war Jesus Christus in der Tat göttlich, denn er hatte im Prozeß der Individuation sein Selbst voll verwirklicht und war »eins« mit dem »Gottesbild«; Jung erkannte aber auch, daß sich bei Buddha vielleicht derselbe Prozeß vollzogen hat[14].

Jungs Auffassung vom gemeinsamen psychischen Ursprung aller Religionen spiegelt sich in den Ansichten anderer Psychologen wider – zum Beispiel bei seinem Zeitgenossen William James, der zu dem Schluß kam, die religiöse Erfahrung entstehe aus einem »sechsten Sinn« im Unbewußten und das Unbewußte enthalte »eine gänzlich andere Dimension der Existenz«[15]. Auch Abraham Maslow stimmte mit Jung grundsätzlich überein, wenn er die psychische Realität sogenannter *peak experiences* (Erfahrungshöhepunkte, Gipfelerlebnisse), als »den eigentlichen Beginn, die inner-

ste Mitte, das Wesen, den universalen Kern jeder bekannten Hochreligion« pries[16]. Ebenfalls eins mit Jung wußte sich Roberto Assagioli, der seine Methode der »Psychosynthese« anwendete, um den Menschen zu helfen, die Einheit zwischen ihrem individuellen Selbst und dem »Universalen Selbst« erkennen zu können, das seinen Sitz auf dem Gipfel ihres Unbewußten hat[17].
Diese kulturell gängigen Einstellungen gegenüber der Welt der vielen Religionen weisen sowohl *Einsichten* als auch *Gefahrenmomente* auf, die die Christen äußerst ernst nehmen müssen, wenn sie versuchen, eine kohärente und aufrichtige Theologie der Religionen auszuarbeiten. Zu den Einsichten oder Entdeckungen, die christliche Theologen in ihre Sicht anderer Glaubensrichtungen integrieren müssen, gehört vor allem anderen die kulturelle Erfahrung des Geschichtsbewußtseins und der historischen Relativität. Wie alle Religionen *sind auch* das Christentum und Jesus Christus geschichtlich bedingt; die Christen können nicht an ein »Wunder« appellieren und einfach verkünden, »das Ärgernis des Christentums« bestünde darin, daß die Offenbarung Gottes in Jesus die geschichtlichen Bedingtheiten transzendiere und daher absolut sei. Die Christen können wohl auch an der Behauptung vieler Philosophen, Historiker und Psychologen nicht vorbeigehen, es gebe in den Religionen der Welt oder über sie hinausgehend etwas Gemeinsames, eine Gemeinsamkeit, die ihnen grundlegend ermöglicht, miteinander zu reden und voneinander zu lernen. Wir müssen zugegebenermaßen viel sorgfältiger als Toynbee oder Schuon oder Jung sein, wenn wir formulieren, was dieses »Etwas« ist; dennoch sollten wir Christen, wenn wir an einen Gott glauben, der die ganze Menschheit liebt, gewillt sein zu glauben, daß dieser Gott in aller Geschichte und jeder Religion gleichermaßen wirkt.
Als Christ wird man aber auch auf die vermutlichen Grenzen oder Übertreibungen dieser kulturellen Perspektiven hinweisen. Erstens tendieren sie zumeist dazu, die Bedeutung des Spezifischen abzuschwächen oder herunterzuspielen. Indem sie die Relativität der Besonderheiten von Religionen so sehr betonen und so dick unterstreichen, was wirklich zähle, sei ihr gemeinsames Wesen, vergessen sie leicht, wie wichtig die äußeren Formen von Glaubensbekenntnis, Verhaltenskodex und Kult für eine Religion sind – und wie *verschieden* die Religionen der Welt aufgrund dieser äußeren

Formen sind. Wenn wir das gemeinsame Wesen der Religionen überbetonen oder von vornherein definieren, enden wir schließlich bei einem ziemlich langweiligen interreligiösen Dialog Gleicher mit Gleichen; oder, was noch schlimmer ist, wir übersehen, daß wir *unsere* Definition des gemeinsamen Wesens anderen überstülpen. Wenn wir die Relativität der Religionen überbetonen, können wir außerdem leicht in den Treibsand des *Relativismus* geraten, in dem wir nicht mehr sagen können, was gut oder böse ist in der Welt der Religionen.

Es hat auch den Anschein, als liefen all diese kulturell gängigen Ansichten Gefahr, nur allzu leicht und allzu selbstsicher über das hinwegzugehen, was die Einzigartigkeit Jesu Christi und des Christentums tatsächlich *sein kann*. Gesetzt den Fall, daß alle Religionen durch die Relativität und die Grenzen der Geschichte bedingt sind, ist es dann nicht nach wie zuvor *logisch* und *theologisch* möglich, daß unter all den relativen Religionen eine den Vorrang vor den anderen hat – ein *primus inter relativos*? Ist es nicht möglich, daß Gott etwas getan und offenbart hat, was er in anderen Traditionen nicht vollbracht hat – etwas Endgültiges, Unüberbietbares, etwas für alle anderen Religionen Maß und Richtschnur Gebendes? Wir Christen können nicht zu leichtfertig oder selbstgewiß beanspruchen, Jesus Christus sei einzigartig; die Kritiker des Christentums können dies aber auch nicht ohne weiteres leugnen. Die letzte Feststellung führt uns zur Frage nach den christlichen Einstellungen gegenüber den Religionen.

Christliche Einstellungen gegenüber anderen Religionen

Wenn ich im folgenden ein schematisches Bild der christlichen Religionstheologien entwerfe, muß ich wegen der Modelle, die ich benutze, verallgemeinern. Das ist gefährlich. Wenn man diese Modelle jedoch nicht absolut setzt, können sie die vermutlich grundlegenden drei christlichen Einstellungen gegenüber Andersgläubigen erhellen. Die Modelle erklären, wie jede einzelne Einstellung in einer besonderen christlichen Tradition begründet, aber nicht auf sie beschränkt ist. Nicht jeder »Vollprotestant« liegt voll auf der Linie des protestantischen Modells noch jeder Katholik auf der des katholischen. Glücklicherweise hat es der Ökumenismus heute unmöglich gemacht, starre konfessionelle Grenzen zu ziehen.

Exklusivismus: Das konservative evangelikale Modell –
»eine wahre Religion«

Der früher überwiegende christliche Ansatz gegenüber den anderen Religionen wird heute von fundamentalistischen und konservativen evangelikalen Christen weitergetragen[18]. Die Botschaft des Christentums ist für sie in der Bibel enthalten, und was sie der Bibel entnehmen, ist eindeutig: Die Menschheit ist von Gott abgefallen; in Jesus Christus wurde dieser Abfall wiedergutgemacht; daher kann der Mensch nur durch ihn den Abgrund der Sünde überqueren und Gott finden. In bezug auf die anderen Religionen der Welt heißt das, daß sie zur Erlangung des Heils keinen eigentlichen Wert haben. Es gibt eine Offenbarung, einen Erlöser, eine Religion. Diese Botschaft wurde in der »Frankfurter Erklärung« von 1970 der Evangelikalen unmißverständlich formuliert, in der es heißt, daß »dies Heil... auf dem Kreuzesopfer Jesu Christi beruht. Die Zueignung dieses Heiles geschieht jedoch erst durch... Glaube. Damit verwerfen wir die Irrlehre, als ob die Religionen und Weltanschauungen auch Heilswege neben dem Christusglauben seien«[19]. Obwohl die internationale Versammlung evangelikaler Christen im Jahr 1974 in Lausanne dieses Verdikt abgemildert und anderen Wegen einen gewissen Wert zuerkannt hat, bestand sie nach wie vor darauf, daß das Heil nur durch Jesus Christus kommt und der Dialog mit anderen Glaubensrichtungen stets dem Zweck ihrer Bekehrung dient[20].
Man kann Karl Barth sicherlich nicht als in diesem Sinne evangelikalen oder fundamentalistischen Christen abstempeln, aber er ist einer jener Theologen, die die theologische und schriftgemäße Grundlage für den Exklusivismus der evangelikalen Position am besten herausgearbeitet haben[21]. Man kann diese Einstellung, wie Barth sie darstellt, nicht ohne weiteres als »vereinfachend« oder »engstirnig« abtun. Barth gründet seine Einschätzung der Religion (wie überhaupt seine Theologie) *sowohl* auf das Zeugnis der Schrift

als auch auf die zeitgenössische menschliche Erfahrung. Seine Deutung der Erfahrung, die sich von der der Liberalen unterscheidet, sprach zu seiner Zeit viele Menschen an und tut es auch heute noch. Barth und die dialektischen Theologen erkannten im Grunde damals, was wir heute sogar als noch bedrohlicher empfinden – die Realität des Bösen, der menschlichen Begrenztheit, der Selbstsucht und der ideologischen Illusionen. Damals wie jetzt leben wir in einer Zeit der Verwirrung und der getrübten Sicht und der sinkenden Hoffnung. Barth verkündete das Offenkundige: daß die Menschen aus sich heraus nicht wirklich wissen können, wer sie selbst sind und wer Gott ist. Wir können uns nicht selbst erlösen! Im kalten, realistischen Licht dieser Erkenntnis brachte Barth seine Botschaft vor, wir sollten Gott Gott sein lassen und die in Jesus Christus angebotene Macht der Erlösung annehmen.

Auf der Grundlage eines derartigen biblischen und menschlichen Realismus formulierte Barth in seinem berühmten »Paragraph 17« des Bandes 1/2 seiner *Kirchlichen Dogmatik* seine Sicht der Religion. Religion – jede Religion – ist der Versuch des Menschen, die Offenbarung und Erlösung Gottes zu usurpieren. Sie ist daher »Unglaube« – der Versuch der Menschheit, Gott zu sein, die Weigerung der Menschheit anzuerkennen, was nur in Jesus Christus gewußt werden kann; wir können nicht aus eigener Kraft Gott erkennen oder zum Heil gelangen. Darum hat die Religion keinen eigentlichen Wert. Das trifft, wie Barth betonte, für das Christentum ebenso zu wie für den Hinduismus oder den Buddhismus. Aber nur das Christentum weiß es – dank der Offenbarung Jesu Christi. Das Christentum ist deshalb zugleich falsche und wahre Religion, so wie wir in Christus zugleich gerechtfertigt und sündig sind. Während jedoch das Christentum mit allen anderen Religionen die »Falschheit« gemeinsam hat, ist es allein – wiederum dank Jesus – die wahre Religion. Außerhalb von Jesus Christus gibt es weder Offenbarung noch Heil. Wenn Barth in seinem späteren Leben »andere Lichter« außerhalb der Mauern des Christentums anerkannte, konnten diese Lichter doch *nur* im Lichte Jesu Christi näher bestimmt und genutzt werden[22]. Die Ausschließlichkeit der Offenbarung und Erlösung in Jesus Christus aufzugeben bedeutet für Karl Barth wie für die fundamentalistischen und konservativen Evangelikalen heute, die biblische Botschaft und den Dienst aufzugeben, den das Christentum der Menschheit schuldet.

Modifizierter Exklusivismus: Das gängige protestantische Modell–
»Erlösung nur in Christus«

Diese Einschätzung anderer Religionen entwickelte sich vorwiegend bei vorrangig protestantisch ausgerichteten Theologen wie Paul Althaus (1888 – 1966) und Emil Brunner (1889 – 1966), und zwar als Versuch, die Strenge der Barthschen Position zu modifizieren, ohne in den Relativismus eines Troeltsch hineinzugeraten. Sie wird heute in weiter abgewandelter Form im Gedankengut systematischer Theologen wie Paul Tillich, Wolfhart Pannenberg, Carl Heinz Ratschow, Carl Braaten und von Missionstheologen wie Lesslie Newbegin, Stephen Neill, Paul Devanandan und M.M. Thomas weitergeführt.

Althaus und Brunner schreckten vor der nach ihrem Eindruck verletzenden Ablehnung aller Religionen durch Karl Barth zurück. Sie reagierten darauf sowohl mit biblischen als auch mit anthropologischen Argumenten und begründeten die Realität und Notwendigkeit einer »Uroffenbarung« oder »Schöpfungsoffenbarung« – einer allgemeinen Offenbarung, die genuine Tat Gottes war und nicht bloß menschliches Im-Dunkeln-Tappen; sie ermöglichte den Menschen, zugleich Gott und ihre eigene sündige Verfassung zu erkennen. Sie machten geltend, daß die Offenbarung Jesu ohne eine solche vorgegebene Offenbarung nirgendwo hätte Fuß fassen können. Diese Auffassungen waren ein positiver Schritt in Richtung auf eine christliche Theologie der Religionen[23].

Aber der nächste Schritt war ein Schritt zurück. Althaus und Brunner ließen beide keinerlei Zweifel daran, daß eine solche Offenbarung nie zum endgültigen Heil der Seele führen kann. Althaus formuliert es kurz und bündig: »Außer Christus gibt es zwar Selbstbezeugung Gottes, daher auch Erkenntnis Gottes, aber nicht zum Heil. ... Die Grundoffenbarung führt nicht zur Gemeinschaft zwischen Gott und Mensch...«[24] Das grundsätzliche Problem besteht nach diesen Theologen darin, daß alle Religionen der Welt straucheln und schließlich zu Fall kommen, wenn es um den Angelpunkt des Heils geht – daß wir durch die Gnade Gottes im Glauben erlöst sind! In allen Religionen versuchen die Menschen weiterhin, sich selbst zu retten – durch ihre »guten Werke« und indem sie sich Bilder von Gott machen, denen sie anschließend entsprechen oder die sie manipulieren können. Diese Theolo-

gen glauben, daß sich ihre Einschätzung der Weltreligionen nicht nur im Neuen Testament findet, sondern daß sie auch jedem einleuchtet, der die Geschichte der Religion studiert.
Diese generelle Einschätzung – »Offenbarung ja / Erlösung nein« ist implizit auch in jüngeren Repräsentanten dieses Modells enthalten. Carl Heinz Ratschow preist zunächst die Verdienste anderer Religionen, verkündet aber anschließend, der »tiefe und sehr grundsätzliche Unterschied« zwischen dem Christentum und anderen Glaubensrichtungen liege in dem Umstand begründet, daß für den Christen die Rolle des Menschen bezüglich der Gnade Gottes »konsekutiv«, für die anderen Wege hingegen »konstitutiv« ist[25]. Paul Tillich spricht von einer allgemeinen Offenbarung und entdeckt in allen Religionen die Suche nach einem »konkreten Symbol der Gnade« – d.h. nach einem Symbol, das wirksam ist, ohne die Stelle Gottes einnehmen zu wollen; für Tillich läßt sich ein solches Symbol jedoch nur in Jesus Christus finden[26]. Auch Pannenberg und Braaten sehen die sich offenbarende Gegenwart Gottes in aller Geschichte, aber nur in Jesus Christus ist Gott wahrhaft der Gott der Zukunft, der Gott jenseits menschlicher Steuerung; in allen anderen Religionen wird Gott mit Hilfe menschengemachter Formen und Glaubensüberzeugungen auf die Gegenwart festgenagelt[27].
Das durchgehende protestantische Modell für eine Theologie der Religionen (das auch von einer bestimmten Schule römisch-katholischen Denkens geteilt wird[28] hat seinen Angelpunkt im reformatorisch-paulinischen Verständnis der Rolle Christi in der Rechtfertigung: Jesus Christus ist zugleich *ontologisch* und *epistemologisch* heilsnotwendig – sowohl die *Wirklichkeit* des Heilshandelns Gottes als auch die wahre *Kenntnis* dieser Wirklichkeit sind auf Christus beschränkt; der Mensch kann Gottes Erlösungstat nur dann wirklich erkennen und erfahren, wenn er durch das verkündigte Wort mit Christus in Berührung kommt. »Extra Verbum nulla salus« – außerhalb des Wortes gibt es kein Heil.

An der exklusivistischen Position können wir wiederum sowohl Einsichten als auch Unzulänglichkeiten dingfest machen. Liberale Christen können über dieses Modell – in seiner rigorosen wie in der modifizierten Form – nicht achselzuckend hinweggehen oder es belächeln. Wenn die »Ausschließlichkeitsdenker« betonen, man müsse die Realität des Bösen oder des »Abfalls« ernstnehmen, wenn sie ihr »protestantisches Prinzip« wiederholt vorbringen und uns davor warnen, daß jede Religion geneigt ist, den Wert der guten Sache, der sie dient, für sich zu vereinnahmen, wenn sie darauf bestehen, die Einzigartigkeit des Handelns Gottes in Jesus Christus könne nicht verwässert werden – dann bringen sie die Sorge eines jeden zum Ausdruck, der die christliche Überlieferung gewissenhaft weitertragen und sich der *conditio humana* aufrichtig stellen will.

Es gibt aber auch tiefgreifende Einwände gegen die exklusivistischen Modelle. Wenn die exklusivistischen Theologen andere Glaubensrichtungen als Versuche charakterisieren, Gottes Gnade durch gute Werke herbeizuziehen oder das Geheimnis oder die Künftigkeit Gottes zu kapern – wie aufrichtig sind sie da in ihrer Betrachtung der Fakten der Religionsgeschichte und wie sehr stülpen sie ihnen ihre Vorurteile auf? Auch, und das ist ein schwerwiegenderer Einwand, wird es jeder, für den der interreligiöse Dialog ein förderungswürdiges Gut darstellt, schwer haben, diesen Dialog überhaupt in Gang zu bringen, wenn ein Christ über andere Religionen bestenfalls sagen kann, sie seien die »schlechten Nachrichten«, die die »Gute Nachricht« vernehmbar machen. Schließlich stellen wir die noch komplexere Frage: Wenn diese Theologen Jesus Christus als den einzigen Heilsmittler preisen, deuten sie dann das Neue Testament wirklich in seinem Reichtum und der Vielfalt seines Zeugnisses und sind sie offen genug für das, was anderen Menschen die selbstverständliche Frucht der Erlösung und der Gnade aus der Vermittlung anderer religiöser Gestalten bedeutet? – Wir müssen bei unserer Ausarbeitung einer stimmigen christlichen Theologie der Religionen anscheinend noch einen Schritt weiter gehen.

Inklusivismus: Das römisch-katholische Modell –
»viele Wege, ein Maßstab«

Die »Erklärung über das Verhältnis der Kirche zu den nichtchristlichen Religionen« des II. Vatikanischen Konzils stellt eine Wasserscheide in den christlichen Einstellungen zu Andersgläubigen dar. Dieses Modell wurzelt in den schöpferischen Gedankengängen

Karl Rahners, wurde sowohl von römisch-katholischen als auch von protestantischen Denkern entwickelt, spiegelt sich in offiziellen Verlautbarungen des Ökumenischen Rates der Kirchen wider und gilt somit als *die* »liberale christliche« Einstellung gegenüber anderen Religionen. Es repräsentiert weitgehend das Beste, was es an progressivem christlichem (nicht nur römisch-katholischem) Gedankengut gibt, und den »Endpunkt« dieses Denkens. Über dieses Modell hinauszugehen, würde für viele heutige Christen bedeuten, die Grenzen der christlichen Überlieferung zu überschreiten.

Die meisten katholischen Theologen interpretieren die Anerkennung des Wertes anderer Religionen durch das II. Vatikanum und seinen Ruf nach interreligiösem Dialog vor dem Hintergrund der Rahnerschen Pionierleistung einer Theologie der Religionen. Karl Rahner zog sowohl theologische wie auch anthropologische Argumente heran, um über das Ausschließlichkeitsdenken mutig hinausgehen zu können und die Christen zu überzeugen, daß ihr eigenes Erbe von ihnen verlangt, die anderen Religionen als Werkzeuge der göttlichen Offenbarung *und* Erlösung zu betrachten. Auf der theologischen Ebene bezeugen die Christen einen Gott der Liebe, der will, daß alle Menschen in den Genuß des Heils kommen; und wenn die Erlösung nur aufgrund von Gnade möglich ist, müssen die Christen glauben, daß Gott Wege finden wird, wie er die erlösende Gnade jedem Menschen anbieten kann. Auf der anthropologischen Ebene erkennen wir heute klarer als je zuvor daß wir sozio-historische Wesen sind und daß jede unserer Lebenswirklichkeiten irgendwie soziokulturell vermittelt und vergegenwärtigt werden muß. Natürlich, so Rahners Schlußfolgerung, gehören die Religionen der Welt zu den erstrangigen soziokulturellen Werkzeugen, mit deren Hilfe Gott den Menschen außerhalb des christlichen Bereichs seine göttliche Offenbarung und Erlösung anbietet. Rahner formulierte seine Konsequenz auf eine Weise, die damals, in den 60er Jahren, revolutionär war: Die Religionen der Welt sind also von Gott positiv gewollt; sie sind, gemeinsam mit dem Christentum, »Heilswege«[29].

In christologischer Hinsicht zog Rahner noch weitere Schlüsse. Indem er Jesus Christus als endgültigen, *konstitutiven* Grund des Heils verstand – als Brennpunkt und Kanal jeglicher erlösenden Gnade –, machte er geltend, daß jedesmal, wenn ein Hinduist oder

ein Buddhist auf die durch seine jeweilige Religion vermittelte Gnade antwortet, die Gnade Christi wirksam ist – ermöglicht durch Christus und auf die Erfüllung in Christus und in seiner Kirche ausgerichtet. Ein solcher Buddhist oder Hinduist war daher ein »anonymer Christ« – ein namenloser Christ, erlöst durch Christus und berufen, in der christlichen Kirche einen eindeutigen Namen zu erhalten. Sobald das Christentum, nach Rahner, wirklich die Bühne betritt (und er sagte, dies erfordere mehr als bloß das Evangelium zu verkünden), verlieren die anderen Religionen ihren Wert.
Viele zeitgenössische Theologen – katholische wie protestantische – , die von Rahner viel gelernt haben, halten sich bezüglich seiner Theorie des anonymen Christentums zurück. Sie sehen sie als Affront gegen Andersgläubige und als Verflüchtigung der konkreten, historischen Gestalt des Christentums[30].
Über Rahner hinausgehend, wollen viele heutige Theologen durchaus nicht mehr darauf bestehen, daß Christus der konstitutive Grund allen Heils ist, und sie fragen, ob es wirklich der Wille Gottes ist, daß alle Völker christlich werden. Sie halten dafür, daß es eine Vielzahl von Heilswegen gibt und sehen den Zweck der Kirche nicht in der Rettung der Seelen, sondern – gemeinsam mit anderen Religionen und Bewegungen – in der Förderung des göttlichen Reiches der Liebe und der Gerechtigkeit auf Erden. (Zu den Theologen, die sich in diese Richtung bewegen, zählen Hans Küng, Edward Schillebeeckx, Heinz Robert Schlette, Walbert Bühlmann, Eugene Hillman, John B. Cobb jr., Arnulf Camps, Pietro Rossano und Richard H. Drummond.)[31]
Andere katholische Theologen überlegen sich, ob die Christen nicht ihre überlieferte Ansicht, nach dem Tod des letzten Apostels gebe es keine *neue* Offenbarung, reformieren müssen, wenn andere Glaubenssysteme ihre eigene Gültigkeit besitzen. Man kann und muß von anderen Glaubensüberzeugungen viel lernen. Andere Religionen können den Christen nicht nur zu einem tieferen Verständnis dessen verhelfen, was sie in Christus bereits zu eigen haben; neue Schätze lassen sich nicht nur aus dem schon vorhandenen Besitz hervorziehen – vielmehr könnte es sein, daß in anderen Religionen nagelneue Schätze entdeckt werden, Schätze, die man in der durch Jesus Christus konstituierten Heilsoffenbarung bisher nicht gefunden hat. Die Christen, die sich auf einen

solchen Dialog eingelassen haben (z.B. Panikkar und Griffith mit dem Hinduismus, Dumoulin, Johnston, Lasalle mit dem Buddhismus) scheinen die Spekulationen von Rahner und Bühlmann zu erhärten, wonach die notwendige Erneuerung des Christentums von den Kirchen der südlichen Hemisphäre ausgehen wird, den Kirchen, die sich darauf eingelassen haben, mit neuen Religionen und Kulturen zu verkehren und von ihnen zu lernen.
Aber bei aller Bekräftigung eines stärkeren Pluralismus und mitsamt der Einsicht, daß Christus womöglich nicht der konstitutive Grund des Heils ist, halten diese »noch progressiveren« Theologen nach wie vor an der *Normativität* Jesu fest. Jesus Christus bleibt einzigartig nicht bloß, weil er anders ist, sondern weil er Gottes letzte, umfassende und daher universal normative Offenbarung ist. Ohne dieses endgültige Wort, ohne die Annahme Christi bleiben die Religionen der Welt zutiefst unvollkommen. Die Buddhisten brauchen Jesus Christus weit mehr als die Christen Buddha je brauchen können. Alle positiven Werte und Wahrheiten anderer Religionen, so sehr sie auch in sich gültig sind, bedürfen nach wie vor der *Inklusion* in Christus.

Auch an diesem »Endpunkt« christlicher Anstrengungen, eine positivere Sicht der anderen Religionen zu formulieren, haben viele Christen das Bedürfnis, noch einen Schritt weiter zu gehen. Die Hauptschwierigkeiten mit diesem inklusivistischen Modell sind zweierlei: Wenn sich Christen in einen Dialog mit Andersgläubigen begeben und dabei immer noch darauf beharren oder überzeugt sind, daß sie *die* gottgegebene, letztgültige Norm für jegliche religiöse Wahrheit besitzen, wie gut können sie dann wirklich auf das Glaubenszeugnis anderer Menschen hören und wie weit kann man ihnen vertrauen? Wie ein christlicher Missionar es einmal ausgedrückt hat, stellt sich ein solcher Dialog, gleichgültig, wie viele Komplimente man den anderen Religionen macht, als Dialog zwischen Katz und Maus heraus[32]. Auch können die Christen der beunruhigenden Frage nicht ausweichen: Wie können sie so sicher sein – nicht nur gegenüber anderen, sondern auch untereinander – daß Jesus Christus die alleinige und einzige letztgültige Norm der Wahrheit Gottes ist? Muß ein solcher Anspruch nicht wohl auf mehr beruhen denn auf Argumenten, die der christlichen Überlieferung entnommen sind? Kann man einen derartigen Anspruch heute noch aufrechterhalten? Könnte es vielleicht auch andere Normen, andere Heilswege, die dem Christentum ebenbürtig sind, andere Erlöser geben?

Wir werden im folgenden studieren, wie eine kleine, aber wachsende Zahl christlicher Theologen diese schwierigen, aber drängenden Fragen zu beantworten versucht und eine *pluralistische* Theologie der Religionen vorschlägt.

3. Kapitel
Das theozentrische Modell:
Viele Wege zur Mitte

Sollten die Christen in ihrer Einstellung und ihrem Ansatz gegenüber anderen Religionen über das römisch-katholische Modell hinausgehen? Aus dem vorangehenden Kapitel ergibt sich, daß man das katholische Modell als »hauptsächliches christliches Modell« bezeichnen kann. Liberale Theologen der katholischen wie evangelischen Konfessionen pflichten der positiven Einschätzung anderer Religionen durch das katholische Modell und seiner Betonung der Notwendigkeit eines authentischen Dialogs bei. Sie bekräftigen aber auch seinen traditionellen Anspruch, Jesus Christus stelle die endgültige und vollständige Offenbarung Gottes dar; in der Begegnung mit anderen Religionen bleibt Jesus der Maßstab, an dem sich alle anderen Maßstäbe messen lassen müssen.
Wie schon angedeutet, weist selbst diese »liberale« Position eine Reihe von Ungereimtheiten auf, besonders in der Art und Weise, wie sie gegenüber einem aufrichtigen und offenen Dialog, den ja alle dringend befürworten, Hindernisse aufzubauen scheint. Das katholische Modell beinhaltet für die meisten Christen immer noch ein Warnsignal: »Diese Grenze darf nicht überschritten werden!«
Gibt es christliche Theologen, die sich über sie hinauswagen? Tom Driver, der sich – wie wir noch sehen werden – auf ein solches Unternehmen einläßt, fühlt sich allein auf weiter Flur; er meint, selbst bekannt liberale Theologen (wie Langdon Gilkey, Van Harvey, John Cobb, David Tracy), die eine eloquente Aufgeschlossenheit für den kulturellen und religiösen Pluralismus an den Tag legen, stellten immer noch »Christus in die *Mitte* von allem«[1]. Ignace Puthiadam, der in die tagtäglichen Zwänge des interreligiösen Dialoges in Indien eingespannt ist, läßt uns mit einem Hauch von Frustration

wissen, daß die Christen nicht bereit scheinen, »den Universalanspruch des Christentums als einzigartiger Fülle des Heils und der Offenbarung in Frage zu stellen, denn die Gemeinschaft der Christen bleibt für sie Sakrament der grundlegenden und endgültigen Begegnung zwischen Gott und Mensch, die in Jesus Christus stattfand«[2]. Peter Schineller hat eine umfassende Übersicht über das aktuelle Verständnis der Einzigartigkeit Christi und der Kirche verfaßt und legt dar, daß jeder Versuch, über die »normative Christologie« des katholischen Modells hinauszugehen »in unserem Zeitalter des Pluralismus irgendwie ineffektiv zu sein scheint, weil sie alle davon ausgehen, daß wir hinsichtlich der Religionen und religiösen Erlösergestalten keine endgültigen Urteile fällen können«[3].

Dieses Kapitel stellt einen Versuch dar, zu beweisen, daß diese Meinungen falsch sind. Es gibt christliche Theologen, die in ihrem Bemühen um Verständnis und Dialog mit anderen Religionen die Endgültigkeit oder definitive Normativität von Christus und Christentum klar und ernsthaft hinterfragen. Sie sind noch die Stimme einer Minderheit innerhalb der christlichen Kirchen. Aber ihre Stimme wird immer lauter. Im Christentum scheint sich ein neues Bewußtsein auszubilden.

Um die inhaltlichen Aussagen dieser »Minderheitenposition« beurteilen zu können, werden wir zunächst drei ihrer Hauptvertreter vorstellen, die jeweils von einem der untersuchten Modelle herkommen: John Hick, ursprünglich evanglikaler Christ; Raimundo Panikkar, ein römisch-katholischer Theologe und Stanley Samartha von der Church of South India. Anschließend werden wir uns zwei weitere Quellen kritischer Einschätzung der Normativität von Christus und Christentum näher betrachten: Theologen, die sich dem jüdisch-christlichen Dialog widmen und gewissen Vertreter der Politischen Theologie und der Befreiungstheologie.

All diese Minderheitsstimmen haben vieles gemeinsam. Ihre Kritik entsteht durchwegs aus der praktischen Begegnung mit dem religiösen Pluralismus. Sie schlagen alle eine Revision der christlichen Einstellungen vor, die die Eigentümlichkeit von Christus wahrt und zugleich einen offeneren und authentischeren interreligiösen Dialog ermöglicht. Sie glauben mit anderen Worten alle, eine Lösung für den von Langdon Gilkey so bezeichneten »theologischen Trick«, bei dem man die Relativität Christi einräumt, ohne seine universale Relevanz zu schmälern, parat zu haben[4].

Obwohl es unter diesen verschiedenen Theologen ein grundlegendes Einverständnis gibt, hat jeder einen eigenen Blickwinkel bei seinem Versuch, das traditionelle Verständnis der Maßstäblichkeit und Endgültigkeit Jesu Christi zu revidieren. Ich werde mich bemühen, diese individuellen Perspektiven genau herauszuarbeiten und am Schluß eines jeden Abschnitts andere zeitgenössische Theologen anführen, die in derselben Richtung denken. Ich möchte zeigen, daß es eine wachsende Zahl von Theologen der verschiedensten Konfessionen gibt, die auf der Grundlage einer nicht-normativen Christologie einen Dialog mit den anderen Religionen zu etablieren versuchen.

John Hick: Der Mythos der Inkarnation

John Hick beschreibt seine »spirituelle Pilgerschaft« als ein zwar stolperndes, aber stetiges Voranschreiten in der Klarheit des Geistes und in der personalen Verbindlichkeit. Seine Frustration hinsichtlich der »unendlichen Langeweile« des überwiegenden Teils des institutionalisierten Christentums in England fand ihre Auflösung in einer »spirituellen Konversion«, die ihn zu »einem strikt am Evangelium ausgerichteten und in der Tat fundamentalistischen Christen« machte. Jesus wurde sein »lebendiger Herr und Erlöser«, der »Fleischgewordene Sohn Gottes«, der eine und einzige Retter der Menschheit. Hick wurde Geistlicher der Presbyterianischen Kirche von England.
Im weiteren Verlauf seiner Erforschung von Theologie und Philosophie konnte er jedoch den bohrenden Fragen nicht entkommen, die die Klarheit seiner evangelikalen Überzeugungen anfochten. Zu den beunruhigendsten derartigen Fragen gehörten jene, die durch die »Ungleichheit der Offenbarungen« aufgeworfen wurden. Die Tatsache des religiösen Pluralismus und die Herausforderung, die er darstellte – Hick hat diese Erfahrung vor allem in den großen Moslem-, Sikh-, Hindu- und Judengemeinden seiner Umgebung in Birmingham persönlich gemacht – zwangen ihn bald zu einer weiteren Konversion. Durch diese Bekehrung bewahrte er sich zwar seine persönliche Bindung an Jesus als seinen Herrn, gestaltete jedoch seine Theologie gründlich um. Er erlebte eine »Ko-

pernikanische Wende« seines christlichen Selbstverständnisses, eine Revolution, die er seit 1973 der ganzen Christenheit dringend empfiehlt[5].

Hick ist der radikalste, bekannteste und daher umstrittenste Verfechter eines theozentrischen Modells für jeden christlichen Zugang zu anderen Religionen. Wir werden seine Argumente etwas detaillierter prüfen, um ganz klar zu verstehen, was er sagt und was er nicht sagt.

Eine neue Landkarte der Religionen

Hick lobt die Bemühungen katholischer Christen, das Christentum von dem Ausschließlichkeitsdenken und der elitären Grundeinstellung der meisten evangelikalen und protestantischen Positionen zu befreien. Er betrachtet die katholischen Theorien von impliziten Glauben, von der Taufe aufgrund des Wunsches danach, vom anonymen Christentum, von den gewöhnlichen und den außergewöhnlichen Heilswegen und vom Christentum als »kritischem Katalysator« als Versuche, eine aus christlicher Nächstenliebe entspringende Ausdehnung des Reichs der Gnade auf jene Menschen, die man früher als jenseits vom Schoß der Kirche angesehen hatte«, zu erreichen. Letzten Endes führt ihn seine Analyse aber zu dem Urteil, diese Theorien ähnelten doch noch sehr stark den »Epizyklen«, die die alten Naturforscher in das ptolemäische Weltbild einbauten, um es angesichts der angehäuften Daten der »Kopernikaner« aufrechterhalten zu können – »Kreise, die sich im Kreise drehen, so daß die Theorie komplizierter wird und den Fakten näherkommt.« Etwas wohlmeinender bezeichnet Hick das katholische Modell als »psychologische Brücke zwischen der nicht länger akzeptablen älteren Sicht und der sich entwickelnden neuen,« fügt aber hinzu: »Früher oder später müssen wir von der Brücke runter auf die andere Seite.«[6]

Folglich trägt er seine »Kopernikanische Revolution in der Theologie« vor. Sie kommt dem kopernikanischen Modell des Universums gleich: »(Sie) beinhaltet eine gleichermaßen radikale Transformation hinsichtlich unserer Auffassung vom Universum der Glaubensrichtungen wie des Ortes, den unsere eigene Religion darin hat. ...(Sie erfordert) einen Paradigmenwechsel vom auf

Jesus oder das Christentum zentrierten zu einem auf Gott zentrierten Modell des Universums der Glaubensrichtungen. So kann man dann die großen Weltreligionen als unterschiedliche menschliche Antworten auf die eine göttliche Wirklichkeit ansehen, als Verkörperungen verschiedener Wahrnehmungen, die sich in unterschiedlichen historischen und kulturellen Umständen herausgebildet haben.«[7]

Hick würde die im 1. Kapitel dargebotene Beschreibung der modernen Erfahrung des religiösen Pluralismus nachdrücklich bekräftigen. Er siedelt die Geburt der großen Weltreligionen in einem »Goldenen Zeitalter religiöser Aktivität«, etwa 900 v. Chr. bis 200 n. Chr. an[8]. Die Religionen sind jede für sich – aber durch »den einen Heiligen Geist« – empfangen worden und haben sich isoliert voneinander entwickelt. Räumliche Entfernung, Sprachbarrieren und Furcht bildeten die Trennwände. Heute jedoch kommen die Religionen – wie nie zuvor in der Geschichte – aus ihren historisch-kulturellen Ghettos heraus und lernen sich allmählich kennen. Heute können und müssen sie sich in Einklang entfalten.

Hick legt eine »neue Landkarte für das Universum der Glauben« vor. Bei der Beschreibung dieser Landkarte spricht er wiederholt von dem einen Geist, der einen göttlichen Wirklichkeit oder dem Absoluten, dem einen Logos hinter all den Religionen. Obgleich die Religionen diese eine Wirklichkeit entweder als theistisch (personal) oder als nichttheistisch (nichtpersonal) auffassen, gibt Hick zu verstehen, derartige Differenzen seien bloß historische oder kulturelle oder psychische Adaptierungen[9]. Viele Gelehrte werfen ihm einen ahistorischen Idealismus oder einen naiven Realismus vor, der alle Religionen in ein Prokrustesbett zwinge[10].

Hicks methodischere Erläuterung dieser neuen Landkarte macht aber deutlich, daß für ihn die Unterschiede zwischen den Religionen nicht nebensächlich oder bedeutungslos sind. Indem er die eine »letzte Wirklichkeit« hinter allen Religionen bekräftigt, folgert er nicht gleichzeitig, daß deshalb jede religiöse Ausdrucksgestalt wahr sei – sie ist vielmehr relativ. Er beruft sich auf eine Unterscheidung, die ihm als »ebenso alt wie weit verbreitet gilt« und »die Gottheit in ihrer unendlichen und jedes menschliche Erfahren und Begreifen überschreitenden Tiefe von der Gottheit als finiter Erfahrung der Menschheit trennt.«[11] Zur Erklärung dieser einen Wirklichkeit in der Mannigfaltigkeit ihrer Ausdeutungen zieht Hick sowohl die moderne Kybernetik wie auch die Kantsche Erkenntnistheorie heran. Die Gottheit ist das »eine göttliche Noumenon«, die »äußere Wirklichkeit«, die den »kognitiven« oder »informativen Input« hinter allen Religionen vermittelt. »Der Geist deutet diesen Input gemäß seinem eigenen kategorialen System und bringt ihn auf unterschiedliche Weisen zum Ausdruck, ...wobei diese Ausdrucksweisen ineinander verwandelt werden können.« Die verschiedenen Weisen, den göttlichen Input auszudrücken, »liegen miteinander nicht notwendig im Wettstreit, indem beispielsweise die Gültigkeit der einen die Ungültigkeit der anderen zur Folge hat.« Die Deutungssysteme sind aber auch nicht alle »gleichermaßen gültig«; »einige vermitteln Gott der Menschheit besser als andere.«[12]

Hick läßt keinen Zweifel aufkommen, daß er die Fallstricke des Relativismus vermeiden möchte und gibt zu, »daß wohl niemand die Behauptung, alle religiösen Phänomene befänden sich auf der gleichen Ebene der Wertigkeit oder Gültigkeit, aufrechterhalten kann, der ihr gesamtes Spektrum vor Augen hat«[13]. Relativität bedeutet nicht Gleichheit. Die Schwierigkeit liegt dann in der Beurteilung, ob eine bestimmte Religion die letzte Wirklichkeit tatsächlich vermittelt oder ob eine Religion ihre Arbeit besser macht als eine andere.

In seinen neueren Veröffentlichungen macht Hick geltend, man sollte bei dem Versuch, eine religiöse Tradition (die eigene oder eine sonstige) zu beurteilen, fragen: »Ist dieser Komplex aus religiöser Erfahrung, Glaubensüberzeugung und Verhalten soteriologisch effektiv? Ermöglicht er die Transformation der menschlichen Erfahrung von der Selbstbezogenheit zur Zentrierung auf die letzte Wirklichkeit?«[14]

Aufgrund seines Studiums der großen Weltreligionen ist Hick überzeugt, daß sie alle ein »ethisches Ideal« oder eine »soteriologische Struktur gemeinsam haben«[15]; dieses gemeinsame Ideal rührt von der Tatsache her, daß sie alle von der gleichen letzten Wirklichkeit beseelt und auf der Suche nach ihr sind. Alle Weltreligionen streben nach der Verwandlung der *conditio humana*, die sie für erlösungs- oder befreiungsbedürftig halten, d.h. als leid-voll (dukkha) ansehen. Sie treiben diese Transformation voran, indem sie ihre Anhänger aufrufen, die Eigennützigkeit zu überwinden und sich für weitere Dimensionen der Wirklichkeit aufzuschließen.

Durch »einen willentlichen Verzicht auf die Ichbezogenheit und die Selbsthingabe – ein Sich- selbst-Verlieren – an das Letztwirkliche« lebt der religiöse Mensch schließlich ein Leben der »Bejahung, Barmherzigkeit und Liebe gegenüber jedem Menschen oder sogar allem, was lebt. »Will man daher den Wert oder die Wahrheit einer Religion beurteilen, muß man prüfen, ob oder inwieweit sie »jene grenzenlos bessere Qualität der menschlichen Existenz fördert, die sich einstellt, wenn man von der Selbstbezogenheit zur Zentrierung auf die WIRKLICHKEIT übergeht«[16].

Hick folgert jedoch, derartige Kriterien könne man nicht zur Taxierung der »großen Weltreligionen als ganze« benützen, auch wenn sie auf bestimmte religiöse Praktiken oder Glaubenssätze angewendet werden können und müssen. Die Hauptreligionen sind zu verschieden und komplex; was ein einzelner Mensch über andere Religionen wissen kann, ist zu begrenzt. Ob die Vision der letzten Wirklichkeit, wie sie von einer bestimmten Religion hochgehalten wird, die Sichtweisen aller anderen Religionen übertrifft, kann nach Hick nur eschatologisch, erst am Ende der uns bekannten Geschichte, gewußt werden[17]. Einstweilen sei, so Hick, ein Austausch, ein Dialog zwischen allen Religionen dringend geboten, der sie in die Lage versetzt, noch wirksamer zur Transformation der menschlichen Existenz beizutragen, ein Dialog, der den Religionen auch helfen wird, ihre jeweiligen Interpretationen der hinter ihnen allen stehenden Wirklichkeit zu klären und zu erweitern. Hick meint, letzten Endes würden sich sogar die offenbar gegensätzlichen Unterschiede zwischen den Weltreligionen – Gott als persönliches oder unpersönliches Wesen, religiöse Erfahrung als individuelle oder gemeinschaftliche Angelegenheit, Weltbejahung oder Weltverneinung – als weit mehr einander ergänzend denn widersprechend erweisen. Er beruft sich auf Sri Aurobindos »Logik des Unendlichen«: Was wir über die letzte Wirklichkeit aussagen können, ist weit eher ein »Sowohl-als-auch« denn ein »Entweder-oder«[18].

Wie stellt sich nun Hick die künftige Landkarte des Universums der Glauben vor? Klar ist, daß er nicht die eine Weltreligion vor Augen hat, in der die ganze derzeitige Mannigfaltigkeit aufgeht. Die kulturellen und psychischen Unterschiede werden uns bleiben, und nach seiner Meinung ist das gut so. Je mehr sich jedoch die »zunehmende weltweite Ökumene« ausbreitet, umso mehr wird

»der gemeinsame verbindliche Glaube an eine höhere Wirklichkeit, der Brüderlichkeit auf Erden fordert«, wichtiger sein als die Unterschiede in Doktrin und Ritual. Je mehr diese Unterschiede an Bedeutung verlieren, desto stärker werden sich die individuellen Religionen verwandeln. Vielleicht »werden eines Tages Namen wie ›Christentum‹, ›Buddhismus‹, ›Islam‹ oder ›Hinduismus‹ die dann aktuellen Konfigurationen der religiösen Erfahrung und des Glaubens der Menschen nicht mehr beschreiben«. Ganz gewiß »wird sich das Gefühl der Zugehörigkeit zu rivalisierenden ideologischen Gemeinschaften« verringern[19].

Eine neue Christologie

Hick weicht den Implikationen seiner Kopernikanischen Revolution nicht aus. »Dieser Paradigmenwechsel hat zur Folge, daß die christologische Frage erneut offen ist.«[20] Seinem Eingeständnis, das »dieses Thema für einen christlichen Religionstheologen das schwierigste überhaupt sein muß«[21], schließt sich die Ausarbeitung einer Lösung an, die den Christen ermöglicht, weiterhin an Christus als ihrem einzigen Erlöser festzuhalten, ohne gleichzeitig darauf beharren zu müssen, daß er auch für andere notwendig einzigartig oder normativ ist. Hick's hauptsächlicher Kunstgriff dabei und sein wesentlicher Beitrag zum theozentrischen Modell, das wir in diesem Kapitel untersuchen, ist seine Ansicht, der christliche Glaube an die Inkarnation und die Gottheit Jesu sei mythisch und ermögliche nicht nur, sondern erfordere daher auch eine Reinterpretation.

Über Jesus als fleischgewordenes Wort und als Sohn Gottes zu sprechen war, so Hick, eines der vielen symbolisch-mythischen Modelle, die sich die frühen Jesusjünger zu eigen machten, um auszudrücken, was er für sie bedeutete[22]. Diese mythische Deutung wurde zu »*dem* wesentlichen christlichen Glaubenssatz«, zum Markenzeichen der christlichen Identität. Hick betont jedoch, ganz am Anfang sei es nicht so gewesen. Er legt großen Wert auf den »Beinahe«-Konsens von Bibelgelehrten, wonach Jesus sich selbst nicht als Messias oder Sohn Gottes bezeichnet hat und auch kein derartiges Bekenntnis von Seiten anderer angenommen hat[23]. Hick geht der Entwicklung des Inkarnationsmythos nach und entdeckt seine keimhafte Form in der jüdischen Vorstellung vom »Gottessohn«, einem oft für den Messias gebrauchten Titel, der jedoch jeder außergewöhnlichen religiösen Persönlichkeit verliehen werden konnte; er bedeutete Einzigartigkeit, aber nicht Ausschließlichkeit.

Als die frühe Jesusgemeinde in den griechisch-römischen Kulturraum einwanderte, verdichtete sich das Bild vom Sohn Gottes zur Vorstellung der Inkarnation und einzigartigen Vergötterung: Die »Vorstellung von Göttern in menschlicher Gestalt war in der Antike weit verbreitet, so daß in jener kulturellen Umgebung die Vergöttlichung Jesu keineswegs überraschend sein kann.«[24] Dieser Deifikationsprozeß ist bereits im Johannesevangelium offenkundig; insbesondere jedoch in den Konzilsdebatten der folgenden Jahrhunderte, die sich stark auf Gedankengänge und Weltanschauungen der griechischen Philosophie stützten, wurden die mythischen Vorstellungen vom »Sohn Gottes« und von der »Inkarnation« zu absoluten und ausschließlichen Kategorien ontologisiert. So vollzog sich der »sehr bedeutsame Schritt vom ›Sohn Gottes‹ zu ›Gott dem Sohn‹, der zweiten Person der Trinität«. Die mythische, dichterische Sprache der Inkarnation »verfestigte sich zu Prosa und wurde von der metaphorischen Rede vom Sohn Gottes zu einem metaphysischen Gott dem Sohn erweitert, und zwar innerhalb der trinitarischen Gottheit von der gleichen Substanz wie der Vater«. Hick betrachtete diesen Deifikationsprozeß keineswegs als irrig oder als Verfälschung der christlichen Erfahrung. Es war ganz natürlich, daß die junge Gemeinde versuchte, ihre Erfahrungen der Person Jesu »in der Sprache der Absoluta« auszudrücken. Jesus als Sohn Gottes, der eines Wesens mit dem Vater ist, war »in jenem kulturellen Milieu eine effektive Möglichkeit, die Bedeutung Jesu als des Einen zum Ausdruck zu bringen, durch welchen die Menschen Gott begegnet waren und durch diese Begegnung verändert worden waren.«[25]

Heutzutage jedoch ist der Mythos der Inkarnation nicht mehr so wirksam. Eine der Hauptschwierigkeiten, die man mit ihm hat, ist der Umstand, daß er – buchstäblich genommen – zu all den unangenehmen »Einzigkeiten« im christlichen Selbstbewußtsein führt: Christus ist der »einzige Erlöser« oder der »einzige letztgültige Maßstab« für alle anderen Religionen[26]. Hick drängt denn auch nicht darauf, den Mythos der Inkarnation abzuschaffen (wie ihm

einige seiner Kritiker vorgeworfen haben), sondern ihn als Mythos aufzufassen – d.h. ihn zwar nicht buchstäblich, aber doch ernst zu nehmen. Er findet Grund für seine Hoffnung, daß es so weit kommen wird: »Das Christentum wird.... seinem theologischen Fundamentalismus und seiner buchstäblichen Interpretation der Inkarnationsidee entwachsen, wie es weitestgehend auch seinem biblischen Fundamentalismus entwachsen ist.«[27]
In der Art und Weise, wie Hick seine Interpretation der Bedeutung des Inkarnationsmythos‹ erläutert, setzt er sich oft naheliegenden Mißverständnissen und kritischen Einwänden aus. Er stellt fest, das Reden über Jesus als Fleisch gewordenem Sohn Gottes bedeute keine »faktische Aussage« über »empirische, metaphysische« Wirklichkeiten. Die bildliche Sprache der Inkarnation entbehrt jeder nicht-metaphorischen Bedeutung. »Der entscheidende Wert der Inkarnationslehre ist nicht indikativischer, sondern expressiver Natur... und soll nicht eine metaphysische Tatsache versichern..., sondern eine Bewertung zum Ausdruck bringen und ein bestimmtes Verhalten hervorrufen.«[28] Im Grunde will Hick sagen, daß die Christen, wenn sie Jesus den Sohn Gottes nennen, bekunden, er habe sie gerettet, er sei der Mittler, durch den sie Gott kennengelernt haben, die Offenbarung, der sie sich ganz und gar verpflichtet fühlen und die ihre Leben verwandelt hat. Die Betonung liegt auf der inneren Einstellung, auf der Gefühlsantwort.
Hick meint jedoch wiederum nicht, der Mythos der Inkarnation drücke *lediglich* Emotionen, nur eine persönliche Antwort aus – als gäbe es keine Wirklichkeit neben den Emotionen. Im Fachjargon heißt das eher, daß er keineswegs leugnet, es gebe »vernünftige Gründe« oder Bekräftigungen für die Wahrheit des Inkarnationsmythos. Er reduziert nicht die traditionelle ontologische Christologie auf eine funktionale Christologie. Es gibt für ihn *Fakten*, die den Inhalt und die Ursache des Mythos ausmachen. Als die Christen schließlich davon sprachen, Gott sei in Jesus Mensch geworden, hatte dies seinen Grund in ihrem Erleben Jesu als einem, der »so machtvoll gottbewußt war, daß sein Leben sozusagen auf einer Wellenlänge mit dem göttlichen Leben war; und infolgedessen konnten seine Hände die Kranken heilen, und die ›Armen im Geiste‹ wurden in seiner Gegenwart zu neuem Leben entflammt. ...Er war sich Gottes so total bewußt, daß... (andere Menschen) durch spirituelle Ansteckung etwas von diesem Bewußtsein mitbe-

kommen konnten. ...Er war eine von ihrer Ichhaftigkeit befreite und für den Geist Gottes vollkommen offene Seele.«

Obwohl Hick überzeugt ist, Jesus sei in dieses Bewußtsein hineingewachsen, es sei ihm nicht fertig verpackt von oben gegeben worden, macht er noch die »Faktenaussage«, daß Jesus *so* gewesen *ist*[29]. Die Sprache der Inkarnation bezieht sich nicht nur auf etwas, das in uns passiert, sondern vielmehr auf etwas, das in Jesus passiert ist.

Auch wenn Hick daran festhält, daß das »Wesentliche« an der Inkarnation nicht die »metaphysische Tatsache« ist, bietet er uns einen eigenen metaphysischen Kommentar zur Bedeutung des Inkarnationsmythos an. Er will die griechische Metaphysik abschütteln, die in Begriffen wie Wesen, Natur, Hypostasie usw. steckt und die seit dem Konzil von Chalcedon auf die Christologie abgefärbt hat. Eine solche Gedankenwelt ist unbiblisch und kann auch die moderne Erfahrung nicht ansprechen.

Hick nähert sich eher einer prozessualen Metaphysik, wenn er versucht, den Inhalt des Inkarnationsmythos mit Begriffen wie »Zweck«, »Handlung« und »Vorgehen« (*operation*) zu erklären. Die göttliche Natur ist kein Quantum an wesenhaftem Etwas, sondern eine Tätigkeit, die einen Zweck verfolgt. Wenn – wie das Christentum stets festgehalten hat – diese Aktivität *agape*, Liebe ist (»Gott ist Liebe« in 1 Joh. 4,8) und wenn diese Liebe in der Geschichte »von innen heraus« am Werk ist, dann wäre jemand, der als Inkarnation Gottes beschrieben wird, ein eindeutiger Fall von »Inhistorisation« der göttlichen *agape*. Zwischen der *agape* Gottes und der *agape* Jesu bestünde eine »numerische Identität«. »Die *agape* Jesu ist keine Repräsentation der *agape* Gottes; sie *ist* diese *agape*, die sich auf eine endliche Art und Weise ins Werk setzt; sie ist die Fleisch gewordene, in die Geschichte eingegangene ewige göttliche *agape*.«[30]

Eine solche Metaphysik der Inkarnation läßt nach Hicks Meinung Raum für andere Religionen und andere Erlöser. Er erklärt, daß die Inkarnation nach diesem Verständnis – nämlich »als zeitlicher Querschnitt durch das göttliche Liebeswerk« – »nicht das Insgesamt von dem ist, dessen Querschnitt es ist.« Oder noch deutlicher:

»Wir wollen von Jesus sagen, daß er *totus Deus*, ›ganz Gott‹, in dem Sinne war, daß seine *agape* echte, auf Erden tätige *agape*

Gottes war, aber nicht, daß er *totum Dei*, ›das Ganze Gottes‹, in dem Sinne war, daß die göttliche *agape* in jeder oder auch nur in einigen seiner Taten restlos zum Ausdruck kam.«[31]

Wenn also nach Hick der Christ die Inkarnation als Mythos versteht, kann er erklären, daß man Gott *wahrhaft* in Jesus, aber nicht *ausschließlich* in ihm begegnen kann. Des weiteren kann der Christ bekunden, Jesus sei Mitte und Maßstab seines Lebens, ohne darauf bestehen zu müssen, er sei es auch für alle anderen Menschen. Eine solche Christologie schafft nicht nur die Grundlagen, sondern auch die Notwendigkeit des interreligiösen Dialogs.

Weitere Theologen, die sich der Perspektive von Hick – der mythischen Sprache der Inkarnation – bedienen, um auf einen interreligiösen Dialog hinzuarbeiten, der auf einer nicht-normativen Christologie beruht, sind zum Beispiel Monika Hellwig (wir werden in einem späteren Abschnitt von ihr hören) und John A. T. Robinson, der wie Hick die »Wortbilder« der Inkarnation dahingehend interpretiert, daß sie bedeuten, Jesus sei »*totus Deus* gewesen, der eine, der die Gottheit gänzlich ausdrückt,« nicht aber »*totum Dei*, die erschöpfende Offenbarung« Gottes[32]. Alan Race liegt in seinem Buch *Christians and Religious Pluralism* auf der Linie von Hick, geht aber über ihn hinaus, indem er eine »Handlungs-Christologie« vorlegt, die alle metaphysischen Behauptungen von Präexistenz und gottmenschlicher Einheit in Jesus als »schlicht mythologisch« fallen läßt und Jesus als »maßgeblichen Brennpunkt« der Aktivität Gottes »nicht für jeden Lichtstrahl überall auf der Welt, aber für die Vision, die er einem bestimmten Kulturkreis gebracht hat«, sieht[33].

Raimundo Panikkar: Der universale Christus und der individuelle Jesus

Wir haben bereits im 1. Kapitel viel von Raimundo Panikkar gehört. Er ist einer der tiefsinnigsten und beredtesten sowie auch einer der erfahrensten Befürworter dessen, was Hick eine neue Landkarte der Weltreligion nennen würde. Als Sohn einer spanischen Katholikin und eines indischen Hinduisten wuchs er in zwei religiösen Traditionen auf. Sein Leben des Glaubens und der Gelehrsamkeit speiste sich auch späterhin aus beiden Traditionen.

Panikkar hat Doktortitel in den Naturwissenschaften (Chemie), in Philosophie und Theologie und ist sowohl ein anerkannter katholischer Theologe, als auch ein beglaubigter Gelehrter in Sachen Hinduismus. Aufgrund seiner quer durch die Kulturen gehenden Erfahrungen und Kenntnisse hat man Panikkar auch schon »einen mutierten Mann« genannt – d.h. »einen, in dem die globale Mutation bereits geschehen ist und die neuen Formen des Bewußtseins schon konkrete Gestalt angenommen haben.«[34]

Ein weltweiter Ökumenismus

Seit den frühen 60er Jahren fordert Panikkar dringend zu einem »ökumenischen Ökumenismus« auf. Er versteht darunter einen Ökumenismus unter den Weltreligionen, der den gleichen Geist atmet und sich nach den gleichen Grundregeln abspielt wie der Ökumenismus unter den christlichen Kirchen. Wie der christliche Ökumenismus, der sich seit Anfang dieses Jahrhundert entwickelt, strebt auch dieser ökumenische Ökumenismus nach »Einheit ohne verletzende Mannigfaltigkeit«. Und wie der christliche Ökumenismus setzt er einen gemeinsamen Ursprung und ein gemeinsames Ziel, ein »transzendentes Prinzip« oder Geheimnis, eine Basis für gemeinsame Erfahrungen, die in all der riesigen Vielfalt der Weltreligionen wirksam ist, voraus und arbeitet sich von da aus vorwärts. Panikkar nennt dieses gemeinsame Mysterium »die fundamentale religiöse Tatsache«, die »nicht im Bereich der Doktrin oder auch des individuellen Ich-Bewußtseins liegt«, sondern vielmehr »überall und in jeder Religion vorhanden sein kann.« Diese fundamentale religiöse Tatsache ist das Geheimnis, das jede authentische religiöse Erfahrung kennt, das aber keine jemals ausreichend erfassen oder benennen kann[35].

Das klingt nun alles wie ein Echo jener »Schule des gemeinsamen Wesens«, die im 2. Kapitel beschrieben wurde. Es ist keineswegs so. Panikkar lehnt »die naive und unkritische Vorstellung, daß ›es ein Etwas gibt‹, dem die Menschen viele Namen geben – als sei die Benennung des Mysteriums lediglich Sache des Etikettierens mit Hilfe der Schildchen, die uns die Kultur oder die Sprache bereitstellen« – strikt ab. Mehr als die meisten Verfechter des theozentrischen Modells für den interreligiösen Dialog betont Panikkar die Wichtigkeit der Ungleichheit unter den Religionen. Unterschiede machen für ihn den wesentlichen Unterschied aus. Jede Deutung, jeder Name für die »fundamentale religiöse Tatsache bereichert und beschreibt zugleich jenes Mysterium, das weder rein transzendent noch rein immanent ist«[36]. Auf der Grundlage seiner Kenntnis der Religionen und seiner eigenen religiösen Erfahrungen bekräftigt Panikkar, daß das Geheimnis in allen Religionen sowohl *mehr als* die diversen Erfahrungen und Glaubensbekenntnisse der Religionen ist, als auch und dennoch *in ihnen anwesend ist*. Er benützt ein vertrautes Bild, um zu erklären, was er meint: »Es ist nicht einfach so, daß verschiedene Wege zum höchsten Punkt führen; der Gipfel selbst würde vielmehr in sich zusammenstürzen, wenn alle Wege verschwänden. Der höchste Punkt ist in einem gewissen Sinne das Resultat der Abhänge, die zu ihm hinführen. ...Es ist nicht so, daß diese Wirklichkeit (das letzte Geheimnis) viele Namen hat, als gebe es eine Wirklichkeit außerhalb des Namens. Diese Wirklichkeit *ist* die vielen Namen, und jeder Name ist ein neuer Aspekt.«[37]

Der Zweck des neuen ökumenischen Ökumenismus ist, das Verständnis und den lebendigen Vollzug dieses Mysteriums zu vertiefen. Damit es dazu kommt, müssen nach Panikkars mit Nachdruck vorgetragener Auffassung – und hier geht er über das römisch-katholische Modell hinaus – die traditionellen Religionen »jeglichen Alleinvertretungsanspruch bezüglich dessen, wofür *Religion* steht, aufgeben«[38]. Keine Religion kann mit anderen Worten in den Dialog eintreten, wenn sie eine letztgültige oder absolute Normativität für alle anderen Religionen beansprucht. Panikkar stellt das überlieferte Verständnis der definitiven Normativität Christi in Frage. Er brauchte ein Jahrzehnt interreligiöser Erfahrung und Reflexion, um zu diesem Punkt zu gelangen. In der ersten Ausgabe seines Buches *The Unknown Christ of Hinduism* (dt. *Christus, der Unbekannte im Hinduismus*, 1. Ausg., Luzern 1965) erklärte er noch, im historischen Jesus habe sich die Fülle der Offenbarung ereignet. In seinen rezenteren Schriften und in der »vollständig revidierten und erweiterten Ausgabe« des gleichen Buches (1981, nicht übers.) hat er jedoch seine Vorstellung von der Normativität des Christentums und Jesu Christi abgeändert. Er lehnt nun alle Modelle für eine Begegnung zwischen dem Christentum und anderen Religionen ab, die von Anfang an die Überlegenheit des

Christentums oder die Vervollkommnung anderer Religionen in ihm als gegeben annehmen[39].

Panikkars hauptsächliches hermeneutisches Argument für diese Revision ist der Umstand, daß aufgrund der Faktizität des Pluralismus und des Geschichtsbewußtseins »die *Welt*, d.h. das Spektrum menschlicher Erfahrung, subjektiv wie objektiv, seit der Zeit der Ausformulierung der christlichen Glaubenslehre sich radikal verändert hat.«[40] Und wenn sich die »Welt« – also der Sinnhorizont – verändert, muß sich auch das Verständnis ändern. Daher können und müssen die Christen ihr überliefertes Verständnis der Einzigartigkeit und Universalität Christi neu interpretieren. Die neue Deutung, die Panikkar vorschlägt und die sich sowohl von der früheren Tradition unterscheidet als auch in einem kontinuierlichen Zusammenhang mit ihr steht, basiert auf der Unterscheidung zwischen dem universalen Christus und dem individuellen Jesus. Dies ist sein spezifischer Beitrag zum theozentrischen Modell.

Eine »echt universale Christologie«

Panikkar ist überzeugt, daß das neue Zeitalter des religiösen Pluralismus »eine echt universale Christologie«[41] erfordert. Sein eigener Vorschlag für eine solche neue Christologie setzt bei einem »echt universalen« Verständnis von Christus an. Panikkars Auffassung dessen, was »Christus« eigentlich bedeutet, bewahrt seiner Meinung nach die Substanz der herkömmlichen Theologie des Logos oder der Weisheit und erhellt sie durch die heutige kulturenübergreifende religiöse Erfahrung[42].
»Christus ist....ein lebendiges Symbol für die Ganzheit der Realität: menschlich, göttlich und kosmisch.«[43] Diese Totalität des Wirklichen ist die von ihm so genannte »ursprüngliche theandrische Tatsache« oder auch neuerdings »kosmotheandrische Tatsache«. Diese Begriffe sollen »jene innige und vollkommene Einheit...zwischen dem Göttlichen und dem Menschlichen« zum Ausdruck bringen. Panikkar nennt diese Einheit »nicht– dualistische Sicht«. Sie gleicht im wesentlichen der von Schuon angestrebten und bei Jung implizierten. Gott und die endliche Welt bilden eine weder monistische noch dualistische Einheit[44]:

»Mensch und Gott sind weder zwei noch eins....Es gibt keine zwei Wirklichkeiten: Gott *und* Mensch (plus Welt); es gibt aber auch nicht eine allein: Gott *oder* Mensch. ...Die Wirklichkeit selbst ist theandrisch. ...Gott und Mensch arbeiten beim Aufbau der Realität, bei der Entfaltung der Geschichte und bei der Fortsetzung der Schöpfung sozusagen grundsätzlich zusammen. ... Gott, Mensch und Welt sind in ein einzigartiges Abenteuer verwickelt, und dieses Verwickeltsein konstituiert wahre Realität. ... Theandrismus ist auf paradoxe Weise (man kann es nämlich gar nicht anders sagen) zugleich die Unendlichkeit des Menschen...und die Endlichkeit Gottes.«[45]

Christus ist für Panikkar sowohl Symbol wie Wesen dieser dynamischen nicht-dualistischen Einheit zwischen Gott, Menschheit und Welt. Daher ist Christus gleichbedeutend mit »Gott Sohn, der Logos«. Dies bringt uns zur Trinitätstheologie von Panikkar. Der Vater ist die apophatische Dimension der Gottheit – jenseits von Erkennen oder Sagen: das schöpferische Schweigen, der »unsichtbare Ursprung« Gottes. Der Christus oder der Logos ist der äußere Ausdruck, die schöpferische Mitteilung des Allerhöchsten, das, »was Gott *ad extra* (›draußen‹)« tut[46]. Panikkar führt haufenweise traditionelle Bilder an, um die Reichweite und Innigkeit dieser göttlichen Aktivität zu beschreiben. Christus ist dasjenige, "aus dem die Welt hervorgeht, das Alpha und Omega, ...das geschichtliche Handeln der göttlichen Vorsehung, das die Menschheit nach Zeit und Ort verschieden inspiriert und das menschliche Leben...zu seiner Vollendung führt.» Es gibt also nur einen Christus, "nur ein Bindeglied, nur einen Mittler zwischen Gott und allem übrigen, zwischen dem einen und den vielen.... Zwischen diesen beiden Polen ist alles, was als Mittler, Bindeglied und ›Überträger‹ handelt, Christus, der einzige Priester des kosmischen Priestertums, der Herr schlechthin.« Dieser Christus ist zugleich göttlich und menschlich, »wahrhaft ›menschlich‹ oder vielmehr weltlich ohne aufzuhören, göttlich zu sein, ...eine Wirklichkeit, die nicht nur die beiden Pole miteinander verbindet, sondern die beiden Pole ›ist‹, ohne sie in eins zusammenfließen zu lassen.« Der Christus ist deshalb der Grund für das Göttliche in jedem Menschen; »die ›Berufung‹, die den Menschen dazu auserkoren hat, von Anfang an bestimmt zu sein zum Sohn Gottes, zur Einheit mit dem einzigen Sohn des Vaters.«[47]

Panikars Begriff des universalen Christus zwingt uns, nach dem historischen Jesus zu fragen. Wie verhalten sich die beiden zueinander? An dieser Stelle legt Panikkar offen, wo er mit der gegenwärtigen Christologie des römisch-katholischen Modells übereinstimmt und wo er über sie hinausgeht. Mit Theologen wie Rahner und Cobbs bekräftigt er, daß der ewige und universale Logos oder Christus in Jesus von Nazaret Fleisch angenommen hat. Aber er steigt aus der Gemeinsamkeit mit ihnen aus, indem er den Anspruch verweigert, eine solche Inkarnation habe ausschließlich, endgültig, definitiv und normativ in Jesus stattgefunden. In der ersten Ausgabe seines Buches *Christus der Unbekannte im Hinduismus* (1965) hat Panikkar wie gesagt noch daran festgehalten, daß man »einen vollen christlichen Glauben« braucht, um die Identität ...von Christus mit Jesus, dem Sohn Mariens, ...anzuerkennen.« Diese Tatsache machte das Christentum zu dem Ort, an dem Christus zur Gänze offenbart ist – das Ziel und »die Erfüllung der Religion«[48]. Seit den frühen 70er Jahren ist er jedoch bezüglich »Identität« und »Erfüllung« verstummt und hat sich in eine neue Richtung bewegt[49].

Unterwegs auf diesen neuen Pfaden äußert Panikkar unmißverständlich, keine historische Form, kein geschichtlicher Name könne voller, endgültiger Ausdruck des Christus sein. Christus »als universales Symbol für Erlösung läßt sich nicht objektivieren und so zu einer bloß historischen Persönlichkeit verdinglichen.« Das heißt: »Christus, der Erlöser, darf nicht auf die bloß geschichtliche Figur des Jesus von Nazaret beschränkt werden.« Etwas allgemeiner sagt Panikkar den Christen, sie sollten anerkennen, daß »Christus auf Erden nie ganz erkannt werden wird, denn das würde darauf hinauslaufen, daß man den Vater sieht, den niemand sehen kann.« Deshalb ist es gut, daß Jesus »entschwunden und weggegangen ist; die Menschen hätten ihn sonst zu einem König oder zu einem Gott gemacht«[50].

Panikkar warnt vor einer götzendienerischen Form des Historizismus im Christentum. Die erlösende Macht Jesu darf nicht nur in seiner geschichtlichen Konkretheit und Wirkung gesucht werden; der historische Jesus erlöst in erster Linie, weil er eine Wirklichkeit, den Christus, verkörpert, der über jede geschichtliche Gestalt hinausgeht. Wenn man die Geschichtlichkeit des Christentums überbetont, macht man geschichtliche Tatsachen oder Ereignisse zu Götzenbildern. Man macht sie auch mehr zu Instrumenten der Eroberung als zu solchen der Befreiung: »Wenn der Mythos der Geschichte das Christentum des Westens zu ergreifen beginnt, wird Jesus Christus zur Verkörperung des höchsten Imperiums.«[51]

Wenn Panikkar die Grenzen des historischen Jesus zugibt, beabsichtigt er damit keineswegs, seine Notwendigkeit herunterzuspielen. Er warnt vor der Verwässerung des christlichen Anspruchs, daß der universale Christus in Jesus Wirklichkeit geworden ist: »Diese Konkretheit ist in der Vergangenheit der Hemmschuh für den christlichen Dialog mit anderen Religionen gewesen, aber nur um des Dialoges willen hat niemand das Recht, die Sache, um die es geht, zu verwischen, indem er Jesus verkleinert oder das zentrale christliche Bekenntnis, Jesus sei der Herr, übersieht.«[52]

Der Grund für diese Warnung liegt darin, daß Panikkar die notwendige Rolle anerkennt, die individuelle, konkrete Heilsvermittler in allen Religionen gespielt haben. Der universale Christus, die kosmotheandrische Tatsache, kann nur durch eine besondere geschichtliche Gestalt Wirklichkeit werden; sie muß einen konkreten Namen annehmen. Für sich selbst wie für alle Christen anerkennt er, daß Jesus die höchste Form des Christus ist: »Dieser Herr (Christus), dessen Herr-sein in unzähligen Formen erscheinen kann, hat für mich eine höchste Form angenommen, die mit Jesus von Nazaret unauflöslich verbunden ist.«[53]

Panikkar ist jedoch überzeugt, daß ein Christ ein solches persönliches Bekenntnis ablegen und gleichzeitig einräumen kann, daß »ich, wenn ich dieses Bindeglied zwischen dem Endlichen und dem Unendlichen als Christus bezeichne, nicht von vornherein davon ausgehe, daß es mit Jesus von Nazaret identisch ist. ... Obwohl ein Christ glaubt, daß ›Jesus der Christus ist‹, ...ist diese Aussage nicht identisch mit ›der Christus ist Jesus‹.« Jesus ist deshalb ein konkreter historischer Name für den »Supernamen« – d.h. den Christus, der stets »der Name, überragend jeden Namen« (Phil. 2,9) ist[54].

Daher können und sollten die Christen anerkennen, daß »alle Religionen (diesen Christus) auf die eine oder andere Weise erkennen«. Der Name über allen Namen – Christus – kann mit vielen geschichtlichen Namen einhergehen: Rama, Krishna, Isvara, Purusha, Tathagata[55]. Die Realität des universalen Christus zerstört die Notwendigkeit und die universale Bedeutung des individuellen

Jesus nicht. Panikkar kann einerseits sagen, daß »dieser Herr (Christus) sein Herr-sein sui generis (seine einzigartige Herrschaft) in und durch alle möglichen Vermittlungen – und dazu zählen auch die Religionen der Welt – realisieren kann.« Andererseits kann er auch bekunden, daß »Jesus... einer der Namen des kosmotheandrischen Prinzips wäre, das praktisch ebensoviele Namen bekommen hat, wie es echte Formen der Religiosität gibt und das zugleich in Jesus von Nazaret eine historische Erscheinung sui generis findet.«[56]

Zahlreiche andere zeitgenössische Theologen, die sich um die Ausarbeitung einer nicht-normativen Christologie mühen, unterscheiden ähnlich wie Panikkar zwischen dem universalen Logos oder Christus und dem historischen Jesus: Wilfred Cantwell Smith fordert, die Christen sollten lieber das Adverb »wirklich« statt des »gänzlich« verwenden, wenn sie davon sprechen, daß Gott sich in Jesus offenbart hat. Don Cupitt behauptet ausdrücklich, daß es zwar sicher nur »einen Jesus« gibt, aber »viele Christus« geben kann. John Macquarrie legt ein Modell für den interreligiösen Dialog auf der Grundlage von »religiöser Bindung und gleichzeitiger Offenheit« vor – Ganzhingabe an Jesus und radikale Offenheit für andere Offenbarungen außer der christlichen. Thor Hall ruft die Christen auf, die Besonderheit der Inkarnation (Jesus) zu relativieren und das Prinzip der Inkarnation (Christus) zu universalisieren, und infolgedessen »das Christus-Prinzip als etwas anzusehen, was sich in einer Vielzahl von Christus-Ereignissen verwirklichen kann«[57].

Stanley Samartha: Die Relativität aller Offenbarungen

Stanley J. Samartha äußert sich auf dem Boden einer langen Geschichte des Ökumenismus, und zwar des christlichen wie des interreligiösen. Er ist von Geburt Inder, ist Presbyter der Church of South India und war von 1968 bis 1980 Direktor des *Program on Dialogue with People of Living Faiths and Ideologies* des Ökumenischen Rates der Kirchen.

Samartha hat sich zeitlebens für den Dialog zwischen den Weltreligionen als der Forderung unseres Zeitalters schlechthin eingesetzt. In seinen früheren Schriften hörte er diese Forderung vor allem von seiten der neuen Welt des Pluralismus und der kulturenübergreifenden Kommunikation: Nie zuvor hatten die Religionen eine derartige Gelegenheit zur Zusammenarbeit im Hinblick auf die Entdeckung neuer Dimensionen der göttlichen Wahrheit. Seit 1970 ist für Samartha die Notwendigkeit des Dialogs noch dringlicher geworden, als sich die Religionen zunehmend in »einen weltweiten Kampf gegen die Ungerechtigkeit einbezogen« sahen. Der interreligiöse Dialog hat eine neue Motivation erhalten. Die Religionen müssen gemeinsam nach Wahrheit streben, damit sie auch gemeinsam die Gerechtigkeit fördern können – denn keine Gerechtigkeit kann von Dauer sein, wenn sie nicht in der göttlichen Wahrheit verwurzelt ist, und eine göttliche Wahrheit kann nicht authentisch sein, wenn sie nicht die Frucht der sozialen Gerechtigkeit hervorbringt[58].

Was die theologischen Grundlagen für den interreligiösen Dialog betrifft, so ist es oft schwierig, Samarthas eigene Meinungen – vor allem in seinen früheren Schriften, die zumeist die Ansichten des Ö.R.d.K. wiedergeben – herauszukristallisieren. Er findet die »theologischen Gründe, warum der Dialog ein dauerndes Anliegen ist und sein wird« im christlichen Glauben an den Gott Jesu Christi; dieser Gott ruft die Christen dazu auf, mit allen Völkern in Beziehung zu treten, gemeinsam mit Menschen »verschiedenen Glaubens und unterschiedlicher Ideologien« nach der Wahrheit zu streben und eine »wahrhaft universale Gemeinschaft« zu schaffen, die die Grenzen von Nationen und Religionen überschreitet[59].

Samarthas Darlegung seiner theologischen Grundlagen für den Dialog erweckt den Anschein, als habe er den theologischen Rahmen des Ö.R.d.K. in bezug auf andere Glaubensrichtungen (aus den 50er und 60er Jahren) übernommen. Er beinhaltete eine »kosmische Christologie«, die das erlösende Licht Christi in jeder Religion leuchten, aber in vollkommener und maßstäblicher Weise nur vom historischen Jesus ausgehen sah[60].

In seinen jüngeren Aussagen – während der zweiten Hälfte der 70er Jahre – hat Samartha seinen Tonfall verändert. Diese Veränderung im Tonfall entspricht ziemlich genau derjenigen von Panikkar. Samartha ist jetzt mißtrauisch gegenüber allen christlichen Ansätzen bezüglich anderer Religionen, die auf einer Theorie des anonymen Christentums oder einer kosmischen Christologie

beruhen: »Man mag die Grenzen der Kirche erweitern, um ›anonyme‹ Christen unterzubringen. ...Man mag den ›kosmischen‹ Christus herausstreichen, um seinem Bereich Mächte und Gewalten, ja selbst die Natur, einzuverleiben. Aber unsere Nachbarn von den anderen Glaubensrichtungen können diese Art von ›Kooptierung‘ durchaus als gönnerhaftes Verhalten betrachten.«[61]
Wie Panikkar hat auch Samartha die absolute Endgültigkeit und universale Normativität Christi schließlich in Frage gestellt. Sein leitendes Argument dabei wie auch sein besonderer Beitrag zum theozentrischen Modell ist seine beharrliche Auffassung, vor dem umfassenden Mysterium Gottes könne sich keine religiöse Gestalt oder Religion als das endgültige und vollständige Wort bezeichnen. Im Grunde handelt es sich dabei um dieselbe Behauptung der »historischen Relativität«, die wir im 2. Kapitel untersucht haben. Aber anstatt wie Troeltsch diese Behauptung auf die grundlegende Begrenztheit aller historischen und kulturellen Äußerungsformen zu stützen, macht Samartha sie zu einem theologischen Argument, das im Wesen Gottes als dem geheimnisvoll Anderen wurzelt: »Der Andere relativiert alles übrige. Die Bereitschaft, eine solche Relativierung zu akzeptieren ist in der Tat wahrscheinlich die einzige wirkliche Garantie dafür, daß man dem Anderen als Letztwirklichkeit begegnet ist.« Daher fordert er ein Modell für die interreligiöse Begegnung, das »Gott allein als Absolutum anerkennt und ...jede Religion als relativ betrachtet.«[62] Wenn Samartha sämtliche religiösen Gestalten und Offenbarungen relativiert, so beabsichtigt er – wiederum wie Panikkar – nicht, ihre Notwendigkeit zu leugnen oder sie auf einen gemeinsamen Nenner zu bringen. Der geheimnisvoll *andere* muß uns durch spezifische Vermittlungen gegenübertreten. Samartha lehnt jedes Dialog-Modell eindeutig ab, das geltend macht, »alle Partikularitäten (seien) gleichermaßen gültig« und fordert, »keine Partikularität sollte Anspruch auf Universalität erheben«[63].
Gleichwohl bleibt jede Religion und jeder göttliche Offenbarer begrenzt, auch wenn jede partikulare Offenbarung genuin anders ist und sich anderen Religionen gegenüber für bedeutsam erklärt: »Eine bestimmte Religion kann beanspruchen, sie sei für manche Menschen maßgebend, und einige Leute können behaupten, eine bestimmte Religion sei für sie maßgebend, aber keine Religion hat das Recht, zu behaupten, sie sei für alle maßgebend.« Samartha

betont, daß diese Wahrheit auch auf Christus und das Christentum zutrifft: »Alle Religionen einschließlich des Christentums haben 'Interim'-Charakter. ... Das Wesensmerkmal schlechthin des religiösen Lebens ist seine Pilgernatur. ... Die Oasen (sic!) auf dem Weg sollten nicht als etwas Letztes hingestellt werden.«[64]
Samartha warnt vor einem »Christomonismus«, der die christliche Glaubenslehre infiziert hat und Jesus so sehr verabsolutiert, daß er zu »einer Art Kultfigur gegenüber andern religiösen Figuren« wird. Die Christen dürfen nie vergessen, daß »Gott sich in der Menschwerdung selbst relativiert.« Statt eines christomonistischen Ansatzes gegenüber den anderen Religionen tritt Samartha für einen theozentrischen Ansatz ein, der – so behauptet er – der ursprünglichen Botschaft Jesu mehr entsprechen wird: »Obwohl das Zeugnis der Verfasser des Neuen Testaments christozentrisch ist, ist Jesus Christus selber theozentrisch.«[65]
Mit einem solchen theozentrischen Modell für das Verständnis anderer Religionen und die Begegnung mit ihnen – auf der Grundlage einer nicht-normativen Christologie – werden die Christen, so Samarthas Schluß, nach wie vor in der Lage sein, ihre persönliche Bindung an Christus und ihren Glauben an seine universale Bedeutung aufrecht zu erhalten. Sie werden anderen Religionen weiterhin sagen können, daß *für sie*, für die Christen, »der Sieg über Leiden und Tod nirgendwo sonst so klar in Erscheinung tritt wie im Tod und in der Auferstehung Jesu Christi.« Ein derartiges Bekenntnis wird aber ein begeistertes *Zeugnis* für ihren eigenen Offenbarer und *nicht* ein verleumderisches *Urteil* über andere Offenbarer sein.

Obwohl die Christen weiterhin ausführen werden, was nach ihrer Überzeugung ihre universale Mission im Zeugnis für Christus ist, werden sie »anerkennen können, daß ihre Nachbarn in der gleichen pluralistischen Welt ebenfalls ihre ›Missionen‹ haben.«[66] Es kann andere »universal bedeutsame« Offenbarungen, andere »Normen«, andere Heilsbringer geben. Dies anzuerkennen heißt nicht unbedingt, alles aufs Spiel zu setzen, was Christen in Jesus Christus erfahren haben.

Samarthas Anerkennung der notwendigen Relativität aller Religionen und religiösen Gestalten angesichts des Geheimnisses Gottes ist eine Perspektive, die sich bei den meisten zeitgenössischen Theologen findet, welche auf einen weniger christozentrischen

Ansatz gegenüber anderen Religionen hinarbeiten. Besonderen Gebrauch von dieser Perspektive machen unter anderem Howard Burkle, der hervorhebt, wir müßten an die anderen Religionen im vollen Bewußtsein »der unausweichlichen Relativität allen menschlichen Bewußtseins« und der unausweichlichen Relativierung des Absoluten in der Inkarnation herangehen; des weiteren Donald Dawe und Langdon Gilkey, die in jedem Bund, den Gott mit den Menschen schließt, eine essentielle Relativität oder Begrenztheit ausfindig machen[67].

Jüdisch-christlicher Dialog: Jesus ist nicht der endgültige Messias

Die vorangehenden Vorschläge für ein theozentrisches Modell der Begegnung mit anderen Religionen und für eine nicht-normative Christologie wurden unter dem Druck des aktuellen Dialogs mit den Anhängern anderer Glauben ausformuliert. In diesem Abschnitt wollen wir uns auf eine Ecke dieses Dialogs konzentrieren, die besonderen Belastungen ausgesetzt ist und in den allgemeinen Studien über die christliche Begegnung mit anderen Religionen häufig vernachlässigt wird. Der gegenwärtige Dialog zwischen dem Christentum und seiner Ursprungsreligion, dem Judentum, beinhaltet einige der kühnsten Vorschläge für ein theozentrisches Modell des interreligiösen Dialogs und einige der kritischsten Einwände gegen die traditionelle normative Christologie. Der christlich-jüdische Dialog nimmt zu und die entsprechende Literatur ebenfalls. Im Folgenden bringe ich nur einen ausschnitthaften Überblick, bei dem die christologische Frage im Brennpunkt steht.
Christliche Gesprächspartner des Judentums fühlen sich durch dasselbe Problem aufgerüttelt, das auch ihre Kollegen im Dialog mit dem Hinduismus, dem Buddhismus und dem Islam beunruhigt: die Tatsache, daß das herkömmliche Selbstverständnis des Christentums den Wert des Judentums entweder übergeht oder ihm einen niederen Rang zuweist. Die Theologen, die wir nun kennenlernen werden, sind aufgrund ihrer eigenen Gesprächserfahrungen mit Juden sowie ihrer Erfahrung dessen, was Glaube an Christus

bedeutet, der Meinung, irgendetwas sei eindeutig falsch an der »Ablösungsmentalität« gegenüber der jüdischen Religion. Sie besteht in dem überlieferten Glauben, das Neue Testament mache die Jüdische Bibel zum »Alten« Testament, das neue Israel müsse das alte Israel ablösen[68]. Alle in Frage kommenden Theologen sind überzeugt, daß ein solches Modell des christlich-jüdischen Dialogs aufgegeben werden müsse. Und ebenso unmißverständlich weisen sie alle darauf hin, daß es dazu nicht kommen kann, »solange die Kirche nicht bereit ist, ihre überlieferten christologischen Auffassungen signifikant zu überdenken.« Im Klartext sind sie »zu dem Schluß gelangt, daß unsere traditionelle Christologie teilweise schwerwiegende Unzulänglichkeiten aufweist und möglicherweise aufgegeben werden sollte.«[69]

Es ist unmöglich, die Einzelheiten der verschiedenen Ansätze christlicher Theologen zu einer solchen »tiefgreifenden Neueinschätzung« der traditionellen Christologie zu analysieren. John Pawlikowski bietet einen nützlichen Abriß für die Zusammenfassung der hervorstechendsten Unterschiede. Er reiht die neuen christlichen Ansätze gegenüber dem Judentum in zwei Kategorien ein: Die des »einzigen Bundes« und die des »zweifachen Bundes«[70]. Diejenigen Theologen, die einen einzigen Bund postulieren, der Judentum und Christentum umfaßt, sehen das Christus-Ereignis eher als Instrument der Ausdehnung des einen und ursprünglichen Bundes mit dem Judentum auf die nichtjüdische Welt. Das Judentum behält auch nach dieser Ausweitung seinen eigenen Wert und Sinn innerhalb des einen Bundes bei. Diese Ansicht tragen – wiederum mit ausgesprochen unterschiedlichen Nuancen – Theologen wie Monika Hellwig, Paul Van Buren, A. Roy Eckardt und J. Coos Schoneveld vor[71]. Alle – und besonders Van Buren – halten es für schwirig, auszumachen, ob es außer der von Christus gebrachten »Ausweitung« irgendeinen anderen echten Unterschied zwischen Christentum und Judentum gibt.

Die Perspektive des zweifachen Bundes betont, es gebe echte Unterschiede, zwei eindeutig verschiedene Bundesreligionen. Die Unterschiede sind jedoch letzten Endes nicht gegensätzlich, sondern komplementär; beide Religionen vermitteln einander den nötigen Ausgleich. Diese Perspektive teilen Rosemary Ruether, Gregory Baum, James Parkes, J. Coert Rylaardsdam, E.P. Sanders und John Pawlikowski[72].

Obschon es interessant wäre, die Unterschiede zwischen diesen beiden Perspektiven zu entfalten, ziehen gerade ihre Überschneidungen unsere Aufmerksamkeit in Bann. Es herrscht nahezu einhellige Übereinstimmung, daß es für Christen schwierig, wenn nicht unmöglich ist, weiterhin von Jesus als von dem endgültigen Messias zu reden – d.h. als von dem, der das messianische Königreich gestiftet und deshalb für alle geschichtliche Zeit das endgültige, definitive göttliche Heil verwirklicht hat.

Durch den Dialog mit ihren jüdischen Brüdern und Schwestern gemäßigt, haben diese christlichen Theologen schließlich erkannt, daß der wahre Messias nach den messianischen Verheißungen, die Jesus nach christlichem Glauben erfüllt hat, nicht nur als vollkommener Mensch betrachtet werden kann; er muß auch ein Königreich bringen. Und an dieser Stelle scheinen die »historischen Tatsachen« den christlichen Anspruch nicht zu stützen: »Unsere zweitausend Jahre an Erfahrung« gestatten den Christen nicht, zu behaupten, Jesus sei der Messias, der endgültige Erlöser, der das Königreich herbeigeführt hat. Die Christen »können nicht mehr einfachhin gelten machen, die jüdische Vorstellung vom messianischen Zeitalter habe sich in Tod und Auferstehung Christi verwirklicht«[73]. Ein aufrichtiger Dialog mit Juden hat Hellwig und Ruether zu dem Eingeständnis gezwungen, daß Jesus in einem realen Sinne *noch nicht* der Messias oder der Christus ist. »Jesus ist der Herr« zu verkündigen bedeutet nicht, von einem *fait accompli*, sondern von einer noch zu erfüllenden Aufgabe zu reden[74]. Dies läßt eine Finalität oder absolute Normativität Jesu nicht zu.

Die meisten der erwähnten Autoren würden Ruethers Lesart der Entwicklung der christlichen Sicht von Jesus als absolutem und ausschließlichem Erlöser folgen. Ganz am Anfang verstanden die ersten Jesusjünger (die meisten waren Juden) Jesus so, wie er sich höchstwahrscheinlich selbst verstanden hat – in einem ausgeprägt jüdischen, ausgeprägt eschatologischen Sinne. Er war ein Prophet, der insofern eine entscheidende Rolle gespielt hat, als er das künftige Königreich Gottes auf Erden verkündet und herbeigeführt hat. Aber das Königreich ist nicht gekommen. Und somit haben die frühen Christen angefangen, danach zu suchen, wie das alles im Hinblick auf sie selbst und ihre Auffassung von Jesus zu verstehen sei.

Ruether deckt zwei Hauptrichtungen in dieser Suche nach einem neuen Verständnis auf. Die erste, die in den lukanischen Schriften klar zum Ausdruck kommt, beinhaltete die »Historisierung« des Eschatologischen; das künftige Königreich sollte demnach in der Geschichte Jesu schon Wirklichkeit geworden sein, und diese historische Verwirklichung wurde in der Kirche weitergetragen. Da es aber für eine solche Verwirklichung des Königreiches nicht gerade eine Überfülle von empirischen Beweisen gab, gesellte sich zu dem ersten Trend noch ein zweiter. Er findet sich besonders bei Paulus und Johannes, die das Königreich zu einer Wirklichkeit im Herzen des Menschen »vergeistigten« oder »verinnerlichten«. Beide Interpretationsmodi sprechen Jesus – und in Erweiterung davon auch der Kirche – eine ausschließliche Endgültigkeit zu. Christus und die Kirche Christi galten als der einzige Weg zu Gott. Dies bahnte nach Ruether dem Antisemitismus ebenso den Weg wie dem Antibuddhismus und so weiter, die die christlichen Kirchen durch die Jahrhunderte hindurch infiziert haben[75].

Keiner der am Dialog mit den Juden beteiligten christlichen Theologen hat eine voll entfaltete Christologie ausgearbeitet, die das Ausschließlichkeitsdenken vermeidet, wonach Jesus bei der Wegbereitung der eschatologischen Zukunft ganz in den Vordergrund rückt. Einige steuern aber durchaus Anhaltspunkte und Vorschläge für eine solche Christologie bei. Ruether faßt ihre eigenen Gedankengänge in dieser Richtung so zusammen: »Die messianische Bedeutung von Jesu Leben ist also paradigmatisch und in ihrer Natur proleptisch, nicht endgültig und erfüllt.«[76] In dem, was Jesus war und symbolisiert, ist er für die Christen das »Paradigma der Hoffnung«. Indem seine Jünger die Erinnerung an seine Auferstehung von den Toten lebendig erhalten, haben sie eine Grundlage für ihre Weigerung, das Böse als das letzte Wort anzusehen, und für ihre Hoffnung, daß Gott am Ende siegen wird. Jesus erlangt daher keine Endgültigkeit, die innerhalb der Geschichte greifbar werden kann; er verweist vielmehr auf eine Finalität, die immer noch vor uns liegt und auf die wir immer noch hinarbeiten müssen.

Ruether räumt auch anderen Paradigmen ein, diese Funktion zu haben. Sie vergleicht insbesondere das Paradigma der Auferstehung und das jüdische Paradigma des Exodus. Sie sind komplementär oder parallel und weniger gegensätzlich oder von ungleichem Rang: »In jedem Fall wird die Erlösungserfahrung der Vergangenheit als beispielgebend für weiterbestehende Hoffnung immer wieder erzählt, Hoffnung, die in der Gegenwart erfahren wird und auf jene letzte Hoffnung zeigt, die noch vor den Juden und vor den Christen liegt. Wenn Ostern nicht als Verdrängung oder Erfüllung des Exodus gesehen wird, sondern als »Verdoppelung« und Bekräftigung, dann kann der Christ seinen Glauben durch Jesus auf eine Weise bekennen, die nicht länger droht, dem Juden die Vergangenheit zu rauben, seine Zukunft auszulöschen und seine Gegenwart mit rivalisierender Feinschaft zu beengen.«[77] Ruether meint, das gleiche ließe sich von den Hoffnungsparadigmen anderer Religionen sagen.

In ihren Überlegungen zum Ansatz von John Hick meint Monika Hellwig, eine Reinterpretation der traditionellen Christologie könnte damit beginnen, daß man das Wesen der Sprache begreift, die die ersten Christen benützt haben, um die Göttlichkeit und Einzigartigkeit Jesu auszudrücken. Sie ist »eine religiöse Sprache«, mythisch, poetisch, und sie diente der Beschreibung all »der Unbekannten in der christlichen Erfahrung des göttlichen Eingreifens.« Eine solche Sprache wird immer schwer zu fassen sein und sollte nicht zu absoluten, ontologischen Aussagen verhärtet werden. Hellwig schlägt vor, eine solche Sprache phänomenologisch zu interpretieren – d.h. als Ausdruck davon, wie Jesus den Christen Ort der radikalen Begegnung mit Gott war[78].

John Pawlikowski stimmt mit der generellen Richtung der Ansichten von Ruether und Hellwig überein; seine Sorge geht jedoch dahin, daß für Jesus eine gewisse Form von Einzigartigkeit erhalten bleibt. Seine Perspektive, die ihm gestattet, an der Einzigartigkeit festzuhalten, ohne in eine Position des Exklusivismus oder der absoluten Endgültigkeit zu geraten, ähnelt sehr stark der von Panikkar. Pawlikowski geht vom Gedanken der Inkarnation aus und versteht sie als »Manifestation des Zusammenhangs zwischen Göttlichem und Menschlichem«.

»Etwas einfach gesagt wurde durch den Dienst und die Person Jesu letzten Endes zum ersten Mal klar erkannt, wie das Menschliche zutiefst integraler Bestandteil der Selbstdefinition Gottes ist. Dies wiederum schloß ein, daß jeder Mensch irgendwie göttlich ist, daß er/sie irgendwie am Wesen Gottes teil hat. Christus ist das theologische Symbol, das die Kirche in ihrem Versuch, diese

Wirklichkeit auszudrücken, gewählt hat. ...So kann man auf eine recht eigentliche Weise sagen, daß Gott in Jesus nicht Mensch geworden ist. Gott war immer schon Mensch; das Menschsein war von Anfang an integraler Bestandteil der Gottheit. Das Christusereignis war jedoch für die Manifestation dieser Wirklichkeit vor den Augen der Welt entscheidend.«[79]
Es ist nicht immer klar, was Pawlowski nun genau unter »entscheidend« versteht. Einerseits stellt er fest, diese innige Einheit zwischen Gottheit und Menschheit hätte ohne die Offenbarung Christi nicht »voll zu Bewußtsein« kommen können und kein Mensch werde »je wieder dieselbe Vertrautheit mit dem göttlichen Wesen genießen, wie sie in der Person Jesu existierte.« Er zeigt aber auch sehr ausführlich auf, wie der Glaube an die inkarnatorische Einheit zwischen Gott und Mensch in der pharisäischen Umwälzung, die zur Zeit Jesu das Judentum transformierte, keimhaft zwar, aber doch wirklich vorhanden war: Jesus war in vieler Hinsicht Teil dieser Revolution und setzte sie fort[80]. Pawlikowski folgert des weiteren, die »einzigartige« Offenbarung Gottes in Jesus sei »im Prinzip nicht umfassender als die heiligen Taten, durch die Israel ursprünglich erwählt worden war«[81]. »Die Offenbarung am Sinai steht auf gleicher Ebene mit der Offenbarung in Jesus.«[82]
Die Aussagen Pawlikowskis geben die generelle Ansicht der meisten erwähnten Autoren wieder; wenn es in Christus etwas Einzigartiges oder »Normatives« gibt, das das Judentum braucht, dann gibt es auch etwas Einzigartiges und Normatives im Judentum, das das Christentum braucht: »Die Christen sind nicht in einer Position, in der sie Christus schlicht als *den* Weg zum Heil anbieten könnten. Sie müssen auch ihre eigene Blöße hinsichtlich ihrer Erlösung anerkennen und bereit sein, von der jüdischen Tradition zu lernen.«[83] Zu den Bereichen, in denen die Christen von den Juden zu lernen haben, gehört die Insistenz seitens der Juden, daß die Erlösung etwas Gemeinschaftliches ist und eine historische Transformation erfordert, daß die Schöpfung gut ist und daß es gefährlich ist, irgendetwas als letztgültig anzusehen, ehe das Reich Gottes gekommen ist[84].
Christus/Christentum und Judentum sind in der Tat verschieden; sie sind aber auch echt komplementär. Weder das eine noch das andere ist überlegen oder endgültig. Und, wie Gerald Anderson bemerkt

hat, wenn die Christen in bezug auf das Judentum derartiges sagen können, läßt es sich – durch eine »Domino-Theorie« – auch auf andere Religionen anwenden[85].

Befreiungstheologie/Politische Theologie: Absolute Normen sind unethisch

Ein weiterer unmißverständlicher Ruf nach einer gründlichen Revision des tradierten Verständisses von Christus als normativ und endgültig kommt aus der Ecke der Politischen Theologie und der Befreiungstheologie, wie Dorethee Sölle, Rosemary Ruether, vor allem aber auch Tom Driver und andere Theologen der Ersten Welt sie vertreten[86]. Ihr Beitrag zum theozentrischen Modell für eine Theologie der Religionen ist überwiegend methodologisch. In gewisser Hinsicht decken sie nämlich die Methode oder ein wesentliches Element der Methode auf, die in allen in diesem Kapitel untersuchten Entwürfen einer revidierten Christologie zum Tragen kommt.

Wie allseits bekannt, betonen die Befreiungstheologen die *Praxis* als essentiellen Bestandteil jeder theologischen Methode. Ihr hermeneutischer Zugang (oder ihre Verstehensweise) stellt klar, daß wir den Sinn der Schrift oder der Tradition nicht einmal ansatzweise verstehen, kritisieren oder verifizieren können, wenn wir es nicht aus einer tatsächlichen Praxis der Befreiung heraus tun – aus einem konkreten Einsatz für die Verbesserung unserer Welt[87]. Die lateinamerikanischen Befreiungstheologen haben diese Methode nicht auf die traditionellen Glaubenslehren über die Einzigartigkeit und Endgültigkeit Christi angewendet. Tom Driver und Rosemary Ruether haben es getan. Sie läuft auf eine – könnte man sagen – »*ethische Hermeneutik*« hinaus. Das heißt schlicht und einfach: Wir müssen die Wahrheit jeder christologischen Aussage an ihren sittlichen Früchten messen. Negativ formuliert: Wenn eine bestimmte Glaubensübertragung hinsichtlich der Person Jesu Christi ein christliches Verhalten verursacht *oder* sanktioniert, das, gemessen an grundlegenden christlichen Maßstäben, unmoralisch ist, ist an dieser Glaubensüberzeugung etwas falsch. Eher positiv könnte man sagen, »die Kirche sollte über Gott oder Jesus nichts lehren, was nicht positiv zur sozialen Gerechtigkeit beiträgt.« Wenn eine kirchliche Lehre das nicht tut, muß sie gründlich überdacht werden[88].

Driver stellt klar, sein »methodologischer Ansatz lokalisiert die Christologie im Bereich der Ethik und nicht dieser vorausgehend«[89]. Dies erfordert eine radikale Neujustierung der Richtlinien für das, was die Christen bezüglich Jesus glauben. Das Zeugnis der Schrift und die offiziellen Lehraussagen der Tradition sind für die Kenntnis Jesu und seiner Botschaft unentbehrlich, aber für Driver sind sie nicht mehr die »Norm über allen anderen Normen«: »Der Jesus, den wir aus der Schrift kennen – aus einer Schrift, die alt ist – ist nicht die maßgebende Autorität für die Lehre über Jesus. ...Geschichtliche Dokumente sind nicht normativ, und die Ergebnisse irgendwelcher sie betreffender Forschungen sind es auch nicht.«[90] Das schriftliche Zeugnis aus der Vergangenheit muß im Licht des gegenwärtigen Augenblicks kritisiert und verstanden werden – d.h. im Licht der Handlungen, Entscheidungen und Einstellungen, zu denen uns dieses Zeugnis jetzt treibt.

Auf der Grundlage einer solchen Methode würde man wohl das moralische Tatenregister der traditionellen Christologie nicht gerne einem Gott der Liebe und der Gerechtigkeit nahebringen wollen. Driver und Ruether behaupten, die Vorstellung von Jesus Christus als »zentraler Norm«, als »Mitte der Geschichte«, als die »eine und einzige« Inkarnation Gottes in der Geschichte« habe – bewußt oder unbewußt – eine lange Reihe sündhaft zu nennender Einstellungen oder Taten verursacht bzw. gutgeheißen. Die himmelschreiendsten Sünden sind die Überheblichkeit, die Intoleranz und das vorschnelle Urteilen, die die Einstellungen der Christen gegenüber anderen Religionen gekennzeichnet haben:

»Der unmoralische Faktor am ›Skandal der Trennung‹ in unserer heutigen Zeit ist das Beharren auf einem ›ein-für-alle-Mal-Christus‹ in einer relativistischen Welt. ... Es hindert das Christentum, bejahen zu können, daß alle Menschen ein Recht auf ihren Platz unter der Sonne haben. ...Wenn die Inkarnation Gottes in der endlichen Menschheit nur einmal geschehen kann, ist der religiöse Wert jeder anderen menschlichen Geschichte gleich Null.«[91] Wenn nicht gleich Null, dann sicherlich gering.

Ruether fragt Theologen, die verkünden, ein echtes Menschsein sei nur in Jesus erreicht worden (z.B. Hans Küng), ob ihnen klar ist, wie sehr eine solche Überzeugung die Haltung nährt, »alle anderen Völker (hätten) kein echtes Menschsein«. Für Ruether ist das überzeugendste Beweisstück für die Unmoralität der traditionellen normativen Christologie die schmutzige christliche Geschichte des Antisemitismus: »Theologisch entwickelte sich die anti-jüdische Haltung gleichsam als linke Hand der Christologie. Antijudaismus war die negative Seite des christlichen Bekenntnisses, daß Jesus der Christus war.«[92] Dorothee Sölle kann einen Großteil der Christologie gar als »Christofaschismus« beschreiben – insofern sie nämlich den Christen erlaubt oder sie dazu bewegt hat, sich nicht nur anderen Religionen, sondern auch anderen Kulturen und politischen Parteien überzustülpen, die nicht unter dem Banner des endgültigen, normativen und siegreichen Christus marschieren[93].

Ruether und Driver möchten schließlich die Schuld an der rassistischen und sexistischen Schlagseite des christlichen Verhaltens zumindest teilweise einer Christologie auf die Schwelle legen, die glaubt, die Vervollkommnung des Menschseins die volle und normative Präsenz Gottes, habe sich nur und definitiv in einem weißhäutigen, männlichen Wesen verwirklicht. Wenn das Medium die *message* ist, gehören zur Normativität der Botschaft auch die Weißhäutigkeit und die Männlichkeit des Mediums: »Nichtmännliche und nichtweiße Menschen liefen daher Gefahr, aufgrund ihrer gattungsmäßigen Verschiedenheit vom Sohn Gottes als Nichtpersonen angesehen zu werden.«[94]

Selbst wenn solche Anschuldigungen nur teilweise zutreffen, selbst wenn die normative Christologie derartige unethische Verhaltensweisen nur indirekt sanktioniert und nicht verursacht hat, muß sie nach Meinung dieser Theologen zumindest in hohem Maße suspekt bleiben. Daher ihr Ruf nach einem »Paradigmenwechsel« in der Christologie und in den christlichen Einstellungen gegenüber anderen Glaubensrichtungen und Ideologien. Ihre Vorschläge, wie sich ein solcher Wechsel anlassen könnte, entsprechen durchaus den Ansätzen, die wir in diesem Kapitel bereits kennengelernt haben. Driver unterstützt die Aufforderung von Ruether, Christus aus dem »*Zentrum* der Geschichte«, wo er »die Verkörperung eines bereits in Gott vollendeten Menschseins« ist, an »die *vorderste Front* der Geschichte« zu verlagern, wo er als »Herold der Zukunft« dienen soll[95]. Driver stellt auch Überlegungen zu den Vorstellungen von Panikkar, nach der der menschgewordene Christus Ausdruck einer allgemeinen kosmotheandrischen Wirklichkeit ist, und von Pawlikowski an, der Christus als »die Manifestation des Zusammenhangs zwischen Göttlichem und Menschlichem« ansieht. Für Driver ist Jesus jemand, der den tatsächlichen ontologischen Nicht-Dualismus zwischen Gott und der Welt, die »dialektische Reziprozität von Endlich und Unendlich« erkannt und zum Ausdruck gebracht hat:

»Unendlichkeit ist keinerlei Zustand oder Substanz. Sie ist eine Eigenschaft *des* Endlichen, die Eigenschaft seiner über sich hinaus auf eine Vollendung – die es nicht besitzt, aber durch sein bloßes Dasein bezeugt – weisenden Reichweite. Ohne das Endliche ist die Unendlichkeit sinnlos. (Er fügt jedoch einen nicht-exklusivistischen, nicht-normativistischen Maßstab hinzu:) ...Die unendliche Bindung Gottes an die Endlichkeit in Jesus zeigt nicht an, daß etwas für alle Zeit einmal und nur einmal getan worden ist.«[96]

Wie schon erwähnt, befleißigen sich die meisten Theologen, die versuchen, die Einzigartigkeit Jesu im Licht des interreligiösen Dialogs neu zu deuten, einer »ethischen Hermeneutik«. Diese Art Hermeneutik kommt besonders bei Missionstheologen wie Aloysius Pieris, Ignace Puthiadam, Henri Maurier, Eugene Hillman und Burlan Sizemore zum Ausdruck, die sich wirklich auf die Praxis des Dialogs mit Menschen anderer Glauben eingelassen haben. Sie sind zu ihrem Schmerz Zeugen davon geworden, wie eine absolutistische oder normative Christologie den »kulturellen Imperialismus« des Westens begünstigt, wie sie den Dialog blockiert hat und in der Tat »einer der Hauptgründe für die enttäuschenden Ergebnisse der missionarischen Arbeit« gewesen ist. Angesichts derart unmoralischer Auswirkungen rufen diese Gelehrten, wie die Befreiungstheologen, nach einer Überprüfung der traditionellen Christologie[97].

Schlußfolgerung: Eine evolutionäre Wende im christlichen Bewußtsein?

In diesem Kapitel wurde zusammengetragen, was man eine »kopernikanische Wende« oder einen »Paradigmenwechsel« im christlichen Verständnis anderer Religionen und von Christus selbst genannt hat. In solchen Begriffen schwingt die Bedeutung einer abrupten Veränderung, einer radikalen Umwälzung mit. Die Beharrlichkeit und Dringlichkeit, mit der viele der von uns untersuchten Theologen ihr Anliegen vorbringen, hat vielleicht dieses Gefühl des Revolutionären verstärkt. Wenn wir uns jedoch von unserer Analyse dieser verschiedenen Denker etwas entfernen und versuchen, den Wald aus der Vogelperspektive zu beschreiben, sehen wir weniger eine abrupte Veränderung als eine allmähliche Entwicklung. Diese verschiedenen Theologen sind Teil einer Evolution, die sie selber zwar vorantreiben, die aber im christlichen Bewußtsein schon seit den Anfängen dieses Jahrhunderts stattfindet und vom Ekklesiozentrismus über den Christozentrismus zum Theozentrismus führt.

Die Entwicklung vom Ekklesiozentrismus zum Christozentrismus begann, als die verschiedenen christlichen Kirchen sich allmählich auf die Umwelt der christlichen Ökumene einstellten. Für die evangelischen Christen nahm sie in der Bildung und Ausweitung des Ökumenischen Rates der Kirchen Gestalt an. Für die Katholiken drückte sie sich im II. Vatikanischen Konzil aus. Die Kirchen erkannten, daß keine einzelne Kirche die volle Wirklichkeit Jesu Christi und des Evangeliums für sich vereinnahmen kann. Jede Kirche trug seine Gegenwart und seine Botschaft weiter, aber diese Gegenwart und Botschaft waren größer und bedeutsamer als jede einzelne Kirche. Es entstand ein Konsens, daß die Kirche nicht eigentlich heilsnotwendig ist. Diese Einsichten wurden auf andere Religionen bezogen. Jesus Christus sah man in allen Religionen auf mystische, kosmische und anonyme Weise am Werk. Er, und nicht die christliche Kirche, war die Mitte des heilsbringenden Universums.

Je intensiver aber die erweiterte Ökumene mit anderen Religionen wird, desto stärker kommt ein neues evolutionäres Bewußtsein zum Vorschein. So wie die Christen im christlichen Ökumenismus eingestanden, daß ihr eingeengtes Verständnis von Kirche ein Hindernis für den Dialog darstellte, sehen sie auch im ökumenischen Ökumenismus allmählich ein, daß ihr eingeengtes Verständnis von Jesus Christus ein ähnliches Hindernis ist. Die traditionelle Christologie mit ihrer Betonung der Endgültigkeit und Normativität paßt einfach nicht zu den Erfahrungen in der Arena des religiösen Pluralismus. Wir stecken mitten in der Entwicklung vom Christozentrismus zum Theozentrismus.

Was die verschiedenen von uns studierten Theologen vorlegen, ist Theozentrismus. Aus ihren jeweiligen Blickwinkeln heraus – Mythos der Inkarnation, Logos-Christologie, Relativität aller Religionen und religiösen Gestalten, ethische Hermeneutik usw. – plazieren sie Gott, nicht die Kirche oder Jesus Christus, in den Mittelpunkt aller Dinge. Und wie bei jeder evolutionären Veränderung haben auch sie nicht das Gefühl, das Vorhergehende zu negieren oder fallen zu lassen. So wie die Entwicklung vom Ekklesiozentrismus zum Christozentrismus die Bedeutung der Kirche neu einschätzte und zugleich von neuem bekräftigte, revidiert *und* zugleich bestätigt dieses neue Stadium der Evolution – wie wir im nächsten Kapitel zu zeigen versuchen – auch die universale Bedeutung Jesu.

Die »kopernikanische Wende« hat also ein theozentrisches Modell für eine Theologie der Religionen hervorgebracht. Ich glaube, daß dieses Modell zugleich die Unstimmigkeiten aller anderen von uns untersuchten Modelle aufgreift und das, was an ihnen wertvoll ist, bewahrt. Obwohl ich bezüglich einiger einzelner Argumente seiner verschiedenen Verfechter Vorbehalte habe, bin ich der Meinung, daß dieses Modell für die Zukunft des interreligiösen Dialogs wie für die Weiterentwicklung der Sinnhaftigkeit Jesu Christi für die Welt am meisten verspricht.

Viele Denker pflegen jedoch einzuwenden, das theozentrische Modell stelle keinen evolutionären Fortschritt, sondern vielmehr eine evolutionäre Sackgasse dar. Ihre Argumente sind überwiegend christologischer Art – daß nämlich ein Umschwung zum Theozentrismus das Verständnis Christi, wie es vom Neuen Testament und von der Tradition hochgehalten wird, gewaltsam verändert und sowohl die persönliche Bindung an Jesus Christus wie auch den spezifisch christlichen Beitrag zur Behebung der Nöte dieser Welt verringert. In den beiden folgenden Kapiteln soll dargelegt werden, daß dies nicht der Fall ist. Wir wollen Gründe für die Validität einer theozentrischen Christologie und einer theozentrischen Methode für den interreligiösen Dialog anführen.

4. Kapitel
Wie ist Jesus einzigartig?
Auf dem Weg zu einer theozentrischen Christologie

Ein authentischerer Dialog

Eine kurze Übersicht über den bisherigen Verlauf des Buches wird uns eingrenzen helfen, wohin wir in diesen beiden abschließenden Kapiteln zu gelangen hoffen. Wir begannen mit einer einleitenden Beschreibung der Realität des religiösen Pluralismus, dem Ausblick auf einen neuen »einheitlichen Pluralismus« der Religionen und der Darstellung der Probleme, vor die eine solche Perspektive die Christen stellt (1. Kapitel). Im 2. und 3. Kapitel brachten wir einen Überblick über die gängigen Einstellungen zum religiösen Pluralismus und die zeitgenössischen christlichen Modelle für das Verständnis anderer Religionen. Wir haben sowohl die Erkenntnisse wie auch die Unzulänglichkeiten dieser weit verbreiteten Einstellungen und christlichen Modelle herausgearbeitet.
In diesen letzten beiden Kapiteln werde ich versuchen, die Dinge zusammenzubringen – die diversen Einsichten zu bestätigen, die Unstimmigkeiten aufzulösen und das Fundament für einen authentischeren Dialog zwischen dem Christentum und anderen Weltreligionen zu legen. Im 2. und 3. Kapitel habe ich versucht, eine objektive Analyse der Ansichten anderer Menschen vorzulegen (unter Berücksichtigung der Tatsache freilich, daß niemand je ganz objektiv ist); die Schlußkapitel hingegen sind zugegebenermaßen subjektiver; ich strebe eine persönliche Synthese an. Ich fühle mich also wohler – und halte mich für aufrichtiger – wenn ich im Folgenden die erste Person Singular noch öfter benütze als bisher.
Die persönliche Synthese begann ja eigentlich schon im vorangehenden Kapitel. Ich bin überzeugt, daß das theozentrische Modell den vielversprechendsten Weg zu einer stichhaltigen Reinterpretation der christlichen Glaubenslehre sowie zu einem authentische-

ren interreligiösen Dialog eröffnet. Aber dieser Weg ist voller Widersprüche. Die Begründung seiner Stichhaltigkeit als christliches Modell muß noch weiter ausgeführt werden, und seine Anwendungsmöglichkeiten im tatsächlichen Prozeß des Dialogs bedürfen noch eingehenderer Darstellung.
So dienen denn die Schlußkapitel sowohl der Rechtfertigung wie dem Einbringen eines neuen Vorschlags. Im vierten Kapitel wird die Christologie des theozentrischen Modells als stichhaltige Neuinterpretation der christlichen Tradition und Erfahrung ausgearbeitet und verteidigt. Im fünften Kapitel steht dann der Vorschlag einer Methode an, wie man dieses Modell im wirklichen Gespräch mit Anhängern anderer Glaubensrichtungen anwenden kann. Obwohl die von mir vorgetragene Rechtfertigung wie auch mein methodischer Entwurf persönlich und subjektiv sind, hoffe ich zeigen zu können, daß sie durchaus auch in der wissenschaftlichen Kompetenz anerkannter, zeitgenössischer christlicher Theologen verankert sind.
Die quälende Frage, die uns im gesamten bisherigen Verlauf dieser Studie verfolgt hat, war die nach der Einzigartigkeit von Jesus Christus. Keine christliche Theologie anderer Religionen, kein christlicher Versuch, mit ihnen ein Gespräch zu führen, kann eine ernsthafte Auseinandersetzung mit diesem Thema vermeiden. Ist Jesus unter den religiösen Gestalten der Geschichte einzigartig? Wenn ja, in welcher Weise?
Wir haben festgestellt, daß viele gängige Einstellungen zum religiösen Pluralismus (z.B. die von Troeltsch und Toynbee) die Frage zu leichtfertig übergehen; sie leugnen jegliche Einzigartigkeit des Nazareners, dicken alle Offenbarungen zu einem gemeinsamen »Etwas« ein und schaffen es nicht, die Möglichkeit ins Auge zu fassen, daß einige Heilsbringer »besser« sind als andere. Aber auch die meisten christlichen Modelle für eine Theologie der Religionen setzen sich mit dem Problem der Einzigartigkeit Jesu nicht ernsthaft genug auseinander.
Alle christlichen Modelle bestehen auf einer gewissen Form von Einzigartigkeit. Das konservative evangelikale wie das gängige protestantische Modell hält an einer *ausschließlichen Einzigartigkeit* fest und unterstreicht, daß allein in Jesus die wahre Offenbarung oder Erlösung zu finden ist. Nach einem solchen Verständnis ist das Christusereignis für jede wahre Begegnung mit Gott –

gleichgültig wann in der Geschichte sie stattfindet – *konstitutiv*..
Das katholische Modell schlägt, da eine derartige Exklusivität nicht zufriedenstellt, eine »*einschließliche*« Einzigartigkeit Jesu vor; Gottes offenbarend-erlösendes Handeln in Christus schließt alle anderen Religionen ein – in Gestalt einer anonymen, kosmischen Präsenz in ihnen oder als ihre endgültige Vollendung. Nach dieser Sicht bleibt Jesus wenn schon nicht konstitutiv, so doch zumindest *normativ* für alle religiösen Erfahrungen aller Zeiten. All diese herkömmlichen christlichen Ansprüche wissen kaum, wie sehr sie dem zeitgenössischen Bewußtsein der historischen Relativität entgegengesetzt sind und einen echten Dialog mit Andersgläubigen behindern.
Das theozentrische Modell schlägt – wie man sagen könnte – eine *relationale Einzigartigkeit* Jesu vor. Eine ausführlichere Erklärung dieser Vorstellung wird im folgenden Kapitel zu lesen sein. Sie beinhaltet die Bestätigung, daß Jesus einzigartig *ist*, zugleich mit der Einschränkung, daß sich diese Einzigartigkeit durch ihre Fähigkeit definiert, zu anderen einzigartigen religiösen Gestalten in Beziehung zu treten, d.h. sie einzubeziehen und sich von ihnen einbeziehen zu lassen. Ein solches Verständnis Jesu sieht ihn nicht als ausschließlich oder gar als normativ, sondern als *theozentrisch*, als universal relevante Manifestation (Sakrament, Inkarnation) der göttlichen Offenbarung und Erlösung.
Im folgenden werde ich aufzuzeigen versuchen, daß eine solche nichtnormative, theozentrische Christologie der neutestamentlichen Verkündigung Jesu nicht widerspricht und daher eine gültige Auslegung dieser Verkündigung ist. Ich werde außerdem darauf hinweisen, inwiefern ein nicht-normatives Verständnis Christi mit den modernen Methoden der Christologie übereinstimmt: mit den Jesus-Deutungen, wie sie von Karl Rahner, vom Prozeßdenken, von Befreiungstheologen vorangetrieben werden. Anschließend möchte ich ausloten, ob eine solche neuartige Interpretation Jesu mit dem Glauben an seine Auferstehung in Einklang steht. Schließlich werde ich versuchen zu schildern, wie eine nicht-normative, theozentrische Sicht Jesu nach wie vor eine totale persönliche Bindung und Hingabe an ihn zuläßt und sogar erfordert. Eine solche Bindung erheischt eine ausgesprochen christliche Praxis innerhalb der Gesellschaft und einen ausgesprochen christlichen Beitrag zum neuen Dialog zwischen den Religionen.

Ein neuer *kairos*, eine neue Christologie

Die Christologie, die das theozentrische Modell für das Verständnis anderer Religionen untermauert und die in diesem Kapitel verfochten wird, ist zugegebenermaßen so neu, daß viele Christen schon die Idee als solche ablehnen werden. Ehe ich also Gründe für die Stichhaltigkeit einer nicht-normativen Christologie anführe, muß ich kurz etwas über ihre Möglichkeit sagen. Man erinnere sich an die Ausführungen am Ende des 1. Kapitels: In der Geschichte des Christentums sind neue Ideen, neue Glaubenslehren nichts Neues. Während der ganzen bisherigen Geschichte des Christentums hat sich sein Selbstverständnis, haben sich Glaubenslehre und Moral in genuiner Weise entwickelt. »Entwicklung« heißt, daß solch neue Vorstellungen *sowohl* kontinuierlich *als auch* diskontinuierlich auf das folgten, was ihnen vorausging; sie sind nicht *total* neu, aber *echt* neu. Wir haben festgestellt, daß sich diese evolutionären Fortschritte anscheinend im Einklang mit besonderen *kairos* im Lauf der Geschichte, mit bestimmten Augenblicken also ereignen, in denen die Erfahrungs- und Gedankenwelt Durchbrüche im Verständnis des Evangeliums zuläßt[1].

In Anwendung dieses allgemeinen Verständnisses der Evolution der Glaubenslehre auf den besonderen Fall der Interpretation des Neuen Testaments oder dogmatischer Texte über Jesus kann man sagen, daß es zum vollen Verständnis eines bestimmten Textes über ihn *nicht* genügt, diesen Text innerhalb seines historischen Kontextes anzusiedeln und zu deuten. Vielmehr können, wie Hans Georg Gadamer erläutert[2], Text und Kontext nur innerhalb des sich im Lauf der Geschichte erweiternden Erfahrungs- und Sinnhorizontes verstanden werden. Raimundo Panikkar nennt ihn den »universalen Kontext« oder die »Textur« des Textes – das in beständiger Ausdehnung befindliche menschliche Universum neuer Erfahrungen, die neue Einsichten ermöglichen und neue Urteile und Entscheidungen hervorrufen. Wenn man den Text und seinen Kontext nicht ständig von neuem innerhalb der stets neuen Textur hört, hört man eigentlich nicht, was der Text bedeutet. Und wenn es in der Textur echte Veränderungen oder Verschiebungen gibt – insbesondere, wenn sich die menschliche Erfahrung von der tribalen zur globalen wandelt – *muß* der Text neu interpretiert werden.

Andernfalls sind wir dem Neuen Testament untreu und hören nicht, was es wirklich meint [3].

Ein Hauptanliegen dieses Buches war der Aufweis, daß es in der »Textur« der menschlichen Erfahrung eine genuin neue Entwicklung gegeben hat, die sich vom »Kontext« des Neuen Testaments und von früheren dogmatischen Aussagen über Jesus stark unterscheidet. Zu diesem veränderten »Gewebe« gehört ein neues »Geschichtsbewußtsein« in bezug auf die Relativität aller Kulturen und historischen Errungenschaften, ein neues Bewußtsein des Pluralismus und insbesondere eine klarere Erkenntnis der Notwendigkeit, eine neue Form von Einheit unter den Völkern zu schaffen. Jesus in diesem neuen Gewebe nicht neu zu verstehen, sich der Möglichkeit einer neuen Christologie nicht zu öffnen, heißt Gefahr zu laufen, daß man die Vergangenheit in ein idolatrisches »Depot des Glaubens« einsperrt. Im sicheren Schutz eines solchen Depots kann man den Ruf der Vergangenheit nach Umkehr und nach Taten im Heute bequem ausschalten.

Einzigartigkeit und die Christologie des Neuen Testaments

Die Erwartung, man könnte unter den Neutestamentlern in der Frage der Einzigartigkeit Jesu eine einheitliche Antwort finden, wäre in etwa ebenso naiv wie die Suche nach einem wirtschaftstheoretischen Konsens unter Washingtoner Politikern. Wenn wir auch nur eine allgemeine Übersicht über zeitgenössische Arbeiten zur Christologie des Neuen Testaments versuchen, finden wir uns in einem Dickicht divergierender Meinungen und akademischer Kontroversen wieder. Neben dem Dickicht befindet sich jedoch ein fruchtbares Feld zunehmenden Wissens und wachsender Übereinstimmung.

Ich werde im Folgenden den schwankenden Boden extremer Kontroversen und Ungewißheiten zu meiden versuchen. Ich will mich vielmehr auf dem soliden Grund des wissenschaftlichen Konsenses (der selten total ist) voranarbeiten und versuchen, ein Bild von den Vorgängen während der ersten Jahrzehnte des Christentums zu entwerfen. Wie kamen die ersten Jünger zu ihrem Verständnis Jesu, und was können wir von ihnen für unsere eigenen Bemühungen, diesen Jesus und seine Einzigartigkeit zu verstehen, lernen?

Jesus war theozentrisch

Einer der wenigen Gegenstände, bei denen zwischen den Fachtheologen für das Neue Testament volle Übereinstimmung herrscht, ist der Umstand, daß der Brennpunkt und die Kernaussage der ursprünglichen Botschaft Jesu das »Reich Gottes« war[4]. Jesu Hauptaufgabe war die Verkündigung dieses Reiches, eines Reiches, das schon bald kommen sollte, das aber schon in geheimnisvoller Weise gegenwärtig und wirksam war (Lk 11,20; 17,21). Die Jetztzeit ist voller Dringlichkeit und fordert große Verantwortlichkeit; der Mensch muß seinem Leben eine andere Richtung geben, sich bekehren, wenn er diesem Reich angehören will. Sendung und Person Jesu waren daher zutiefst auf das Reich und das heißt auf Gott zentriert. All seine Kräfte sollten diesem Gott und seinem Reich dienen; alles andere war zweitrangig. »Dein Reich komme, dein Wille geschehe« war der Inhalt seines Betens und Arbeitens[5].
War jedoch die ursprüngliche Botschaft Jesu theozentrisch, so ist die Botschaft des Neuen Testaments durchgehend und unleugbar christozentrisch. Nach seinem Tod und seiner Auferstehung wurde der Verkünder zum Verkündeten. Der Brennpunkt verlagerte sich. Wir werden noch sehen, daß es in dieser Verlagerung eine Logik, ja sogar eine Notwendigkeit gibt. Die ursprüngliche Botschaft Jesu wurde dadurch verwandelt, nicht fallen gelassen. Die Christozentrik des Neuen Testaments hält an der ursprünglichen Theozentrik Jesu durchaus fest. Jesus nimmt nie die Stelle Gottes ein. Selbst in den drei Texten, in denen Jesus als Gott oder als göttlich verkündet wird (Joh 1,1; 20,28; Heb 1,8 – 9), wird eine eindeutige Unterordnung beibehalten[6]. Auch Paulus, der ja einen radikalen Christozentrismus vertritt, erinnert seine Gemeinden: »Ihr aber gehört Christus, und Christus gehört Gott« (1 Kor 3,23). Seine Vision ist, »daß Gott für einen jeden alles sei« (1 Kor 15,28). Das Neue Testament hält Christozentrik und Theozentrik in einem fein abgestimmten, manchmal schwierigen Gleichgewicht[7].
Läßt sich über das Selbstverständnis Jesu im Rahmen seiner theozentrischen Botschaft etwas sagen? Nicht viel. Versuche, Jesus psychoanalytisch zu verstehen und seine Selbsteinschätzung auszuforschen, scheitern am Mangel aussagekräftiger Daten. Wenn Jesus beanspruchte, der Sohn Gottes zu sein oder wenn er irgend-

ein Bewußtsein seiner göttlichen Sohnschaft hatte, wissen wir aus dem Bericht des Neuen Testaments von einem solchen Anspruch oder Bewußtsein nichts. Hick hat recht: Jesus hat uns keine Christologie gegeben. Von allen Titeln, die ihm schließlich verliehen wurden, hatte er sich selber keinen zugelegt – mit der möglichen und derzeit kontrovers diskutierten Ausnahme des »Menschensohn«[8]. Theologen wie Hick überdehnen jedoch die Daten des Neuen Testaments, wenn sie behaupten, die christologischen Titel Jesu könnten aufgegeben oder beliebig gegen neue eingetauscht werden, weil keiner von Jesus selbst approbiert worden ist. Obwohl Jesus sich für uns nicht fein säuberlich definiert hat, hat er uns doch – und darin sind sich die Neutestamentler einig – eine gewisse Vorstellung gegeben, wie er seine Sendung verstanden hat. Er sah seine Rolle so, daß er den Auftrag hatte, dieses schon gegenwärtige, doch immer noch kommende Reich Gottes in den Mittelpunkt zu stellen. Die Ankunft des Reiches und die Zugehörigkeit zu ihm sollten sich von der Art und Weise bestimmen, wie seine jüdischen Zeitgenossen auf seine Botschaft reagierten.

Wir dürfen also mit gutem Grund folgern, Jesus habe sich selbst so verstanden, daß er im Plan Gottes eine besondere, eine einzigartige Rolle spielt. Obwohl wir nicht sicher sein können, daß er sich tatsächlich als Menschensohn und als der Leidensknecht des Jesaja dargestellt hat, weist doch das Gesamtbild dessen, was er gesagt und getan hat, darauf hin, daß er sich höchstwahrscheinlich als *der eschatologische Prophet* erlebt hat – als der letzte Prophet (Deut 18, 15 – 19), der vom Geist Gottes in besonderer Weise gesalbt war, der die Sendung der früheren Propheten vervollständigen sollte, indem er die Frohe Botschaft von Gottes endgültiger Herrschaft verkündete und in die Tat umsetzte[9].

Wenn Jesus seinen Auftrag so verstanden hat, können wir daraus auf seine Auffassung seiner persönlichen Beziehung zu Gott schließen. Schillebeeckx liefert ausführliche und überzeugende Argumente für seine Behauptung, daß »die ursprüngliche Abba-Erfahrung« Jesu »Quelle und Geheimnis seines Daseins, seiner Botschaft und Lebensweise« ist. Jesus scheint eine besondere Vertrautheit mit Gott, eine besondere Sohnschaft beansprucht und empfunden zu haben. Vielleicht kommen wir mit dieser Feststellung seiner Selbsteinschätzung am nächsten[10]. Sein tiefes Gewahrsein Gottes als seines Vaters stimmte mit der jüdischen Tradition überein; es impliziert nicht automatisch eine Ausschließlichkeit, deutet allerdings auf Besonderheit, auf Einzigartigkeit hin. Man muß diesen Umstand bei allen aktuellen Interpretationen Jesu beachten[11].

Dennoch sollte man daran denken, daß Jesus in seinem Bewußtsein seiner selbst als eschatologischer Prophet wie in allen Titeln, die er sich gegeben haben mag (Menschensohn, Leidensknecht), zutiefst theozentrisch bleibt. Wenn die Christologie das vergißt, öffnet sie das christliche Bewußtsein einem »kurzsichtigen Christozentrismus«, einer »Jesusologie«, einem Reduktionismus, der Gott in Jesus absorbiert[12]. Christozentrik ohne Theozentrik wird leicht zu einer Idolatrie, die nicht nur der christlichen Offenbarung Schaden zufügt, sondern auch der Offenbarung, die sich in anderen Religionen findet.

Vom Reich Gottes zum Sohn Gottes

Warum wurde der Verkünder zum Verkündeten? Wie kam es dazu, daß die ursprüngliche Botschaft Jesu vom Reich Gottes durch die frühen Gemeinden in die Proklamation Jesu zum Messias, Herrn, Christus, Wort, Erlöser und Sohn Gottes übersetzt wurde? Ein Überblick über die versuchsweise Beantwortung dieser Fragen durch heutige Experten für das Neue Testament bietet uns eine wertvolle Hilfe bei unseren eigenen Bemühungen, die Einzigartigkeit Jesu im Licht des derzeitigen interreligiösen Dialogs zu verstehen.

Sowohl die Gelehrten als auch der gesunde Menschenverstand sagen uns eindeutig, daß die gesamte Christologie des Neuen Testaments, alle Titel und Proklamationen für Jesus, ihren Ursprung im individuellen und gemeinschaftlichen *Erleben Jesu als Erlöser* hat. Wir müssen aufpassen, Erleben und Deutung nicht zu säuberlich voneinander zu trennen, als könne man eine nackte Erfahrung ohne jede Beimischung einer Interpretation machen. Gleichwohl finden wir, wenn wir die Gesamtkonstellation der neutestamentlichen Interpretationen Jesu zu begreifen versuchen, daß sie in einer Art Urknall-Erfahrung wurzeln, die das Leben der Menschen verwandelt hat – die Erfahrung von etwas, was man Erlösung, Heil, Befreiung nennen kann. Diese Menschen trafen in ihrer Begegnung mit diesem Mann auf die Macht und die Wirklichkeit Gottes,

eine Wirklichkeit, die sie befähigte, anders zu empfinden, zu verstehen und zu handeln als zuvor. Sie hatten nun Hoffnung – für dieses Leben und für das nächste.
Eine solche erlösende Jesus-Erfahrung war ein *Offenbarungserlebnis*. Jesus machte sie mit etwas bekannt, was nicht nur ihren Geist befriedigte, sondern auch ihr ganzes Dasein transformierte. Dieses Erlebnis einer befreienden Macht oder Offenbarung war die Quelle und der Stützpfeiler aller im Neuen Testament auffindbaren Deutungen der Person Jesu: »Das Bewußtsein, in Jesus gefunden zu haben, wonach man suchte, war es, was den ganzen christologischen Ball ins Rollen brachte.«[13]
Die jüngste Forschung hat frühere Mißverständnisse korrigiert, indem sie die Bahn, die dieser christologische Ball gerollt ist, verfolgt und die Entwicklung der Überfülle an Titeln für Jesus aufgedeckt hat. Es ist heute allgemein anerkannt, daß sich die verschiedenen Bilder, die zum Verständnis Jesu herangezogen wurden, nicht eindeutig chronologisch oder geographisch klassifizieren lassen. Es ist unmöglich, die weit verbreitete Ansicht zu beweisen, es habe im Verständnis Jesu einen klaren Fortschritt von jüdischen Modellen hin zu griechisch-heidnischen Modellen gegeben. Einzelne Wissenschaftler hatten versucht, diesen Fortschritt geographisch an den verschiedenen frühen Gemeinden festzumachen: an der palästinisch-jüdischen Gemeinde (die jüdische Bilder, vor allem das vom kommenden Messias, heranzog), den judenchristlichen Gemeinden in der Diaspora (mit ihrem jüdisch-heidnischen Modell des in der Gemeinde aktiv anwesenden Herrn) und an den heidenchristlichen Gemeinden (die sich die heidnische Vorstellung »göttlicher Menschen« und des Gottessohnes zu eigen machten). Hick ging nach einem solchen fragwürdigen Schema vor, als er behauptete (vgl. Kap. 3), der Glaube an die Inkarnation und die Göttlichkeit Jesu entstamme ausschließlich oder in erster Linie griechischem Einfluß, und die griechischen Christen hätten durch die Einbeziehung heidnischer Vorstellungen wie der vom »göttlichen Menschen« oder von Göttern etwas gänzlich Neues in das christliche Bewußtsein eingeschleust[14].
Dank der wissenschaftlichen Pionierarbeit von Gelehrten wie Martin Hengel, Helmut Koester und James Robinson ist die eindimensionale Sicht der Entwicklung der neutestamentlichen Christologie – von jüdischen Ehrentiteln hin zu griechischen – größten-

teils aufgegeben[15]. Die kulturelle Umwelt der jungen Kirche war eine bunte Mischung. Schon zwei Jahrhunderte vor Jesus war das Judentum von griechischem Gedankengut durchdrungen; und weder vor noch nach Paulus gab es so etwas wie eine rein hellenistische heidenchristliche Gemeinde; der jüdische Einfluß war überall vorhanden. Selbst jüdische Bilder wie *mareh* (Herr) oder »Sohn Gottes« konnten daher für die palästinischen Gemeinden durchaus Teilhabe an der Gottheit bedeuten, noch ehe sich via Paulus oder Johannes weitere griechische Einflüsse bemerkbar machten. Die griechischen Vorstellungen vom »Logos«, vom »göttlichen Wundertäter« oder von der »Inkarnation« wurden von den Verfassern des Neuen Testament auch nicht unkritisch übernommen; diese mythischen Bilder wurden eingefügt, um in die jüdischen Vorstellungen überzugehen und sie zu erweitern: Sie wurden in die christlichen Glaubensüberzeugungen nicht als gänzlich neue oder völlig unterschiedliche Einsichten eingebaut[16].

Um zu verstehen, wie die ersten Christen zu ihrer Beschreibung Jesu gelangten, gebrauchen einige Neutestamentler inzwischen statt klar definierter Titel in artiger chronologischer Reihenfolge die Kategorie der »Trajektorien«. Mit dem Begriff der »Trajektorien« werden verschiedene Bekenntnisperspektiven umschrieben, die sich je nach den verschiedenen sozialen Kontexten voneinander unterschieden, größtenteils gleichzeitig entwickelten und gegenseitig beeinflußten. Mit einiger Vorsicht lassen sich aus dem komplexen kulturellen Kontext der frühen Kirche vier solche Entwicklungslinien herausschälen:

1) Die *Maranatha*-(»Komm, Herr Jesus«) oder *Parusie*-Christologien sahen in Jesus den Herrn der Zukunft und Richter der Welt, der die näherrückende Fülle des Heils bringt. Dieses Modell, das eine Erweiterung der frühesten Glaubensüberzeugung – Jesus als letzter der Propheten – darstellt, entstand im sozialen Kontext der jüdischen Endzeiterwartung mit ihrem heftigen Verlangen nach der endgültigen Wiederherstellung der Gottesherrschaft für Israel. Seine grundlegenden Titel waren *mareh* oder *mar* (Herr) und »Menschensohn«. Nach Schillebeeckx erwähnt diese Christologie, die in der Q-Tradition (einer früheren Quelle, die sowohl von Matthäus als auch von Lukas benützt wurde) zu finden ist, weder die Auferstehung noch irgendeine der Erscheinungen nach der Auferstehung; in seiner Heranziehung dieser Christologie setzt

Markus die Auferstehung voraus, allerdings nur als Bedingung für das endgültige Kommen in der Parusie. Der Schwerpunkt dieses Jesusbildes liegt vorwiegend auf der Zukunft[17].

2) Die Christologie vom *Göttlichen Menschen* (*theios aner*) stellte Jesus als göttlichen Mittler dar, der wunderbare Taten vollbringen konnte; sie inspirierte die vielen Sammlungen von Wundergeschichten. Diese Christologie nährt zahlreiche gelehrte Kontroversen, aber die meisten Fachleute geben doch zu, daß die frühen Christen Jesus nicht unbedingt für eine göttliche Person hielten, wenn sie das Bild vom Göttlichen Menschen auf ihn übertrugen. Die griechische Vorstellung vom *theios aner*, die zwar durchaus kulturell im Schwange war, war als solche nicht besonders genau definiert. Obwohl diese Bezeichnung oft mit der Fähigkeit assoziiert wurde, außergewöhnliche Heldentaten zu vollbringen, diente sie als ziemlich vages, ehrenvolles Epitheton und vermittelte oft kaum mehr als die Vorstellung einer »inspirierten« Gestalt. Einige Gelehrte betonen, daß die ersten Anhänger Jesu dieses Bild mit einiger Vorsicht und kritischen Modifikationen verwendeten. Das Wesen Jesu war nicht in göttlichen Wunderkräften zu finden[18].

3) Die *Weisheit*- und *Logos*-Christologien bedienten sich eines weiteren Bildes, das in den Umkreis des vorchristlichen – griechischen wie jüdischen – »Zeitgeistes« gehörte. Im jüdischen Kontext stand der Begriff Weisheit für das Wirken Gottes in der Welt, das schöpferisch, offenbarend und erlösend war; die Weisheit nahm oft persönliche Qualität an, ohne jedoch die jüdische Betonung des Monotheismus in Frage zu stellen. Auf Jesus angewendet drückte »Weisheit« aus, daß der Gläubige ihn als Diener, Bringer und Lehrer göttlicher Weisheit erlebte. In der Q-Tradition wird Jesus als Weisheitsbote angesehen; bei Matthäus und Paulus wird er mit Weisheit identifiziert, und zwar, wie manche Forscher sagen, ohne klar umschriebene Vorstellung von Präexistenz. Die Weisheits-Christologie bildete daher den Ursprung der vollentfalteten Glaubenslehre von der Inkarnation, die vor allem zu dem Zeitpunkt Gestalt annahm, als der Verfasser des Johannesevangeliums das jüdische Bild der Weisheit mit dem griechischen Symbol des universalen Logos kombinierte. Für die Griechen, besonders wenn sie der stoischen Philosophie nahestanden, durchdrang der Logos das Universum und verlieh ihm Ordnung, Sinnhaftigkeit und Zielgerichtetheit. Im Johannesprolog finden wir

eine eindeutige Bekräftigung einer präexistenten göttlichen Wirklichkeit, die auf die Erde herabkommt und Fleisch annimmt (Joh 1,1 ff. Hebr 1,3 – 4)[19].

4) die *Passah-* oder *Oster*-Christologie hob die Wirklichkeit der Kreuzigung und Auferstehung Jesu und mehr noch die Auswirkungen dieser Tatsachen auf die Gemeinschaft der Gläubigen hervor. Diese Christologie wendete sich an Jesus als den Christus oder Messias und glich die *Maranatha*-Christologie insofern aus, als sie betonte, Jesus habe in seiner Auferstehung – sogar noch vor seiner Letzten Ankunft – alles vollbracht; seine Jünger können nun daran teilhaben. Oster-Christologien befassen sich weniger mit den Worten und Taten des historischen Jesus als mit seiner erhöhten Gegenwart, die die Gemeinde formt und belebt. Obwohl Paulus ihr Hauptvertreter ist, gab es die Vorstellung vom vollendeten erhöhten Herrn schon vor seinem Einfluß[20].

Christologie von Anfang an: dialogisch, vielgestaltig, evolutionär

Nach wie vor streiten sich die Gelehrten über die Entstehungsdaten und genauen Inhalte dieser verschiedenen Christologien. Sie geben aber generell zu, daß das Neue Testament »das Endergebnis und die Verschmelzung verschiedener Bekenntnistrajektorien und Jesusbilder ist, die jeweils spezifische Kontexte, Voraussetzungen und Implikationen haben.«[21] Das heißt also – und ist auch für unsere Bemühungen, die Einzigartigkeit Jesu zu reinterpretieren, bedeutsam – daß die neutestamentliche Christologie von Anfang an uneinheitlich, in Veränderung begriffen und Frucht des Dialogs war.

Wenn wir sagen, die Christologie des Neuen Testaments sei die Frucht eines Dialogs, wollen wir damit nicht behaupten, die ersten Christen hätten ihr Verständnis Jesu lediglich in die verschiedenen Bilder gehüllt, die in den Vorratskammern des damaligen jüdischen und heidnischen Denkens zu holen waren. Viele dieser Bilder waren nicht so eindeutig bestimmt und ohne weiteres verfügbar, wie frühere Gelehrte gedacht hatten; und keines dieser Symbole brachte die perfekte Paßform für das, was die ersten Christen in Jesus erfuhren und was sie schließlich über ihn sagten. Wenn die ersten Gemeinden Symbole aus anderen Religionen übernahmen, um auszudrücken, wer Jesus für sie war, adaptierten sie sie stets auf vorsichtige und kritisch unterscheidende Weise.

Auch wenn sie diese Tatsache anerkennen, können einige Gelehrte immer noch gelten lassen, daß »die Christologie des Neuen Testaments...aus Material zusammengefügt ist, das zum kulturellen Erbe jener Zeit gehörte.«[22] Oder etwas behutsamer gesagt – wie A. D. Nock –, »die ‹Größe› der Jesusgestalt wurde zum Kristallisationspunkt von Elementen..., die bereits vorhanden waren.‹«[23] Die griechische Vorstellung vom universalen Logos und das jüdische Verständnis von Weisheit als in der Schöpfung aktive Kraft waren gängige kulturelle Denkmuster. Sogar konservative Neutestamentler wie James D. G. Dunn geben zu, daß während der letzten drei Jahrzehnte des ersten Jahrhunderts und am Beginn des zweiten Vorstellungen von präexistenten »göttlichen Erlösern« oder »Söhnen Gottes« und »himmlischen Wesen«, die »herabsteigen«, um der Menschheit zu helfen, durchaus zum kulturell-religiösen Milieu gehörten. Wenn es auch wahrscheinlich ist, daß das Christentum seinerseits die Entwicklung solcher Bilder beeinflußt hat, stimmt doch ebenso, daß die Beeinflussungen wechselseitig waren[24]. Meines Erachtens kann man den Schluß ziehen, daß die neutestamentliche Christologie zwar durch jüdische oder heidnische Einflüsse nicht *determiniert* wurde, daß sie aber ohne diesen Einfluß – also ohne den impliziten Dialog mit der philosophischen und religiösen Gedanken- und Erfahrungswelt jener Zeit – nicht ihre eigentümliche Form angenommen hätte.

Des weiteren haben wir die Vielgestaltigkeit der neutestamentlichen Christologie vor Augen. Sie bringt mehr zum Ausdruck als bloß die Verschiedenheit der Facetten eines klar sichtbaren Juwels. Die Unterschiede im damaligen Verständnis Jesu sind real, und obwohl sie einander nicht widersprechen, ergänzen sie sich doch auch keineswegs nahtlos. Man muß diese Mannigfaltigkeit im Auge behalten, und zwar besonders, wenn man die Wichtigkeit des Inkarnationsmodells einschätzen will, das wohl die endgültige Frucht der Christologie des Neuen Testaments darstellt und in den frühen Konzilien des vierten und fünften Jahrhunderts zu dem Kriterium schlechthin für die Rechtgläubigkeit wurde.

Es gab und gibt immer noch andere neutestamentliche Symbole – außer dem der Inkarnation – mit denen die Bedeutung Jesu ausge-

drückt werden kann: der eschatologische Prophet (dieses Bild hält Schillebeeckx für die erste und »fundamentale Deutung des Lebens Jesu«[25]), der in der Auferstehung zum Sohn Gottes bestimmte Mensch, der kommende Menschensohn, der neue Adam, die Weisheit Gottes. Dunn faßt die Schlußfolgerung der meisten Experten für das Neue Testament so zusammen:
»Die Christologie sollte weder engstirnig auf eine bestimmte Einschätzung Christi beschränkt werden, noch sollte sie eine gegen die andere ausspielen noch auch darauf bestehen, daß all die verschiedenen neutestamentlichen Vorstellungen in eine bestimmte ›Form‹ gepreßt werden; sie sollte vielmehr anerkennen, daß die Bedeutung Christi von Anfang an nur durch eine Vielfalt von Formulierungen erfaßt werden konnte, die zwar nicht immer miteinander exakt vereinbar waren, sich aber auch nicht wechselseitig in ihrer Gültigkeit aufhoben«[26].
Schließlich kann man die diversen Christologien des Neuen Testaments in ihrem Zusammenhang nur als Teil eines Prozesses, einer allmählichen Entfaltung verstehen. Es gibt einen gewissen akademischen Streit über die Frage, ob man diesen Prozeß nun am besten als »Entwicklung« oder als »Evolution« beschreibt. C. F. D. Moule behauptet, eine Evolution von Jesus weg, irgendwelche »später folgende Hinzufügungen von etwas Neuem« habe es nicht gegeben; vielmehr handelte es sich um eine Ausfaltung des implizit Vorhandenen, eine *Ent-Wicklung* »neuer Einsichten« in den Sinn dessen, was schon die ganze Zeit» in der ursprünglichen Botschaft und Person Jesu enthalten war[27].
Moule hat recht, wenn er betont, das Neue Testament sei in seinen Deutungen Jesu nicht ausgeartet und habe keineswegs Bilder hervorgebracht, die wenig mit dem zu tun hatten, was er wirklich war oder was seine Jünger anfangs über ihn dachten. Die Christologie des Neuen Testaments als eine Entwicklung hinzustellen, die lediglich ausfaltete, was implizit schon bekannt war, heißt aber dennoch, das Bild der wirklichen Ereignisse zu verschleiern; und es heißt auch, die aktuelle Bedeutung dieses Bildes herabzusetzen. Es gab eine echte Evolution des Verständnisses; neue Klassen von Symbolen und Bildern traten auf den Plan. Sie standen zwar in einem kontinuierlichen Zusammenhang mit der ursprünglichen Jesuserfahrung der Gemeinden, unterschieden sich aber doch in genuiner Weise von den früheren Verstehensweisen.

Diese Evolution verlief, wie schon gesagt, nicht in fein säuberlicher, linear-progressiver Weise; sie glich mehr einer Spirale allmählich voranschreitenden Verstehens des Geheimnisses, dem man in diesem Mann Jesus begegnete. Ein klares Beispiel für diese Evolution, das auch unsere Bemühungen um ein Verständnis der Einzigartigkeit Jesu erhellt, ist die Art und Weise, wie die jungen Kirchen zur Erkenntnis Jesu als göttlich, als menschgewordenen Sohn Gottes gelangten.

Wir haben die Expertenmeinung schon gehört, wonach es »in der frühesten Jesus-Tradition keine eindeutige Evidenz für ein – wie man wohl zurecht sagen könnte – Bewußtsein der Göttlichkeit Jesu, ein Bewußtsein seiner Sohnschaft, die in einer präexistenten Beziehung zu Gott wurzelt«[28], gab. Es dürfte auch sicher sein, daß die an Jesus Glaubenden nach der überwältigenden Erfahrung der Auferstehung nicht sofort und unzweideutig Jesus als Sohn Gottes, dem Vater gleich, verkündeten[29]. Ja, der Titel »Sohn Gottes« wurde von Anfang an verwendet, und er bedeutete auch Teilhabe am oder Vermittlung des Göttlichen. Die Autoren, die diesen Titel benützten – Markus, Lukas und Matthäus – waren aber von der Vorstellung eines präexistenten, menschgewordenen Sohnes noch weit entfernt. Das trifft auch auf Paulus zu. Er war viel mehr an der Soteriologie als an der Christologie interessiert – es war ihm viel wichtiger, die erlösende Macht von Jesu Tod und Auferstehung für die Menschheit zur Sprache zu bringen, als zu erklären, wer Jesus war oder was er gesagt hatte. Man könnte sagen, für Paulus stand die Inkarnation Christi in den Christen im Vordergrund – und weniger die Inkarnation Gottes in Christus[30].

Als die zweite Generation der jungen Kirche heranwuchs, vollzog sich in mehreren Phasen eine tastende Entwicklung vom Verständnis Jesu als endzeitlichem Sohn Gottes hin zum Begriff der präexistenten Sohnschaft. Die Christusgläubigen der ersten Generation glaubten an eine gewisse Entwicklung und Reifung der Beziehung Jesu zu Gott. Jesus wurde vor allem in seiner Auferstehung zum Sohn Gottes, der dann in der Parusie endgültig kommen sollte. Diese Sicht der göttlichen Sohnschaft ist in den Weisheit-Christologien des Matthäus und vor allem des Paulus enthalten. Jesus war der Ausdruck der ewigen Weisheit Gottes, ja, er war sogar mit ihr identisch; somit gab es in der geschichtlichen Entwicklung eine kosmische, geheimnisvolle Gegenwart. Eine solche eschatologi-

115

sche Weisheit-Christologie war zukunftsorientiert und bekräftigte noch nicht eindeutig die Präexistenz Christi; aber sie war »der Schoß, aus dem die inkarnatorische Christologie entstand.«[31]
Dieser Prozeß spielte sich in der zweiten Generation des Christentums ab, als »die Sohn-Gottes-Sprache nach rückwärts ausgedehnt wurde – von der Auferstehung zurück zum Beginn der jesuanischen Sendung (Taufe im Jordan), zu seiner Empfängnis und Geburt, zu einer zeitlosen Ewigkeit.«[32] Erst unter dem Einfluß des Verfassers des Johannesevangeliums wurde die Vorstellung einer abgestuften oder graduellen Sohnschaft aufgegeben und durch einen vollentfalteten Glauben an die Menschwerdung ersetzt: »Der Autor von Joh 1,1–16 hat als erster den Schritt getan, den kein hellenistisch-jüdischer Autor vor ihm getan hatte; er hat als erster das Wort Gottes einer bestimmten Person gleichgesetzt... Der vierte Evangelist war der erste christliche Schriftsteller, der sich die personale Präexistenz des Logos Sohnes vorstellte und als fundamentalen Bestandteil seiner Botschaft präsentierte.«[33]
Hier haben wir also den Endpunkt einer Entwicklung von einem überwiegend funktionalen, eschatologischen Verständnis Jesu als Sohn Gottes zur inkarnatorischen, ja ontologischen Proklamantion seiner Göttlichkeit. Die inkarnatorische Christologie des Johannes hat die Christologie des zweiten und dritten Jahrhunderts beherrscht. Im Grunde »ist die Geschichte der christologischen Kontroverse de facto die Geschichte des Versuchs der Kirche, mit der Christologie des Johannes zurande zu kommen.«[34]
Einige Details dieser zusammenfassenden Auswahl neutestamentlich- christologischer Befunde mögen durchaus noch fragwürdig sein, aber der allgemeine Eindruck ist doch klar genug, um die Aufgabe einer Deutung der Einzigartigkeit Jesu mit Blick auf den interreligiösen Dialog zu erhellen. Ich meine, daß die beiden ersten Generationen von Christen uns folgende Leitlinien anbieten:
1) Die christologischen Trajektorien und Titel sind keine Definitionen, sondern *Interpretationen* dessen, wer Jesus für seine frühen Anhänger war. Man versteht diese Bilder besser, wenn man sie nicht als Photographien, sondern als impressionistische Gemälde auffaßt. Jedes ist durch seinen historisch-kulturellen Kontext bedingt; jedes macht sich mythische Vorstellungen oder symbolische Bilder aus der jüdischen oder hellenistischen Geisteswelt zunutze.

Diese Bilder dürfen – wie jede mythisch-symbolische Sprache – nicht buchstäblich genommen werden; aber man muß sie ernst nehmen. Bernard Lonergan würde vielleicht sagen, wir verstehen die christologischen Modelle nicht schon, »wenn wir mal kurz einen Blick auf sie werfen.«[35] Wir müssen vielmehr selber in den Deutungsprozeß einsteigen, indem wir nämlich die symbolische Macht dieser Bilder spüren, sie in ihren geschichtlichen Zusammenhängen verstehen und in unserer heutigen Situation neu beurteilen und interpretieren.

Die Verfechter des theozentrischen Modells für eine Theologie der Religionen haben recht, wenn sie die christologischen Aussagen des Neuen Testaments als mythisch ansehen; der Zweck einer solchen Sprechweise ist nicht, unser Verständnis von Christus festzulegen oder einzugrenzen, sondern uns einen Zugang zum Mysterium Christi zu eröffnen. Weil es undefinierbar ist, muß es stets von neuem verstanden werden.

2) Man sollte keine einzige Trajektorie oder bildliche Vorstellung des Neuen Testaments von Jesus verabsolutieren oder zulassen, daß sie die anderen aufsaugt. Man sollte die Mannigfaltigkeit der frühen Christologie erhalten. Damit möchte ich nicht sagen, daß die Bilder während der ersten Jahrhunderte der Kirche oder auch heute alle gleichermaßen bedeutsam waren oder sind. Aber in allen steckt etwas Gültiges, und wenn es die Situation rechtfertigt, müssen sie einander ausgleichen und ergänzen. Je nach dem historischen Kontext müssen vielleicht die einen Vorstellungen in den Hintergrund, die anderen in den Vordergrund geschoben werden.

Genau das versuchen viele Befürworter einer neuen Christologie im Dialog mit anderen Religionen. John Hick warnt vor einem Verständnis Jesu nur oder in erster Linie entsprechend einer buchstäblichen Interpretation der Menschwerdung. Raimundo Panikkar versucht die Logos- oder Weisheit-Christologie der frühen Kirche als toleranteren und umgreifenderen Ausdruck dessen wiederzubeleben, wer Jesus war und ist. Rosemary Ruether und andere im Dialog mit dem Judentum stehende Theologen bemühen sich aus dem gleichen Grund, die Bedeutung Jesu als eschatologischer Prophet wiederherzustellen. Kein neutestamentliches Bild für Jesus sagt alles über ihn aus.

3) Aber auch *in ihrer Gesamtheit* sagen die neutestamentlichen Bilder für Jesus nicht alles darüber aus, wer dieser Mann war und

was er für die Christen und für die Welt bedeutet. Wir müssen vor einer Verabsolutierung des neutestamentlichen Zeugnisses für Jesus auf der Hut sein. Der evolutionäre Deutungsprozeß, der das Neue Testament ausmacht, muß auch heute noch genauso weitergehen wie damals: in Kontinuität mit dem Vorhergehenden; die Vergangenheit bewahrend, ohne sie einzubalsamieren; ihr die Treue haltend, ohne durch sie eingeengt zu sein. Die Christen werden den neutestamentlichen Bildern für Jesus durchaus die Treue wahren und wahrhaft an sie glauben, wenn sie es zulassen, daß sich aus ihnen selbst neue Symbole und Verstehensmodelle dafür entwickeln, wer dieser Jesus ist und wie er erlöst. Genau dies ist wiederum die Absicht des theozentrischen Modells: eine Christologie, die nicht total, aber echt neu ist, eine Christologie, die die Vergangenheit bewahrt, indem sie sie erneuert.

4) Die weitergehende Evolution der Christologie wird sich einer der Hauptkräfte bedienen müssen, die sie in der neutestamentlichen Periode vorantrieb: des Dialogs mit anderen Kulturen und anderen Religionen. Wir haben schon darauf hingewiesen, daß die Entdeckung der Bedeutung Jesu durch die ersten Gemeinden von dem abhing – auch wenn sie nicht davon determiniert wurde – , was Juden und Heiden bereits herausgefunden hatten. Durch einen derartigen offenen und kritischen Dialog mit dem Hinduismus, dem Buddhismus und dem Islam sind die Theologen, die dem theozentrischen Modell anhängen, offen gegenüber neuen Bildern für Jesus, die ihn für sie selbst wie für Andersgläubige noch bedeutsamer machen. Ihre Bemühungen sind nichts weiter als die Fortsetzung der Arbeit der Christen in den ersten zwei Jahrhunderten.

5) Bei unseren Bemühungen, die Evolution der Christologie weiterzuführen, brauchen wir besonders dringend eine Erneuerung der Theozentrik bzw. eine Rückkehr zu der Theozentrik, die Jesu Verständnis seiner Sendung und – so weit wir darüber etwas aussagen können – seiner selbst charakterisiert hat. Jede heutige Christologie, die diese theozentrische Basis verläßt, fügt ihren Ursprüngen Schaden zu; sie beeinträchtigt aber auch jede Bemühung, andere Religionen zu verstehen, angemessen einzuschätzen und mit ihnen in einen Dialog einzutreten. Das theozentrische Modell für das Verständnis Christi und der Religionen steht daher sowohl mit dem Erbe des Christentums wie mit dem »Zeichen der Zeit« im Einklang.

Einzigartigkeit und Ausschließlichkeit

Wir haben im vorangehenden Abschnitt noch nicht über einen weiteren Wesenszug der neutestamentlichen Christologie gesprochen. Viele Aussagen des Neuen Testaments über Jesus sind nicht nur mannigfaltig, evolutionär und dialogisch; sie sind auch *exklusorisch* oder zumindest *normativ*. Jesus ist der »einzige Mittler« zwischen Gott und der Menschheit (1 Tim 2,5). Es gibt »keinen anderen Namen«, durch den die Menschen gerettet werden können (Apg 4,12). Jesus ist der »Eingeborene vom Vater« (Joh 1,14). Niemand kommt zum Vater außer durch ihn (Joh 14,6). So wie alle in einem Menschen, Adam, gestorben sind, werden auch alle in einem Menschen lebendig gemacht, in Christus (1 Kor 15,21 – 22). Was sich in ihm ereignet hat, geschah »ein für allemal«, *epaphax* (Hebr 9,12). Er ist der letzte Prophet, der das maßgebende, endgültige Wort für alle vor und nach ihm bringt.

Seine Augen vor einer solchen Ehrbezeugung zu schließen, bedeutet, daß man entweder psychisch verdrängt oder aber unaufrichtigerweise verleugnet, was man nicht sehen möchte. Auch ist es entweder unaufrichtig oder aber naiv, zu argumentieren, die ersten Christen hätten eigentlich nicht gemeint oder geglaubt, was sie gesagt haben – als seien sie sich der »historischen Relativität« oder »mythischen Bedingtheit« einer solchen Redeweise bewußt gewesen. Als die ersten Jesus-Anhänger der Welt verkündeten, Jesus sei der »eine und einzige«, meinten sie es auch so.

Wenn aber die Christologie evolutionär war und ist, wenn sie immerfort der Reinterpretation bedarf, kann man fragen, ob eine solche Redeweise vom »einen und einzigen« oder »endgültigen« Heilsbringer wirklich wesentlicher Bestandteil der Erfahrung und des Glaubens der frühen Kirche war. Ich möchte an dieser Stelle gerne die Frage nach dem Wesen einer solchen exklusivistischen Sprache aufgreifen. Haddon Wilmer formuliert sie kurz und bündig, wenn er fragt, »ob die Entwicklung solcher Ansprüche (der Ausschließlichkeit oder der Endgültigkeit Jesu) nicht so sehr auf dem beruht, was Jesus in Wirklichkeit war, sondern von den zufälligen Spracheigenheiten abhängt, die seine Darstellung kennzeichnen.«[36] Ich möchte behaupten, daß die Ausstattung der verschiedenen christologischen Titel mit der Eigenschaft des »einen und einzigen« mehr das vom Neuen Testament benutzte *Medium* betreffen als seine zentrale *message*.

Der historisch-kulturelle Kontext

Wie im vorangehenden Abschnitt erläutert, setzte jede christologische Reflexion mit einer tiefgreifenden persönlich-gemeinschaftlichen Erfahrung der Art und Weise ein, wie der Mann Jesus und seine Botschaft das Leben umwendete und ihm eine neue Richtung gab. Bei dem kulturellen Zusammenhang, in dem sich solche Erfahrungen ereigneten, war es ganz natürlich, ja sogar notwendig, daß die Menschen in ihrem Versuch, diese Erfahrungen zu beschreiben, in Begriffen der Endgültigkeit und der Ausschließlichkeit redeten. In gewisser Hinsicht gab es gar keinen anderen Weg, keine andere Sprache, in der sie darüber hätten sprechen können, was Jesus in ihrem Leben getan hatte. Um diesen Sachverhalt besser zu verstehen, können wir drei Merkmale der kulturellen Umwelt untersuchen, in der das frühe Christentum aufwuchs.
1) Die christlichen Gemeinden des ersten und zweiten Jahrhunderts – ja eigentlich das Christentum während der meisten Zeit seiner Geschichte – gehörten zur *klassizistischen Kultur*, wie die zeitgenössischen Theologen sagen. Wie jede Kultur durchdrang sie ihr Bewußtsein, formte ihre Geisteshaltung, färbte auf ihre Art der Erfahrung und Wahrnehmung der Welt ab. Die klassizistische Kultur nahm es im Unterschied zur zeitgenössischen *historizistischen Kultur* als gegeben an, daß die Wahrheit eine einzige war, sicher, unwandelbar und normativ. Was immer für wahr und zuverlässig gelten wollte, mußte diese Eigenschaften aufweisen[37]. Natürlich war den ersten Christen bekannt, daß es in der Welt um sie herum viele Wahrheitsansprüche gab. Sie glaubten aber zumeist, daß ein solcher Anspruch auf Wahrheit, wenn er wirklich zuträfe, die anderen entweder erobern oder absorbieren müßte. Das war der Erfolg der Wahrheit. Als sie dann der überwältigenden Wahrheit Jesu begegneten, *mußten* sie sie einfach als die einzige oder endgültige Wahrheit beschreiben. Heute jedoch, in der Welt des Geschichtsbewußtseins in Verbindung mit einer neuen Erfahrung des Pluralismus, scheint es für Christen möglich zu sein, daß sie die erlösende Wahrheit über Jesus und seine Botschaft ohne die

Voraussetzungen der klassizistischen Kultur empfinden und verkünden – ohne also darauf bestehen zu müssen, daß die Wahrheit Jesu jede andere Wahrheit entweder ausschließt oder einschließt.

2) Auch war es angesichts der jüdischen eschatologisch-apokalyptischen Mentalität, die besonders die erste Christengeneration prägte, nur natürlich, daß sie ihre Erfahrung Gottes in Jesus als endgültig und unüberbietbar interpretierten. Don Cupitt hat darauf hingewiesen, daß die spezifische Geschichtsphilosophie, die die ersten Christen von ihrer jüdischen Mutterreligion ererbt hatten, sie ein neues und definitives Stadium der Geschichte erwarten ließ[38]. Und es war ein Stadium, das nur von Jerusalem aus in die Welt einbrechen konnte. Als die ersten Christen nun der verwandelten Gegenwart Gottes in Jesus begegneten, lautete die spontane Schlußfolgerung, dieses Stadium sei eingetreten.

Eine der ersten christologischen Trajektorien, das *Maranatha*-Modell erwartete das Ende der Geschichte, die Fülle des Gottesreiches, als unmittelbar bevorstehend. Selbstverständlich war die Möglichkeit anderer Offenbarung oder Propheten schlichtweg unvorstellbar. Es war keine Zeit dafür. Als das endgültige Ende nicht kam und die Christen allmählich erkannten, daß die Geschichte noch länger dauern würde, als sie gedacht hatten, schenkten sie anderen Christologien (der Weisheit/Logos- und der Oster-Trajektorie) größere Aufmerksamkeit. Aber selbst in diesen anderen Modellen hielten sich noch jüdische eschatologische Überzeugungen; Jesus wurde als derjenige verkündet, der bereits erreicht und vorweggenommen hatte, was da für alle Menschen am Ende der Geschichte kommen sollte. Wie Rosemary Ruether und Tom Driver erklärten, verlagerte sich die Endgültigkeit des *Endes* auf das *Zentrum* der Geschichte[39].

Das zeitgenössische Verständnis von Geschichte oder die Geschichtsphilosophie unserer Tage unterscheidet sich vom jüdisch-apokalyptischen Modell. Heute wird die Geschichte nicht nur als fortschreitender, schmerzhaft ungewisser Prozeß mit offenem Ausgang, sondern auch als ein Geschehen erfahren, das sich auf einer Vielzahl kultureller, evolutionärer Wege entlangbewegt. Diese Tatsache legt die Frage nahe, ob der Einfluß der frühen apokalyptischen Vorstellungen auf die Christologie als zeitbedingt und daher erneut interpretationsbedürftig angesehen werden kann und sollte. Jesus braucht nicht als der absolut *letzte* Prophet oder als das *einzige Zentrum* der Geschichte verkündet zu werden; und er kann nach wie vor als universal bedeutsamer Heilsbringer bejaht werden, der eine eschatologische Zukunft, ein Reich, in der die Welt, wie wir sie kennen, verwandelt sein wird, sowohl verheißt als auch die Kraft gibt, für sie zu arbeiten.

3) Ein weiterer Aspekt des historischen Kontexts der jungen Kirche war ihr *Status als Minderheit* innerhalb der größeren jüdischen Gemeinschaft und insbesondere innerhalb des riesigen, bedrohlichen römischen Imperiums. Der kulturelle und religiöse Pluralismus wurde damals anders erlebt als heute. Während der ersten Jahrhunderte ihres unsicheren Wachstums, lief die Gemeinschaft der Christen Gefahr, entweder von größeren Gruppen, für die sie eine Bedrohung oder ein Ärgernis darstellte, ausgemerzt oder von einem alles vereinnahmenden Synkretismus aufgesaugt zu werden. Damit die junge Religionsgemeinschaft sich gegen diese Gefahren verteidigen konnte, mußte sie sich mit einer klaren Identität und mit totaler Bindung wappnen. Das tat sie besonders durch ihre Glaubensüberzeugungen, speziell ihre christologischen Bekenntnisse.

Man kann diese Bekenntnissprache daher »Überlebenssprache« nennen; sie war für das Überleben der Glaubensgemeinschaft unentbehrlich. Indem die ersten Christen Jesus Christus in absoluten Begriffen schilderten und als den einen und einzigen Erlöser verkündeten, grenzten sie für sich eine Identität aus, die sich von der ihrer sämtlichen Gegner und Konkurrenten unterschied. Eine solche Sprache rief auch eine totale Bindung und Hingabe hervor, die sie in Zeiten der Verfolgung oder Verspottung stählte.

Wenn wir die Absolutheit und Ausschließlichkeit der neutestamentlichen Christologie aus dieser soziologischen Perspektive verstehen, erfahren wir mehr über die soziale Sicherheit der frühen Kirche als über das ontologische Wesen Jesu. Diese Redeweise war eher moralischer als metaphysischer Natur. Ihr Zweck war mehr die Festlegung der Identität und der Zugehörigkeit zur Gemeinschaft der Glaubenden als die Definition der Person Jesu für alle Zeiten[40].

Dieser Umstand impliziert natürlich nicht, daß die frühe Christologie überhaupt keinen Wahrheitsgehalt und keine Ontologie aufweist. Die ersten Christen legten ein Weltbild vor, das eine endgültige Sicht Jesu beinhaltete. Wenn wir aber die absoluten und exklusorischen Beschreibungen Jesu mehr als Sicherstellung des Überlebens der Gemeinschaft denn als ein für allemal gültige Definition Jesu verstehen, können wir heutzutage immer noch am grundlegenden Weltbild der frühen Christenheit festhalten, ohne auf seine absoluten, exklusorischen Adjektiven zu bestehen. In unserer gegenwärtigen pluralistischen Situation scheint dies in der Tat das Gebot der Stunde für die Christen zu sein.

»Einzig und allein« – Merkmal der Bekenntnissprache

Die vorangehenden Anmerkungen zur soziologischen Funktion der Christologie enthüllen die nach meinem Dafürhalten grundlegende Natur der exklusivistischen Sprache des Neuen Testaments über Jesus. Alle »einzig und allein«-Adjektive zur Charakterisierung Jesu gehören »nicht in die Begrifflichkeit von Philosophie, Wissenschaft oder Dogmatik,... sondern vielmehr in die Sprache von Bekenntnis und Zeugnis«[41]. Wenn die Verfasser des Neuen Testaments über Jesus reden, benützen sie nicht die Sprache analytischer Philosophen, sondern die begeisterter Glaubender, nicht die von Wissenschaftlern, sondern die von Liebenden. Sie ist, wie Krister Stendahl nahelegt, »religiöse Sprache« – d. h. »Liebessprache, Sprache der Liebkosung«[42]. Wenn die Christen Jesus als »den einzigen« darstellen, versuchten sie nicht so sehr, ein metaphysisches Prinzip, sondern vielmehr eine persönliche Beziehung und eine Bindungsqualität herauszuarbeiten, die ausdrückte, was es bedeutete, zu dieser Gemeinschaft zu gehören[43].

Die exklusivistische christologische Sprache ähnelt sehr stark der Sprache, die ein Ehemann in bezug auf seine Frau (oder umgekehrt) verwenden würde: »Du bist die schönste Frau der Welt, ... du bist die einzige Frau für mich.« Solche Feststellungen sind im Zusammenhang der ehelichen Beziehung und besonders in intimen Augenblicken sicherlich wahr. Aber der Ehemann würde zögern, wenn man ihn auffordern würde, eidlich zu versichern, daß es absolut keine andere Frau auf der Welt gibt, die so schön ist wie seine Frau oder die er möglicherweise lieben und heiraten könnte. Dies ginge nämlich mit einer anderen Art Sprache – in einem ganz anderen Kontext – einher. Es würde die Sprache der Liebe in eine wissenschaftliche oder philosophische Sprache verwandeln[44]. Die christlichen dogmatischen Definitionen haben vielleicht – so wie man sie verstanden und verwendet hat – der Liebessprache der frühen Kirche genau das angetan. Die Sprache des Herzens und die Sprache des Kopfes sind nicht notwendig gegensätzlich, aber sie sind verschieden. Und ihre Unterschiede müssen beachtet werden.

Wenn wir manche klassischen exklusivistischen Texte des NT als Bekenntnisrede und nicht als philosophische Rede lesen, klingen sie anders; und sie wirken vielleicht noch zwingender als persönliche Herausforderung. Die Apostel riefen (in Apg 4,12) nach ihrer Heilung des gelähmten Mannes im Namen Jesu, daß »es keinen anderen Namen gibt, durch den wir gerettet werden können« – und sie taten das nicht, um die Möglichkeit anderer Heilande auszuschließen, sondern um zu bekunden, daß dieser Herr Jesus immer noch lebendig war und daß er, nicht sie, solche Wunder in der Gemeinschaft vollbrachte. Man mißbraucht daher den Text, wenn man ihn als Ausgangspunkt für die Einschätzung anderer Religionen heranzieht[45].

Auch die vielen Stellen, die Jesus als »Sohn Gottes« oder gar als »Eingeborenen vom Vater« (Joh 1,14) präsentieren, wird man anders hören. Ihre vorrangige Absicht wird nicht sein, irgendjemand als möglichen Sohn oder mögliche Tochter Gottes auszuschließen, sondern alle Hörer dringend aufzufordern, diesen Jesus ernst zu nehmen und als Autorität zu akzeptieren. Diesen Texten kommt es darauf an, zu zeigen, daß Jesus eine zuverlässige Offenbarung Gottes ist – so wie jeder beliebige Sohn uns viel über seinen Vater erzählen kann. Wenn wir daher das griechische *huios tou Theou* (»Sohn Gottes«) übersetzen, dürfen wir nicht auf dem bestimmten Artikel »der« bestehen; er erscheint im griechischen Original nicht, und die Stelle ließe sich genausogut mit »*ein Sohn Gottes*« übersetzen. Und das Attribut »Eingeborener« könnte man vielleicht entsprechend dem hebräischen Sinn besser mit »erstgeborener« oder »geliebter« (wie in Mk 1,11; 9,7; Mt 17,5 und Lk 9,35) wiedergeben. Dann könnte man es als einen Ausdruck auffassen, der nicht die Ausschließlichkeit, sondern die Glaubwürdigkeit, die Dringlichkeit der Rolle Jesu als Werkzeug Gottes bekräftigt. Auch Israel wurde in diesem Sinne der »Erstgeborene« Gottes genannt (Ex 4,22; Sir 36,11; Jer 31,9). Das ganze Neue Testament durchziehen – auch für andere Menschen – die Familienbande mit Gott[46].

Selbst wenn Jesus als »der eine Mittler zwischen Gott und den

Menschen« (1 Tim 2,5) dargestellt wird, wird man aus dem Beiwort »eine« nicht »der absolut einzige«, sondern »der eine, den wir ernst nehmen müssen« heraushören – der, auf den alle Menschen hören müssen, wenn sie wahrhaft den Gott verstehen wollen, der – so erinnert uns der vorangehende Vers – »will, daß alle Menschen gerettet werden und zur Erkenntnis der Wahrheit gelangen«. Wie alle Christen war auch der Autor dieser Passage von Christus begeistert; sein Hauptanliegen war, daß alle anderen ebenfalls die Wahrheit und erlösende Macht dieses Jesus erfahren. Der Autor war nicht darauf aus, alle anderen Mittler oder all jene, die Jesus nicht kannten, zu verurteilen.

Wenn die Christen die ursprüngliche und fortbestehende Absicht der christologischen Sprache erneut klären und sich wieder zu eigen machen könnten – d. h. wenn »einzig und allein« mehr »ich habe mich ganz an die gebunden« als »niemand sonst ist es wert, daß man sich ihm hingibt« bedeuten könnte –, dann würden viele Christen ein größeres Gefühl der Aufrichtigkeit bezüglich ihres Glaubens haben und die Türen würden weiter aufgemacht werden für den Dialog mit Andersgläubigen, die sich in gleicher Weise an ihre Erlöser gebunden haben.

Einzigartigkeit und die zeitgenössischen Auffassungen der Inkarnation

Ich habe bisher in diesem Kapitel aufzuzeigen versucht, daß im Licht des Neuen Testaments, seiner pluriformen Entwicklung und seiner exklusivistischen Sprache, eine Reinterpretation der Einzigartigkeit Jesu keineswegs unmöglich ist. Die Besonderheit Jesu muß seine Ausschließlichkeit oder Inklusivität bezüglich aller anderen religiösen Gestalten nicht nach sich ziehen; der Christ muß nicht mit solchen Ansprüchen in den interreligiösen Dialog eintreten. Ich möchte in diesem Abschnitt mein Anliegen voranbringen, indem ich aufzeige, daß ein Großteil der modernen Christologie – und zwar der katholischen wie der protestantischen – genau auf eine derartige Neuinterpretation zugeht, selbst wenn die betreffenden Autoren dies nicht bemerken oder dem Impuls ihres eigenen Denkens nur widerwillig folgen.

Ich werde mich auf zwei zeitgenössische und anerkannte Versuche konzentrieren, jenes christologische Modell zu verstehen, das zwar offensichtlich ein neutestamentlicher Nachzügler, aber dennoch zum Prüfstein der christologischen Orthodoxie geworden ist: die Inkarnation. Die sogenannte transzendentale Christologie von Karl Rahner und die Prozeß-Christologie von Theologen wie John Cobb und Norman Pittenger haben mit Erfolg gezeigt, wie der Glaube an den Mythos der Inkarnation für Menschen des 20. Jahrhunderts verstandesmäßig und persönlich relevant sein kann. Durch diese theologischen Versuche wurde – wohl oder übel – der Weg für eine theozentrische Reform des traditionellen Verständnisses der Einzigartigkeit Jesu geebnet.

Transzendentale Christologie

Karl Rahner machte seine »transzendentale Christologie« in den 50er Jahren publik. Sie ist im wesentlichen eine Wiedergewinnung des johanneischen Inkarnationsmodells, wie es das Konzil von Chalcedon ausgearbeitet hatte, und wurde einer der ausgefeiltesten und einflußreichsten Ansätze der modernen Theologie zur Erschließung der Bedeutung Christi. Sie hat unzähligen Christen geholfen, den Glauben an die Menschwerdung für sinnvoll zu erachten. Rahners eigene christologische Schriften zusammen mit den Kommentaren und Ausfaltungen seiner Schüler sind äußerst umfangreich[47]. Ich präsentiere hier nur ein Luftbild seines Denkens, um dessen Implikationen für die Frage nach der Einzigartigkeit Jesu zu eruieren.

Für Rahner kann der grundlegende christliche Anspruch, Jesus sei göttlich – eine Person mit einer göttlichen und zugleich einer menschlichen Natur – kein Geheimnis sein, das wir aufgrund äußerer Autorität oder bloßen Glaubens akzeptieren müssen. Obwohl es immer unseren Verständnishorizont übersteigen wird, muß es auf der Grundlage unserer Selbst- und Welterfahrung einen Sinn ergeben; es »muß für den Menschen eine echte ›Dankbarkeit‹ und Erwartbarkeit ... gegeben sein«[48]. Rahners überzeugend aufgebaute Beweiskette für die Bedeutsamkeit und innere Logik des Glaubens an die Menschwerdung läuft darauf hinaus: Was sich in

Jesus von Nazaret ereignet hat, stellt die Vollendung dessen dar, was wir als Menschen sind.

Der Titel der ersten, weithin bekannten Veröffentlichung von Rahner beinhaltet, was seiner Überzeugung nach alle Menschen an sich selbst erfahren: »Geist in Welt«[49]. Das Wort »Geist« enthält in nuce seine Transzendentalanalyse der Natur des Menschen. In unserem unendlichen Verlangen nach Erkenntnis, in unserem Bedürfnis zu lieben und geliebt zu werden, in unserer Fähigkeit, Verantwortung zu tragen und treu zu sein, auch wenn es weh tut, in unserem Bedürfnis und unserer Kraft zu hoffen, auch wenn die Zukunft ungewiß ist – in all dem gewöhnlichen Stoff des Menschenlebens drückt sich eine Offenheit, eine Ausrichtung, ein lebendiger Drang auf das unendliche Geheimnis hin aus. Ein »Grundakt der Transzendenz (ist) das Wesen des Menschen«[50]. Wir streben immer über uns hinaus auf das Mehr zu. Das bedeutet: »Eine Gottunmittelbarkeit gehört zum Wesen einer geistigen Person«[51].

Wenn man sagt, dieser Geist, diese Göttlichkeit in uns, sei »in der Welt«, erkennt man nach Rahner damit an, daß wir durch und durch geschichtliche Wesen sind und infolgedessen unsere natürliche Ausrichtung auf Gott nur in und durch die Ereignisse und Personen unserer eigenen Geschichte erfahren können. Der Geist wird nicht direkt in unsere Herzen eingegossen; die Eingießung geht durch die Höhen und Tiefen unserer persönlich-gesellschaftlichen Lebensgeschichten vor sich.

Für die Christologie bedeutsamer ist eine weitere Implikation unseres »In-der-Welt-Seins«: »Der Mensch (sucht) kraft seiner Geschichte und Geschichtlichkeit die letzte und endgültige Erfüllung seines Daseins eben *in der Geschichte.*«[52] Wir sehnen uns nach der Verwirklichung des göttlichen Potentials unserer Natur im Raum der Zeit; in dieser Welt suchen wir nach einer vollkommenen göttlich-menschlichen Einheit. Rahner folgert, daß die menschliche Natur, so wie sie beschaffen ist und sich ausdrückt, eine »suchende Christologie« ist; in unserem Sein als solchem suchen wir nach »der freien Epi-phanie Gottes in (unserer) Geschichte«, nach »einem absoluten Heilbringer« – d.h. nach der Art von Ereignis, das in Jesus von Nazaret stattgefunden hat[53].

Auf diese Weise gewinnt also Rahner der Inkarnation einen Sinn ab. Daß Gott in Jesus Fleisch angenommen hat, ist kein ausgefalle-

nes historisches Ereignis; es ist nichts gänzlich Unerwartetes. Es ist vielmehr die beinah natürliche oder logische Erfüllung der wundersamen, geheimnisvollen Natur, die wir als Menschen zu eigen haben.
Rahners Beschreibungen der Inkarnation sind selber wundersam:In Jesus ist »die menschliche Natur ... dort schlechthin angekommen, wohin sie kraft ihres Wesens immer unterwegs ist.« Die Fleischwerdung Gottes in dem Mann aus Nazaret ist »die Verwirklichung ... der höchsten Möglichkeit des Menschseins, ... der einmalig *höchste* Fall des Wesensvollzugs der menschlichen Wirklichkeit. ... Christus (ist) am radikalsten Mensch«[54].
Jesus ist mit anderen Worten das Symbol dafür, was Menschen in Wirklichkeit sind. Als Symbol gibt er uns die Sicherheit, daß die unendlichen Hoffnungen und Bestrebungen unserer Natur nicht in ein leeres Nichts ausgreifen. Gott und die Welt können eins sein. Der Traum ist eine echte Möglichkeit, weil er schon verwirklicht worden ist[55]. Im Licht der *Tatsache* der Inkarnation kommt Rahner sogar zu einer noch klareren und hoffnungsvolleren Lesart dessen, was die Menschennatur ist: das Menschengeschlecht wurde von Anfang an geschaffen, Träger und Symbol der Selbstmitteilung Gottes zu sein. Gott schuf den Menschen zum Zwecke der göttlichen Menschwerdung:
»Gott entwirft die Kreatur schöpferisch immer als die Grammatik einer möglichen Selbstaussage. ...Man könnte von daher den Menschen ... definieren als das, was entsteht, wenn die Selbstaussage Gottes, sein Wort in das Leere des gott-losen Nichts liebend hinausgesagt wird. ...Die Abkürzung, die Chiffre Gottes selbst ist der Mensch. ...Wenn Gott Nicht-Gott sein will, entsteht der Mensch, das und nichts anderes ließe sich sagen.«[56]
Obwohl Rahner die Inkarnation – im Raum der universalen Menschheitsgeschichte – am Höhepunkt dessen ansiedelt, wozu der Mensch bestimmt ist, obwohl er feststellt, daß die göttliche Selbstmitteilung, die die hypostatische Union in Jesus konstituiert, »Verheißung an alle Menschen«[57] ist, insistiert er nach wie vor darauf, diese Kulmination/Vollendung habe *nur einmal* stattgefunden und könne *nur einmal* stattfinden. Es fällt schwer, seine Gründe hierfür wirklich zu begreifen.
In einem Zusammenhang scheint Rahner geltend zu machen, das ewige Wort sei mit nur einem Menschen gleichgesetzt worden und

könne nur mit *einem* Menschen gleichgesetzt werden: »Denn das ›Was‹ ist bei uns und bei ihm, dem sich selbst aussagenden Logos, gleich. Wir nennen es die›menschliche Natur‹. Aber daß dieses Was bei ihm als seine Selbstaussage gesagt ist und bei uns nicht, macht den Abgrund der Verschiedenheit aus.«[58] Das bedeutet, daß Jesus »die Zusage für uns« von Gottes vergöttlichender Gnade ist; wir sind »die Empfänger der Zusage Gottes an uns«[59]. An einer anderen Stelle impliziert Rahner, die Inkarnation als Möglichkeit für alle Menschen zu behaupten, würde bedeuten, sie »auf die Stufe der Natur des Immer und Überall (herunterzudrücken). Die Wahrheit vom Gottesmenschentum würde gerade mythologisiert, wenn sie einfach immer und überall das Datum jedes Menschen wäre«[60].

In beiden Argumentationen scheint Rahner zu glauben, das, was sich in Jesus ereignet hat, würde in Frage gestellt, wenn man für möglich hält, daß sich die Menschwerdung auch anderswo vollziehen kann; die Inkarnation zu einem Mythos zu machen, der sich auf die ganze Menschheit anwenden läßt, käme der Untergrabung ihrer Historizität gleich.

Prozeß-Christologie

Ich skizziere in diesem Abschnitt nur in groben Strichen, wie das Verständnis der Prozeß-Theologen von Christus zu ihren größer angelegten Bemühungen paßt, den Mythos der Inkarnation neu zu interpretieren[61]. Sie versuchen, mit Rahner, zu beweisen, daß der Glaube an die göttliche Fleischwerdung – weit davon entfernt, bloße Angelegenheit des reinen Glaubens zu sein – durch und durch mit unserer Selbst- und Welterfahrung übereinstimmt. Ihre Perspektive hinsichtlich der zeitgenössischen Erfahrung ist jedoch nicht die Rahnersche Transzendentalanalyse der Offenheit des Menschen für das Unendliche, sondern das Modell Whiteheads, wonach alle Wirklichkeit ein riesiger Prozeß ist, der nicht aus seienden Wesen, sondern aus freien Beziehungen (Aktualentitäten oder Erfahrungsmomenten) besteht, die von einem schöpferischen Drang nach immer größerer Komplexität, Harmonie und Schönheit beseelt sind.

Das Erleben einer prozeßhaften Welt führt zu einer *panentheisti-*

schen Erfahrung der Beziehung Gottes zur Welt. Gott wird nicht mit der Welt identifiziert (Pantheismus), aber alles und jeder in der Welt existiert *in* Gott. Ich meine nicht, daß eine solche Sicht dem Rahnerschen Verständnis der Gottheit in uns entgegengesetzt ist; aber sie bedeutet ein stärkeres Band zwischen dem Unendlichen und dem Endlichen. Im Prozeß-Modell hängt das Göttliche – zwar beschränkt, aber dennoch real – hinsichtlich der Entfaltung seines Seins von der Welt ab[62].

Der Panentheismus läßt sich genauer verstehen, wenn man eines seiner Synonyme heranzieht: Inkarnation. Die Welt in Gott und Gott in der Welt bedeutet, daß die ganze Schöpfung der Schauplatz der göttlichen Inkarnation ist. Das meint auch Cobb mit seiner Auffassung vom universalen Logos (Christus), der sich im Verlauf der Geschichte inkarniert; jedesmal, wenn eine »schöpferische Umwandlung«, ob bei Molekülen oder in Gesellschaften, geschieht, nimmt Gott – in unterschiedlichem Maß – Fleisch an[63]. Norman Pittenger macht es noch deutlicher:

»Gott inkarniert sich beständig in seiner Schöpfung, d.h. er tritt stets in sie ein – nicht als sei er in ihr nicht anwesend und schaltete sich nur ab und zu ein, sondern in dem tieferen Sinne, daß er, der in sich unerschöpflich ist, in Natur und Geschichte und vor allem im Leben der Menschen immerzu kraftvoll wirksam ist und sich immer vollkommener ausdrückt, bis die ganze geschaffene Ordnung gewissermaßen der Leib Gottes wird. ... In der Tat, *alles* ist Inkarnation; aber nicht auf einer Ebene des Einförmigen, denn es gibt Höhen und Tiefen, ein Mehr oder ein Weniger, ein Hier und ein Dort in diesem Geschehen.«[64]

Das zentrale Agens, vermittels dessen dieser Prozeß der göttlichen Inkarnation abläuft, ist die einzige Macht, die jene wechselseitigen Beziehungen fördern kann, welche echte Einheit und Gerechtigkeit nach sich ziehen: die Liebe. In der ganzen Schöpfung ist Gott vorhanden »als der allgegenwärtige Anreiz, das allgegenwärtige Ziel, der allgegenwärtige Mittler für das Zustandekommen von Liebe in der Welt. So ist jedes mögliche Geschehnis, in seiner Eigenart und seinem Grad, eine Inkarnation der göttlichen Dynamik, die wir Gott nennen.«[65]

Im Gesichtsbereich eines solchen panentheistischen, inkarnationsbezogenen Modells der Gott-Welt-Beziehung wie auch der Rahnerschen Transzendentalanalyse der Person steht die Fleischwerdung Gottes in Jesus nicht als historische Anomalie da, sondern als eine vollkommene Verwirklichung dessen, was in allen Zeitläufen vor sich geht. Im Leben des Jesus von Nazaret »funktionierte« dieser Prozeß. Worauf Gott in aller Geschichte und in jedem Leben aus ist, wurde in diesem Menschen in vollkommener Weise erreicht. Jesus ist »der einzige, in dem Gott in einem lebendigen Menschen die potentielle Gott-Mensch-Beziehung, die die göttlich-intendierte Wahrheit über jeden Menschen ist, aktualisiert hat«[66]. Jesus ist der »Schlüssel«, das »Ur-Beispiel«, die »Re-Präsentation«, das Symbol dafür, was Gott in und durch den gesamten Evolutionsprozeß vollbringen will[67]. Die Prozeß-Theologen können daher für Jesus universale *Bedeutsamkeit* beanspruchen. Dieses Wort hat in ihrem Fachjargon eine spezielle Konnotation. Sie besagt, daß Jesus ein Ereignis ist, das alle Menschen kennen müssen, wenn sie angemessen begreifen wollen, was Gott in der Vergangenheit getan hat, worauf Gott in der Gegenwart hinauswill und vor allem, welche Hoffnungen und Vorhaben für die Zukunft möglich sind[68].

Dennoch machen alle Prozeß-Theologen – wie auch Rahner und seine Schüler – den Anspruch geltend, daß Jesus nicht nur die vollkommene Verwirklichung der Absicht Gottes in der Geschichte, sondern die *einzige* derartige vollkommene Verwirklichung ist. Mit anderen Worten: Sie halten an einer Einzigartigkeit Jesu fest, die zwar nicht ausschließlich, aber für alle anderen Offenbarungen und Religionen maßgebend ist und sie definitiv einschließt. Die Prozeß-Theologen bilden hinsichtlich der Konsequenzen aus dieser selben Schlußfolgerung zwei Gruppen. Die einen (Cobb, Griffin, Ford) vertreten den Standpunkt, Jesus unterscheide sich von allen anderen Menschen, weil Gott ihn – wie keinen anderen Menschen – mit einer besonderen Offenbarung und Möglichkeit (einem »initialen Ziel«) ausgestattet hat. Es war die Berufung zur einzigartigen göttlichen Sohnschaft. Jesus antwortete darauf in Freiheit, ganz und gar, mit seinem vollen Sein[69].

Andere (Mellert, Pittenger) stehen vom Anspruch auf eine besondere göttliche Berufung, die nur Jesus und niemandem sonst zuteil wurde, ab; sie meinen, er sei willkürlich und führe dazu, daß Jesus zu einem künstlichen Einschub in der Geschichte gemacht wird. Sie bekräftigen aber durchaus, daß Jesus wie kein anderer Mensch auf den göttlichen Drang total und konsequent reagiert hat. Jesus

unterscheidet sich von uns nach dieser Sicht nicht »im Wesen«, aber ganz gewiß »im Ausmaß« – d. h. in dem Grad, in dem er auf die uns allen angebotene Göttlichkeit reagiert hat[70].
Aus beiden Blickwinkeln ergibt sich schließlich ein Bild von Jesus, in dem sein Menschsein ganz mit der göttlichen Verheißung »geeint« und durch sie, d. h. durch den personalen Logos, konstituiert wird. Er ist wahrhaft Mensch wie wir alle; er ist aber auch wahrhaft und ganz Gott – wie wir alle nicht[71]. Schubert Ogden steht außerhalb der prozeß-christologischen Hauptströmung, wenn er sich expressis verbis weigert, über den Grad der Reaktion Jesu auf den göttlichen Anruf irgendwelche historischen Behauptungen aufzustellen; er erhebt aber den *existentiellen* und den *ontologischen* Anspruch, daß nach dem maßgebenden Zeugnis des Neuen Testaments »nur durch Jesus« alle Völker »die entscheidende Vergegenwärtigung der Bedeutung der höchsten Wirklichkeit«[72] auffinden können.

Was sie sagen und was sie implizieren

Viele Aussagen dieser zeitgenössischen Theologen – der transzendentalen wie der prozessualen Richtung – über die Inkarnation bestätigen die Befunde des theozentrischen Modells für eine Theologie der Religionen. Zum ersten erkennen und behandeln sie den Glauben an die Menschwerdung als einen echten *Mythos*, als sinnvolles Modell, um auszudrücken, wie Christen die Existenz Jesu erlebt haben: Diese Theologen nehmen den Mythos ernst, aber nicht buchstäblich. So vermeiden sie das (für viele) unglaubwürdige und Ausschließlichkeit beanspruchende Verständnis Jesu als präexistentes göttliches Wesen, das vom Himmel herabkommt, menschliche Natur (aber keinen menschlichen Charakter) annimmt, sein Erlösungswerk vollbringt und dann zum Himmel zurückkehrt. Ein derartiges buchstäbliches Verständnis neigt nicht nur dazu, Jesus zu entmenschlichen, sondern auch Gott so zu vermenschlichen, daß sich das Gottsein auf Jesus beschränkt. Rahner und die Prozeß-Theologen respektieren den Mythos und umgehen daher solche Übertreibungen.
Zum zweiten stützen die soeben im Überblick betrachteten Christologien in ihrem Versuch, den Inkarnationsmythos ernst zu

nehmen und seine Wahrheit wieder zu erschließen, einen Gedanken, der uns im gesamten Verlauf dieser Untersuchung nicht losgelassen hat. Die Transzendental- wie die Prozeß-Christologien deuten den Mythos der Inkarnation Gottes in Jesus als Ausdruck der *nicht-dualistischen* Einheit zwischen Gottheit und Menschheit. Ihre Interpretationen des Mythos bestätigen eine gegebene, zumindest potentielle, Einigung zwischen Gott und dem Menschen, die von allen Menschen verwirklicht und gelebt werden kann.

Genau das haben Troeltsch und Toynbee mit ihrer Ansicht, Gott habe mit der Geschichte eine gemeinsame Grenze, erfaßt; das hat Jung mit seinem Mythos des göttlichen Unbewußten gemeint; das verfehlen die konservativen Evangelikalen und die Hauptrichtung der Protestanten, wenn sie den Abgrund zwischen Gott und Welt betonen; das hält das katholische Modell in seinem Begriff des übernatürlichen Existentials fest und das bringt Panikkar mit seinem »kosmotheandrischen Prinzip« zur Geltung. Inkarnation ist kein einmaliges Ereignis. Sie ist vielmehr ein Ideal für alle Zeiten, ein Ideal, das in dem alten christlichen Glauben an den einen, universalen Logos oder die Weisheit Gottes wurzelt.

All dies *sagen* Rahner und die Prozeß-Theologen, um aufzuzeigen, wie sehr der Glaube an die Inkarnation mit der menschlichen Erfahrung im Einklang steht. Sie wagen aber nicht ins Auge zu fassen, was meines Erachtens die eindeutigen *Implikationen* ihrer Aussagen sind: daß es auch *andere Inkarnationen* geben kann, andere Menschen, die dieselbe Fülle der gott-menschlichen Einheit, wie sie in Jesus verwirklicht ist, erreicht haben (oder damit begnadet worden sind). Einige Kommentare versuchen, eine Konfrontation mit solchen Implikationen zu erzwingen: »Aus diesem Blickwinkel (Rahners Christologie) lautet die herausfordernde Frage bezüglich der Menschwerdung nicht ›ob‹, sondern ›warum nur einmal?‹«[73] »Dürfen wir legitimerweise von vielen ›Inkarnationen‹ (Gottes) sprechen, durch die seine erlösende Gegenwart, sein heilmachendes Handeln und Leiden und seine rettende Offenbarung wirkungsvoll ins menschliche Leben treten und es verwandeln?«[74]

Die Gründe, deretwegen Rahner und die Prozeß-Theologen andere Inkarnationen nicht gelten lassen können, verwirren mich und, wie ich glaube, auch andere. Rahner hat sich anscheinend der Frage, warum das ewige Wort nicht in mehr als einer Person Mensch werden kann, nicht ehrlich gestellt. Das Konzil von Chalcedon hat betont, daß zwar in Jesus die Einheit zwischen der göttlichen und der menschlichen Natur vollkommen war, die Unterschiede zwischen beiden aber bestehen bleiben[75]. Das würde bedeuten, daß der Logos frei ist für andere Inkarnationen. Man kann auch fragen, weshalb Gottes vollkommenes und unwiderrufliches Gnadenangebot nur ein einziges Mal ergangen sein muß. Wenn man von der riesigen Zahl potentieller Empfänger ausgeht, würde eine Vielzahl von Angeboten doch wohl einen Sinn ergeben. Warum sollte schließlich die Möglichkeit anderer Inkarnationen die Geschichtlichkeit und die Heilsbedeutsamkeit der Inkarnation Jesu vermindern?

Muß die Wahrheit die *einzige* Wahrheit sein, damit sie Wahrheit ist und totale Hingabe hervorruft? Und auf die Versicherungen der Prozeß-Theologen, wonach Jesus entweder ein »initiales Ziel« gegeben wurde, das niemandem sonst gewährt wird, oder eine Antwort auf das allgemeine göttliche Angebot gab, deren Dimensionen die aller anderen Reaktionen übertrafen, läßt sich die einfache Frage stellen: Wie können sie so sicher sein? Welche Anhaltspunkte, welche Bezüge zur Lebenserfahrung haben sie, daß sie derart generalisierende Behauptungen aufstellen können[76]?

Gerade die Argumente der Transzendental- oder Prozeß-Theologien, die die innere Logik und die Relevanz des herkömmlichen christlichen Glaubens an die göttliche Menschwerdung in Jesus erfolgreich *steigern* sollen, fördern indirekt die *Abschwächung* der inneren Logik und der Relevanz traditioneller Ansprüche auf die Einzigartigkeit der Inkarnation in Jesus. Wenn wir den Implikationen dieser Christologien auf den Grund gehen, müssen wir meines Erachtens zumindest die Möglichkeit, vielleicht sogar die Wahrscheinlichkeit anerkennen, daß, was in Jesus geschehen ist, auch anderswo geschehen ist oder geschehen kann. Sowohl Rahner als auch die Prozeß-Theologen sehen die Inkarnation des Wortes in Jesus als volle Verwirklichung des *potentiellen*, gottgegebenen Ziels aller Menschen. Die unvermeidliche Frage lautet: Wenn dies das Potential aller Menschen ist, warum sollte dann seine vollkommene Verwirklichung nur auf einen einzigen Menschen beschränkt sein?

Diese zeitgenössischen Christologien verleihen daher der nichtnormativen Reinterpretation Christi durch die theozentrischen

Theologen, die wir im 3. Kapitel untersucht haben, sogar noch größere Stimmigkeit und Gültigkeit. Rahner und die Prozeß-Theologen haben gezeigt, daß in Jesus *wirklich* Menschwerdung, Inkarnation, geschehen ist, daß Jesus *wirklich* für alle Zeiten »bedeutsam« (im prozeßtheologischen Sinne) ist; sie haben aber implizit auch gezeigt, daß die Christen solche Ansprüche erheben können, ohne hinzufügen zu müssen, dies gelte *allein* für Jesus. Wenn Christen verkünden können, »... es war Gottes Ratschluß, in ihm (Jesus) alle Vollkommenheit wohnen zu lassen« (Kol 1,19), müssen sie auch anerkennen, daß »ihr (anderen!) erfüllt werdet bis hin zur ganzen Fülle Gottes« (Eph 3,19).
Keine Erklärung, wonach Jesus die einzige Inkarnation ist, sollte »dogmatisch vermittelt«, d. h. nur auf der Basis christlicher Erfahrung und Glaubenslehre abgegeben werden. Solche Ausschließlichkeitsbehauptungen müssen vielmehr, sofern sie überhaupt aufgestellt werden sollen, »kritisch vermittelt« werden, d.h. sie müssen offen sein für eine Überprüfung und Verifizierung durch den konkreten Dialog mit anderen Religionen. Ich werde im folgenden Kapitel erörtern, daß wir weder behaupten können noch müssen, es gebe »keine anderen«, solange wir nicht versucht haben, die anderen kennenzulernen und zu erleben.

Einzigartigkeit und Befreiungschristologie

Im 3. Kapitel haben wir gesehen, wie sich die Befreiungstheologen der Ersten Welt einer »ethischen Hermeneutik« bedienen, um die Endgültigkeit Jesu in Frage zu stellen[77]. Im folgenden möchte ich eine skizzenhafte Zusammenfassung der weiter gefaßten theologischen Methode der Befreiungschristologie (besonders der lateinamerikanischen) geben, wiederum um aufzuzeigen, wie diese Theologen – wissentlich oder unwissentlich – überzeugende Gründe für die Möglichkeit einer theozentrischen, nicht-normativen Reinterpretation Christi liefern.
Bei der Diskussion der Befreiungschristologie stehen wir meiner Meinung nach an »der vordersten Front der heutigen theologischen Reflexion«[78]. Ebenso wie die Befreiungstheologie und die Politische Theologie ganz allgemein immer mehr Christen für die

abstrakten, gefährlich individualistischen, naiv ideologischen und apostolischen Eigenschaften eines Großteils der europäischen und nordamerikanischen Theologie hellhörig machen, weisen auch die lateinamerikanischen Christologien auf diese Merkmale in den Transzendental- wie Prozeß-Christologien hin.

Das heißt nicht, daß die Befreiungstheologen den grundlegenden Inhalt der Rahnerschen wie der prozeßtheologischen Aussagen in Abrede stellen. Die Befreiungstheologen argumentieren aus der Perspektive ihrer Erfahrungen in der Dritten Welt, wenn sie meinen, die Inkarnation als Symbol der Gott-Welt-Beziehung zu preisen und Jesus als die volle Verwirklichung des menschlichen Potentials hochzuhalten sei zu ordentlich, zu unbeschwert, zu selbstgewiß. Sie sind, wie wir noch sehen werden, überzeugt, daß man derart stolze Ansprüche nicht erheben und auch nicht wissen kann, ob sie überhaupt gerechtfertigt sind, solange man sich seine Hände nicht in der tatsächlichen Situation der Menschen, die leiden, unterdrückt werden und für ihre Befreiung kämpfen, schmutzig gemacht hat. Man muß sich auf die reale Praxis des Versuches einlassen, diese Gott-Welt-Beziehung, diese volle Verwirklichung des menschlichen Potentials zu leben und in die Tat umzusetzen. Vielleicht läuft nicht alles so, wie man es sich gerade ausdenkt – d. h. eine Theorie könnte vielleicht nicht in der Weise wahr sein, wie man gemeint hat.

Der Primat der Praxis

Wie schon im dritten Kapitel kurz erwähnt, ist der methodische Kern der Theologie und Christologie der Befreiung die Praxis. Praxis ist nicht nur die Anwendung einer Theorie oder deren Ziel; sie ist »die Grundlage für das Entstehen und die Selbstkorrektur der Theorie«[79]. Man weiß nicht zuerst die Wahrheit und wendet sie dann in der Praxis an; die Wahrheit wird vielmehr im Handeln, im Tun erst wirklich erkannt und in ihrer Gültigkeit erwiesen. Das Tun oder die Praxis, von der die Befreiungstheologen reden, ist im Grunde die Bemühung, sich dem Bösen, das der conditio humana anhaftet, zu stellen und es zu verwandeln – wobei sich dieses Böse heute am deutlichsten und am zerstörerischsten in Ungerechtigkeit und Unterdrückung materialisiert.

Für diese Theologen ist daher jede Erfahrung einer Wahrheit, insbesondere der Wahrheit Gottes, nicht in erster Linie ein Erschließen oder ein intellektuelles Ereignis, das in einer »Adäquation zwischen Intellekt und Objekt« besteht. Der transzendente Gott ist vielmehr nur in einer verwandelnden Erfahrung wahrhaft erkennbar, in der der »Erkennende« anders handelt als bisher und so die Welt verändert. Christlich ausgedrückt: »Nur der Prozeß der Umkehr/Veränderung (Praxis) eröffnet uns den Zutritt zum Gott Jesu Christi.«[80] Diese theologische Methode – auf der Grundlage einer solchen Epistemologie – hat das traditionelle Theologieverständnis weithin erschüttert und verwandelt. Der Primat der Praxis führt zum »Vorrang des anthropologischen Elements vor dem ekklesiologischen,...des utopischen Elements vor dem faktischen,... des Gesellschaftlichen vor dem Persönlichen«.

Zu unserem Anliegen, die Einzigartigkeit Jesu zu verstehen, paßt der befreiungstheologische Ruf nach einem Vorrang »des kritischen Elements vor dem dogmatischen«, oder »der Orthopraxie vor der Orthodoxie«[81] besonders gut. Gutierrez formuliert es noch schärfer: »Das Subjekt der Befreiungstheologie ist nicht die Theologie, sondern die Befreiung.«[82] Das bedeutet, daß die dogmatischen oder skripturalen Formulierungen der Vergangenheit keine absoluten Normen sind, auch wenn sie normativ bleiben. Die »Wahrheit« von Dogma und Tradition muß permanent dem »höchsten Schiedsgericht« über die Wahrheit ausgesetzt werden – nämlich der »verändernden Antwort der christlichen Praxis«[83]. »Richtige Erkenntnis« (Orthodoxie) ohne »richtiges Tun« (Orthopraxie) gibt es nicht. Das heißt nicht nur, daß die Orthodoxie unter dem Druck der Orthopraxie adjustiert werden muß, sondern auch, daß man die Unsicherheit in bezug auf das, was »rechte Lehre« ist, leichter ertragen kann, solange man sich in verantwortlicher Weise dafür einsetzt, daß sich in der Welt etwas verändert und die Menschen befreit werden.

Der Primat der Praxis bildet auch einen Schutzwall gegen die ständige Gefahr einer Ideologisierung der Glaubenslehre. Indem die Christen ihre hochgehaltenen Glaubensüberzeugungen dem Test der Praxis unterwerfen, können sie besser erkennen, inwieweit solche Glaubenssätze – z.B. die Ausschließlichkeit des Heils in Christus – möglicherweise mehr vom Bedürfnis nach Aufrechterhaltung der Macht und der Privilegien als vom Bedürfnis nach

Wahrheit und Freiheit gespeist werden. Durch die Aufdeckung des Ideologischen und die Unterwerfung der Orthodoxie unter die permanente Kritik der Orthopraxie ebnen die Befreiungstheologen den Weg für einen fruchtbaren Dialog:
Viele kirchliche »Traditionen und Institutionen, die früher sicher ihre Funktion hatten, sind heute aber oft genug überholt und anachronistisch und zu einem Zentrum der Verhinderung des Dialogs zwischen Glauben und Welt, Kirche und Gesellschaft geworden. Damit gewinnt die Kritik den Charakter, den Kern der christlichen Erfahrung zu durchleuchten und zu läutern, damit diese auch unter den Bedingungen unserer Erfahrung von Geschichte greifbare Gestalt annehmen kann.«[84]
Nicht nur ist der Boden für den Dialog bereitet; auch eine passende Schiene für den Stapellauf ist gelegt. Wenn man einen Dialog anfangen und beibehalten will, müssen nicht unbedingt alle Partner bezüglich gewisser universaler Wahrheiten übereinstimmen – also beispielsweise in der Frage, ob es einen Erlöser/ eine Inkarnation oder viele gibt. Der gemeinsame Ausgangspunkt wird stets das Problem sein, wie die Christen zusammen mit Andersgläubigen gegen jene Dinge kämpfen können, die ihrer beider Menschsein gefährden. Nur in der Praxis eines solchen Kampfes kann Klarheit über universale Wahrheiten entstehen.

Orthopraxie vor Orthodoxie

Die Anwendung der befreiungstheologischen Methode auf die Christologie – beispielsweise durch Jon Sobrino, Leonardo Boff und Rosemary Ruether – ließe sich etwa folgendermaßen zusammenfassen: Wir können nicht einmal ansatzweise wissen, wer dieser Jesus von Nazaret ist, wenn wir ihm nicht nachfolgen, gleichgültig, was das von uns verlangt. Das ist der Ausgangspunkt. Des weiteren muß alles, was wir über ihn wissen oder sagen, in der Praxis der Nachfolge – durch die wechselnden historischen Zusammenhänge hindurch – neu angeeignet und geklärt werden. Das ist ein nie endender Prozeß[85]. Indem die Befreiungstheologen die Praxis der Nachfolge Jesu als Prüfstein und Maßstab für alle christologischen Aussagen hinstellen, eröffnen sie uns noch einen weiteren Blickwinkel auf den Theozentrismus, der sich in der ursprünglichen Botschaft Jesu findet: »Der historische Jesus hat systematisch weder sich selbst noch die Kirche noch Gott, sondern das Reich Gottes gepredigt«[86]. Das Wichtigste ist daher, daß wir dieses Reich zu unserem zentralen Anliegen machen und auf seine Errichtung hinarbeiten; die Reinheit der Lehre und Klarheit über die Kirche, das Wesen Gottes und Jesu werden folgen. Die Christen müssen ihre Prioritäten klar setzen und dabei bleiben[87].

Diese Prioritäten erhellen, wie der Christ die Jesus im Neuen Testament verliehenen Titel verstehen und verwenden soll. Sie sind Aufrufe zum Handeln und nicht endgültige, absolute Aussagen darüber, wer Jesus ist. Sie waren die Frucht der frühchristlichen Bemühungen, zu praktizieren, was in der Botschaft und in der Person Jesu erfahren worden war.

In Übereinstimmung mit den Erkenntnissen, die wir weiter oben bezüglich der neutestamentlichen Christologie gewonnen haben, warnt Boff vor der Gefahr, daß die Christologie »biblische Christustitel *kritiklos* und ohne Wissen um ihre geschichtliche Relativität in die jeweiligen kulturellen Bedingungen« hineinholt. Schlimmer noch: Es besteht die Gefahr, daß man »die Titel Jesu ideologisiert«, daß man sie als christologische »Rechtfertigung« eines »sozialen und religiösen *Status*« benützt. Deshalb »darf auch kein Christustitel verabsolutiert werden«[88]. Jeder muß in seinen sämtlichen Bedingtheiten verstanden und unter der Optik der Praxis überprüft werden.

Das heißt auch, daß die Christen für neue Titel offen sein müssen, die die von den alten geforderte Praxis in sinnvoller Weise voranbringen. Dabei sollten die Jesus nachfolgenden Christen aber daran denken, daß das Wichtigste zur Erlangung des Himmelreiches nicht ist, »Herr, Herr« oder »einziger Erlöser, einziger Erlöser« rufen zu können, sondern auf die Freisetzung des Reiches Gottes hinzuarbeiten (Mt 7,21 – 23)[89].

Eine solche auf der Praxis basierende Christologie hat hinsichtlich unserer Frage nach der Einzigartigkeit Jesu viele Implikationen. Ich führe einige der sinnfälligsten an:

1) Die Befreiungschristologie klärt die Bedingungen für die Möglichkeit, irgendeine Art von exklusiver oder inklusiver Einzigartigkeit Jesu zu beanspruchen. Die Aussagen von Sobrino über die Universalität Jesu treffen auf seine Einzigartigkeit oder Endgültigkeit genausogut zu: »Seine Universalität läßt sich nicht auf der Grundla-

ge von Formeln oder Symbolen aufzeigen oder beweisen, die in sich selbst universal, d.h. dogmatische Formeln – das Kerygma als Ereignis, die Auferstehung als universales Hoffnungszeichen usw.– sind. Die wirkliche Universalität Jesu zeigt sich nur in ihrer konkreten Verkörperung«[90]. Mit anderen Worten: Die christliche Überzeugung und Verkündigung, daß Jesus Gottes endgültige oder normative Offenbarung ist, kann nicht nur auf traditioneller Doktrin oder persönlicher Erfahrung aufruhen. Eine solche Einzigartigkeit kann nur »in ihrer konkreten Verkörperung«, nur in der Praxis zeitbezogenen Engagements, erkannt und bestätigt werden.

2) Wenn sich die Christen solche Praxis, solche konkrete Verkörperung näher anschauen, haben sie allen Grund einzuräumen, daß keineswegs sämtliche Bedingungen für einen möglichen Anspruch auf die Endgültigkeit oder Normativität Jesu erfüllt sind. Ruether hat, so denke ich, einen wichtigen Punkt erkannt:

»Indem die Befreiungstheologie das Reich Gottes wieder ins Zentrum des Evangeliums stellt, hinterfragt sie auch in weitgehendem Maße die Sprache der Finalität, die die christliche Kirche im Hinblick auf Jesus zu verwenden pflegte. Wir können von Jesus nicht sagen, er habe die Hoffnungen Israels ›erfüllt‹, denn das waren Hoffnungen auf das Reich Gottes. Das Reich Gottes ist auf Erden bisher in keiner endgültigen oder unzweideutigen Form errichtet worden – weder zur Zeit Jesu noch durch die geschichtliche Entwicklung der christlichen Kirchen oder Nationen«[91].

Die konkreten Daten aus der Praxis – sowohl Jesu als auch der Kirche – reichen mit anderen Worten nicht aus, um Jesus irgendeine Art von absoluter Endgültigkeit zuzusprechen. Man könnte dagegen anführen, Jesus habe in sich selbst eine finale und normative Vorwegnahme – »Prolepsis« – dieses künftigen Gottesreiches verwirklicht, auch wenn das Reich Gottes selbst in dieser Weltzeit bisher noch nicht verwirklicht wurde. Aber auch dann wäre es schwierig, die erforderlichen Praxiskriterien zu erfüllen.

Haben die Christen aktiv von anderen Religionen gelernt und vor allem ihnen entsprechend gelebt – und zwar in einem Ausmaß, daß sie mit Sicherheit wissen können, daß es so jemand wie Jesus nicht noch einmal gibt? War ihre »Praxis« dieser anderen Religionen ausführlich genug, so daß sie den universalen Anspruch erheben können, die Offenbarung Jesu übersteige diese anderen Glaubensrichtungen und sei daher für sie maßgebend? Ich denke nicht.

3) Wenn die Methode der Befreiungschristologie zeigt, warum der Anspruch auf die Normativität Jesu gegenwärtig nicht möglich ist, macht sie zugleich deutlich, warum er gar nicht notwendig ist. Für die Befreiungstheologie ist zum Christsein und zur Weiterführung der Theologenarbeit einzig notwendig, daß man sich der Reich-Gottes-Vision der befreienden, erlösenden Aktion verpflichtet weiß. Was die Christen auf der Grundlage ihrer Praxis *tatsächlich* wissen, ist, daß die Vision und die Macht des Jesus von Nazaret ein Mittel zur Befreiung aus Ungerechtigkeit und Unterdrückung *ist*, daß sie ein effektiver, hoffnungsvoller und universal bedeutsamer Weg *ist*, um das Reich Gottes herbeizuführen. Es stört die hingebungsvolle Praxis der Nachfolge Jesu nicht, wenn man nicht weiß, ob Jesus einzigartig ist, ob er alle anderen einschließt oder für sie maßgebend ist. Solche Fragen mögen in der Zukunft beantwortet werden. Einstweilen gibt es viel zu tun.

4) Schließlich räumt die Befreiungschristologie ein, ja verlangt sogar, daß die Christen die Möglichkeit anderer Befreier oder Erlöser, anderer Inkarnationen anerkennen. Wenn befreiende Praxis die Grundlage und Norm für echte göttliche Offenbarung und Wahrheit ist, müssen sich die Christen der Möglichkeit öffnen, daß sie in ihrem Dialog mit Andersgläubigen religiösen Gestalten begegnen können, deren Vision eine befreiende Praxis und eine Verheißung des Reiches vermittelt, die der jesuanischen gleichkommt. Solche Heilsbringer müßten im Licht der Früchte ihrer Praxis anerkannt und bestätigt werden. Wiederum müßte ihre Existenz die universale Bedeutsamkeit der Vision Jesu in keiner Weise in Frage stellen oder den totalen Einsatz eines ihm nachfolgenden Menschen verringern. »Wer nicht gegen uns ist, der ist für uns« (Mk 9,40).

Und was ist mit der Auferstehung?

Man könnte meinen, die vorherigen Argumente, wonach die neutestamentliche wie die zeitgenössische Christologie ein neues und nicht-normatives Verständnis der Einzigartigkeit Jesu zulassen können, würden von einem zentralen »Faktum« der christlichen Botschaft der Reihe nach widerlegt: von der Auferstehung. Wenn die christologische Trajektorie oder der Inkarnationsmythos

»andere« für möglich halten kann, wie steht es dann mit der Oster-Trajektorie? Kein anderer Mensch, so scheint es, wurde je von den Toten auferweckt und sollte fortan nie wieder sterben[92]. Ergibt sich nicht gerade aus der Auferstehung eine nicht nur »einbezügliche«, sondern vielmehr ausschließliche Einzigartigkeit für den Mann aus Nazaret? Solche Fragen führen uns in eins der verwirrendsten Gebiete der zeitgenössischen Christologie. Ich werde hier lediglich eine kurze Zusammenfassung einer angesehenen, wenn auch kontrovers diskutierten Auffassung der Auferstehung versuchen und damit zeigen, inwiefern sie eine nicht-ausschließliche, nicht-normative Christologie ermöglicht.

Die Analysen und Interpretationen der Auferstehungsberichte, die uns christliche Gelehrte wie Edward Schillebeeckx, Reginals Fuller, Norman Perrin, Hans Küng, Bruce Vawter, James Mackey und Dermot Lane vorlegen, unterscheiden sich im Ansatz und in einzelnen Schlußfolgerungen[93]. Sie stimmen jedoch alle in ihrem Bemühen überein, die Dichotomie der Ansichten aufzulösen, nach denen die Auferstehung entweder ein *objektives* oder ein *subjektives* Ereignis ist. Die Verfechter der »Objektivität« der Auferstehung bestehen darauf, daß sie wesentlich ein *vor den Augen* der Jünger sich vollziehendes Ereignis war; der auferstandene Jesus stand in seinen Erscheinungen *vor* einer ausgewählten Gruppe von Jüngern und rief dadurch ihren Osterglauben hervor. Der subjektive Ansatz stellt die Auferstehung als ein Ereignis dar, das *in* den Jüngern Jesu stattfand: Jesus erstand in ihrem Glauben, in ihrer erneuerten Überzeugung, daß seine Botschaft immer noch gilt und weitergegeben werden muß. Nach dieser Ansicht hat nicht die Auferstehung den Glauben, sondern der Glaube die Auferstehung verursacht[94].

Die oben genannten Autoren bahnen sich behutsam, aber unmißverständlich einen Weg zwischen solchen Entweder-Oder-, Subjektiv-oder-Objektiv-Auffassungen der Auferstehung. Das Osterereignis ist für sie beides zugleich. Die Auferstehung, so könnte man sagen, geschah *den* Jüngern und zugleich *in* den Jüngern. Der Glaube an den erhöhten Herrn wurde nicht einfach durch ein objektives Ereignis verursacht, das vor ihren Augen geschah; er wurde aber auch nicht durch die persönlichen Überzeugungen oder Wünsche oder Halluzinationen der Jünger erzeugt oder zusammengebraut. Das Osterereignis wurde durch etwas außerhalb der Zeugen Gelegenes verursacht (objektiv) und ereignete sich dennoch in ihnen, in Abhängigkeit von ihren persönlichen Wahrnehmungen und Reaktionen (subjektiv). Nach dieser Interpretation galt die Auferstehung zunächst als etwas, was den Jüngern widerfuhr und zugleich in ihnen geschah. Sie war *ihre* Erfahrung und wurde dennoch von etwas hervorgerufen, was mehr war als ihre Erfahrung. Auf der Grundlage dieser Erfahrung wußten sie, daß mit Jesus nach seinem Tod etwas geschehen war[95].

Was für eine Erfahrung war das? Was war das für eine objektive Wirklichkeit, die sie hervorrief? Soweit ich die obigen Autoren kenne, gestehen sie im allgemeinen »die Unmöglichkeit, adäquat zu beschreiben, was nach dem Tod Jesu wirklich geschehen ist«[96], ein. Negativ formuliert sollte die Ostererfahrung nicht als eine Art »Eingriff von oben«, als »übernatürliche Intervention«, als »Hokus-pokus«[97] verstanden werden. Sie sollte also nicht nur oder auch nicht in erster Linie als Begegnung mit einer »da drüben« physisch anwesenden Person verstanden werden. Wie das griechische Wort *ophte* in einem der frühesten Berichte über die österliche Erfahrung (1 Kor 15,5) andeutet, wurde Jesus von den ersten Christen nicht einfach »gesehen«; er wurde ihnen vielmehr »offenbart«, kundgetan[98]. Daher folgern diese Autoren im allgemeinen, daß der Glaube an die Auferstehung einer tiefen persönlichen Glaubenserfahrung entsprang, die man als »Offenbarungs-« oder »Bekehrungserlebnis« beschreiben kann. Wie jeder echte Glaube oder jedes Bekehrungserlebnis wurde er durch die objektive Wirklichkeit der Gnade, der Macht Gottes, des Heiligen Geistes zuwege gebracht. Aber diese Gnade war »durch psychische Realitäten und menschliche Erfahrungen« vermittelt. Natürlich spielten »die produktive Erinnerung an die grundlegende Botschaft Jesu« sowie der frühere Glaube der Jünger an seine Funktion als *der* endzeitliche Prophet eine entscheidende Rolle. Die ersten Jünger sahen sich auf wunderbare Weise neu bekehrt und befähigt, ihren Glauben an Jesus zu erneuern; er war in einer neuen, einer verwandelten Gegenwärtigkeit immer noch unter ihnen[99].

Die Detailauffassungen bezüglich der Frage, wie dieses Bekehrungserlebnis vor sich ging, unterscheiden und ergänzen sich. Schillebeeckx meint, die Auferstehungserfahrung könnte durchaus eine Erfahrung der Vergebung gewesen sein, die zuerst dem schuldbewußten Petrus gewährt und dann von den anderen mitvollzogen worden sei. Lane scheint dem zuzustimmen und beschreibt die ersten Begegnungen mit dem erhöhten Herrn als Erfahrung »gnadenhafter Gemeinschaft, persönlicher Aussöhnung und göttlicher Solidarität, die ihr Leben wirklich de facto ›entwaffnete‹ und überraschte, erhob und erneuerte, veränderte und verwandelte«[100]. Für Küng war die Auferstehungserfahrung eine »im Glauben angenommene Berufung«, eine Berufung, »aus dem neuen, wirkmächtigen Leben dieses Jesus... sein eigenes Leben zu gestalten«[101].

Mackey legt eine allgemeinere Beschreibung vor und weist deutlicher auf den objektiven Inhalt der Ostererfahrung hin. Mit Paulus versteht er die Erfahrung des auferstandenen Jesu als Erfahrung des »Geistes oder Herrn«, des »lebenspendenden Geistes«, »einer Kraft oder eines Geistes in unserem Leben ..., der uns befähigt, das zerstörerische Böse zu überwinden, der unser Leben steigert mit Glaube und Liebe und einer Hoffnung, die dem Tode trotzt.«[102] Es heißt, solche Erfahrungen fänden am wahrscheinlichsten in »sakramentalen« Situationen statt: beim Brechen des Brotes (Lk 24, 13 – 25; Joh 21, 1 – 14), in der Vergebung der Sünden (Joh. 20, 21 – 23) und im Beistand des Heiligen Geistes (Mt 28, 16 – 20; Joh 20, 22)[103].

Wie groß auch immer die Schwierigkeit sein mag, die initialen Erfahrungen des auferstandenen Jesus zu definieren, so geht aus diesen Darstellungen doch klar hervor, daß sich solche Begegnungen nicht wesentlich von dem unterschieden, was die Christen heutzutage erfahren können und sollten. Die ersten Begegnungen mit *Dem Lebendigen* waren keine magischen, mirakulösen Eingriffe, die von oben kamen. Sie waren vielmehr intensive, initiale Beispiele dafür, wie die Gläubigen aller Zeiten der realen Präsenz Christi begegnen können, wenn sie das Brot brechen, sich seine Geschichte ins Gedächtnis rufen und seine Botschaften leben. Rahner verdichtet es zu folgender Aussage:

Die Berichte sind »eher zu deuten ... als plastische und dramatisierende Einkleidungen ... der ursprünglichen Erfahrung ›Jesus lebt‹, als daß sie diese selbst in ihrem eigentlichen ursprünglichen Wesen beschreiben, das – soweit uns zugänglich – eher nach der Erfahrung des machtvollen Geistes des lebendigen Herrn zu deuten ist als in einer Art, die entweder diese Erfahrung wieder zu sehr den mystischen Visionen (imaginativer Art) späterer Zeit nähert *oder* sie als fast massiv sinnliche Erfahrung versteht«[104].

Im Sinne einer solchen Interpretation der Auferstehung werden die Berichte von den Erscheinungen des auferstandenen Jesus sowie vom leeren Grab eher als Versuche gedeutet, diese Bekehrungserlebnisse auszudrücken und sie in eine greifbarere Form zu bringen, und weniger als photographische Feststellungen der Ereignisse. Man erinnere sich, daß die Erscheinungsgeschichten »wohl kaum die früheste Verkündigung des auferstandenen Christus widerspiegeln[105]. Sie wurden zur Veranschaulichung, als Geschichten, und nicht als *Beweise* dessen, was geschehen war, herangezogen. Die Erfahrung des lebendigen Jesus war bereits vorhanden. Solche Geschichten brauchen daher nicht buchstäblich, sollten aber ernst genommen werden[106].

Man vergißt häufig die Kernaussage der Geschichte von der Erscheinung des Auferstandenen vor den Emmausjüngern; sie erkannten Jesus nicht an seiner körperlichen Gestalt, sondern am Symbolismus des Brotbrechens (Lk 24,36 – 43). Noch klarer wird es, wenn Thomas gesagt bekommt, es wäre besser, er würde zu denen gehören, »die nicht sahen und glaubten« (Joh 20,29).

Damit soll das neutestamentliche Zeugnis nicht verwässert werden; vielmehr soll es als das akzeptiert werden, was es ist – ein höchst mythischer Bericht mit einer erstaunlichen Vielfalt an oft widersprüchlichen Einzelheiten und an Erfahrungen, die niemals photographisch festgehalten werden könnten. Dieses Verständnis der Auferstehungserfahrung erkennt nicht nur die Erscheinungen, sondern auch das Auferstehungsmodell selbst als symbolische Versuche an, das, was geschehen war, auszudrücken, »abzubilden«. Wie schon erwähnt, haben einige der frühesten Christologien die Auferstehung nicht ausdrücklich betont, sondern vielmehr Sprachbilder der Erhöhung und Parusie aufgeboten, um die tatsächlich stattgehabten Bekehrungserlebnisse auszudrücken[107]. Diese Interpretation – und das ist das Wichtigste – wird nicht bloß dem Wesen der neutestamentlichen Berichte, sondern ebenso dem Wesen des Auferstehungsglaubens selbst gerecht, der keine Sache der historisch-physikalischen Beweise, sondern tiefgehender persönlich-gemeinschaftlicher Erfahrung und Hingabe war und ist.

Wenn eine solche Auffassung der Auferstehung zutreffend ist – was ich glaube –, dann haben wir einmal mehr eine zeitgenössische christologische Interpretation zur Hand, die der vom theozentrischen Modell vorgeschlagenen nicht-normativen Christologie Raum läßt. Theologen und Christen, für die dieses Modell der Auferstehung – Auferstehung nämlich als Bekehrungs- oder Offenbarungserlebnis – mit ihrem eigenen Glauben übereinstimmt, werfen, vielleicht ohne sich dessen klar bewußt zu sein, folgende weitere Frage auf: Muß die Realität, die hinter den Ostergeschichten steht, einzig auf die Erfahrung des auferstandenen Jesus beschränkt sein? Ist ein solches Bekehrungserlebnis, eine solche Glaubenserfahrung nicht im Grunde das, was zahllose Männer und Frauen in ihrem Erleben anderer archetypischer religiöser Leitgestalten nach deren Tod verspürt haben?

Gautama Buddha kann als Beispiel dienen. Haben seine Jünger nach seinem Tod nicht eine weitere, eine fortgesetzt »im Glauben empfangene Berufung«, eine persönliche Umwandlung erfahren? Haben sie seinen Geist, seine reale Präsenz in ihrer Mitte nicht weiterhin verspürt? Gewiß, die Buddhisten reden nicht vom auferstandenen Buddha. Das hat seinen Sinn. Die Auferstehung von den Toten stand in ihrer Kultur und Erfahrungswelt, anders als bei den ersten jüdischen Jesus-Anhängern, als interpretatorischer Mythos oder Verstehensmodell nicht zur Verfügung. So wie anscheinend einige frühe Christen über ihre Erfahrung des lebendigen Jesus ohne die Sprachbilder der Auferstehung reden konnten, hätten vielleicht die Inder – sofern sich das Christusereignis bei ihnen zugetragen hätte – seine bleibende Wirklichkeit mit Hilfe anderer Modelle gedeutet.

Wenn außerdem Andersgläubige ihre Religionsstifter nicht als Auferstandene deuten, bedeutet das keineswegs, daß mit ihnen nach ihrem Tod nichts passiert ist – so wie das bei Jesus der Fall sein mußte. Auch diese Religionsgründer leben in verwandelter, geistiger, aber *realer* Weise weiter. Der Tod hat sie nicht besiegt. Eine solche Überlegung könnte sich gerade dann als sinnvoll aufdrängen, wenn man den Trikaya-Mythos des Mahayana-Buddhismus berücksichtigt, wonach Buddha schließlich »vergöttlicht« wurde und seither, so heißt es, einen »verklärten Leib« (Sambhogakaya) hat, durch den er jenen Menschen real gegenwärtig ist, die an ihn glauben[108].

Was daher den ersten Christen und Jesus nach seinem Tod widerfuhr, könnte möglicherweise auch Andersgläubigen und ihren Erlösern widerfahren sein. Die Auferstehung Jesu, in ihrer ganzen authentischen Macht und Geheimnisfülle, impliziert nicht notwendigerweise das »einzig und allein«.

Schlußfolgerung: Einzigartigkeit und persönliche Hingabe

In diesem Kapitel habe ich zu zeigen versucht, daß es den Christen im Licht der neutestamentlichen Christologie, der Ausschließlichkeitssprache des Neuen Testaments, der zeitgenössischen Transzendental-, Prozeß- und Befreiungschristologie sowie des Wesentlichen am Auferstehungsglauben möglich ist, dem *kairos* unserer Tage zu folgen; sie können eine theozentrische Theologie der Religionen, die auf einer theozentrischen, nicht-normativen Reinterpretation der Einzigartigkeit Jesu Christi beruht, gutheißen.

In diesem abschließenden Teil möchte ich darlegen – und ich berufe mich dabei auf meine eigenen Glaubenserfahrungen sowie die anderer Christen –, inwiefern ein solcher geistiger Schritt in keinster Weise die persönliche und vollkommene Hingabe oder Bindung an Jesus als Inkarnation der erlösenden Absicht und Gegenwart Gottes zu schmälern braucht[109]. Ein theozentrisches Verständnis Jesu kann im Gegenteil die persönliche Bindung an ihn bestätigen und verstärken, weil sie sie in intellektueller Hinsicht stimmiger (bessere Theorie) und in praktischer Hinsicht herausfordernder (bessere Praxis) macht.

Die Psychologie des Glaubens

Manche, vielleicht sogar viele Christen werden sich in ihrem Glauben bedroht fühlen, wenn man ihnen sagt, Jesus sei vielleicht die endgültige, maßgebende Offenbarung Gottes, vielleicht aber auch nicht, und es könne auch andere Heilsbringer und andere Menschwerdungen Gottes gebe. Man muß solche Gefühle achten. Die Angelegenheit ist recht delikat. Ich möchte diesen Gläubigen nahelegen, die psychischen Vorgänge zu überprüfen, die sie zum Glauben an Jesus als den Christus brachten; sie werden herausfinden, daß derartige Ängste ungerechtfertigt sind. Das Gefühl, von

»anderen Heilsbringern« bedroht zu werden, entspringt nicht der spontanen Stimme des Glaubens, sondern den tiefsitzenden Einstellungen des klassizistischen Bewußtseins oder nicht hinterfragten Prämissen eines Großteils der westlichen Philosophie, die bezüglich der Wahrheit immer zu einem Entweder-Oder, Das-eine-oder-das-andere, führen. Tief drinnen meinen wir immer noch, wenn etwas wirklich wahr und unserer Hingabe wert sein soll, muß es die einzige Wahrheit sein. Und wenn diese Einstellung mit der traditionellen nordamerikanischen Mentalität verschmilzt, nur das Größte und Beste – von Autos über Hamburger bis hin zu Heilsbringern – verdiene, daß wir es erwerben, werden wir uns natürlich von allen anderen bedroht fühlen, die gleichermaßen wahr und wertvoll sein könnten. Von der Psychologie des Glaubens her ist dies jedoch nicht nötig. Wie in diesem Kapitel – besonders unter Anführung der Befreiungstheologien – bereits vorgetragen, ist es die umwandelnde Erfahrung, die einen Menschen zum Glauben und zur Hingabe an Jesus bringt; Jesus gibt dem Herzen so viel Kraft und erleuchtet den Geist so sehr, daß man nun anders als bisher fühlen und erkennen und, vor allem, handeln kann. Die Erfahrung des Glaubens schließt die Überzeugung, daß Jesus die Offenbarung und Gnade Gottes *ist*, notwendig ein. Sie schließt nicht notwendig die Überzeugung ein, daß er *allein* diese Offenbarung und Gnade ist. Daher kann man, wie John Macquarrie geltend gemacht hat, gleichzeitig Jesus total verpflichtet und für die Möglichkeit anderer Offenbarer und Erlöser grundsätzlich offen sein[110]. Die Befreiungstheologen würden vielleicht sagen: Man kann sich mit Leib und Seele der Praxis, das Reich Gottes aufzubauen, verschreiben und gleichzeitig anerkennen, daß diese Praxis auch auf anderen Wegen realisiert wird.

Um einen oben gebrauchten Vergleich noch etwas weiter auszudehnen: Man kann sich ganz und gar und voller Treue seinem Mann/ seiner Frau hingeben, obwohl man durchaus weiß, daß es andere Menschen auf dieser Welt gibt, die ebenso gut, intelligent und schön sind – ja selbst dann, wenn man solche Menschen kennenlernt und sich ihrer Freundschaft erfreut. In jeglicher Bindung ist absolute Ausschließlichkeit – praktisch oder der Einstellung nach – weder aufrichtig noch gesund.

Ich meine sogar, daß die Fähigkeit, für andere offen zu sein, als Maß für die Festigkeit der eigenen Bindung an Jesus dienen kann.

Die Soziologie weist darauf hin, daß eine Gruppe andere Vorstellungswelten und Lebensentwürfe umso mehr tolerieren, ja sogar akzeptieren kann, je sicherer sie in ihrer eigenen Identität ist und je mehr sie sich ihrer einigenden Vision verpflichtet weiß. Die Soziologen nennen diesen Sachverhalt »kognitive Dissonanz«[111]. Vielleicht liegt hierin der Grund, weshalb die ersten christlichen Gemeinden so viele verschiedene und anscheinend widersprüchliche Christologien aushalten konnten und eigentlich durch sie vorwärtskamen; sie waren sich ihrer innigen Bindung an Jesus und ihrer totalen Nachfolgebereitschaft im Grunde sicher. Auch hier paßt wieder der Vergleich mit der ehelichen Bindung: je tiefer die Bindung an den Ehemann oder die Ehefrau und je sicherer die eheliche Beziehung, desto mehr wird man in der Lage sein, die Wahrheit und die Schönheit anderer Menschen zu schätzen. Die Bindung an Jesus schließt also die Offenheit gegenüber anderen keineswegs aus; je stärker vielmehr die Bindung an ihn ist, desto größer wird auch die Offenheit für andere sein.

Dieses Verhältnis gilt auch umgekehrt: Könnte es sein, daß die Ängste der Christen hinsichtlich der Möglichkeit eines »anderen Christus« – oder mehrerer – Symptom einer zugrunde liegenden Unsicherheit über ihrer eigene Identität und Praxis sind?

Im Spannungsfeld zwischen Universalität und Partikularität

Man kann die Herausforderung und die Schwierigkeiten, eine totale Bindung an einen Offenbarer aufrechtzuerhalten und gleichzeitig anderen gegenüber genuin offen zu sein, besser verstehen und annehmen, wenn man sie als Teil der inneren, kreativen Spannung zwischen dem Besonderen und dem Allgemeinen sieht. Diese Spannung wohnt jeder echten religiösen Erfahrung inne. Wie schon aus den Gründen hervorging, die wir gegen die Verarbeitung des religiösen Pluralismus im Sinne des »gesunden Menschenverstandes« vorgebracht haben, gibt es so etwas wie ein Wesen, das aus einer beliebigen Religion oder aus allen Religionen gemeinsam in Reinform herausgelöst werden könnte, nicht. Die große Mehrheit der Menschen (die Zen-Buddhisten halten sich für eine Ausnahme) erfährt nämlich das göttliche Geheimnis nicht direkt, ohne irgendeine Art von Vermittlung. Die Begegnung mit

Gott ist im allgemeinen vermittelt – durch ein Symbol, ein Sakrament, eine Inkarnation. Der Mensch braucht mit anderen Worten einen *besonderen* Offenbarer oder Erlöser.

Wenn sich des weiteren – wie wir schon bezüglich des historischen Relativismus gesagt haben (Kap. 2) – solche besonderen Erfahrungen des Göttlichen zutragen, geben sie dem Einzelnen oder der Gemeinschaft nicht nur das Gefühl, diese besondere Offenbarung, dieses bestimmte Symbol, sei »für mich ausschlaggebend«, vermittle mir eine neue Weise des Handelns in der Welt und verlange daher nach einer totalen Antwort; sie bewirken vielmehr auch die Überzeugung, diese Offenbarung habe allen Völkern etwas zu sagen, sei von universaler Bedeutsamkeit. Wenn man auf die Wahrheit, vor allem auf die Wahrheit Gottes, stößt, kann sie nie »nur für mich« sein[112].

Im Ablauf solcher Ereignisse und besonders mit zunehmender Vertiefung der Gotteserfahrung vermittels eines besonderen Erlösers oder Mittlers kommt es jedoch in der Psyche des Gläubigen zu Spannungen. Die Aneignung der Macht eines *besonderen* Mittlers durch eine Gemeinschaft und deren Konfrontation mit der universalen Wirklichkeit oder dem universalen Geheimnis, das dieser Heilsbringer vermittelt, sind einander direkt proportional. Je mehr die Gemeinschaft erkennt, daß ihr Heiland Gott *tatsächlich* kundtut, desto deutlicher sieht sie auch, daß dieser Gott ein Mysterium ist, das immer größer ist, als sie schon weiß – der *Deus semper major*, der immer darüber hinaus seiende Gott. Je mehr also die Effizienz eines partikularen Heilsbringers erkannt wird, desto mehr wird man seiner Relativität gewahr. Eine solche Spannung ist kreativ, weil sie die Gemeinschaft ständig einlädt, an ihrem Mittler festzuhalten und ihm treu zu bleiben, ohne ihn zu einem Abgott werden zu lassen. Konkreter formuliert heißt das, daß eine Glaubensgemeinschaft nie in die falsche Sicherheit abgleiten darf, zu meinen, sie wisse, was ihr Mittler offenbart hat; für das Christentum bedeutet dies: die Aufgabe der Christologie, der Auslegung des Christusereignisses, ist nie zu Ende.

In unserem gegenwärtigen Zeitalter des religiösen Pluralismus erfordert die kreative Spannung zwischen dem Partikularen und dem Universalen auch, daß jede religiöse Gemeinschaft die mögliche und höchstwahrscheinliche Existenz anderer partikularer Mittler dieses göttlichen Geheimnisses anerkennt, eines Geheimnisses, das von keinem einzelnen Mittler endgültig erfaßt werden kann.

Ein Bekenntnis mit offenem Ausgang

H. Richard Niebuhr hat 1941 einen praktikablen Vorschlag gemacht, wie die Christen ihre Hingabe und Treue zu Jesus Christus aufrechterhalten und sich zugleich die schöpferische Spannung zwischen dem Besonderen und dem Allgemeinen bewahren können. Er forderte die Christen dringend auf, auf der Grundlage des *Bekenntnisses* einen Zugang zu Andersgläubigen zu suchen; d.h. sie sollen sich zu dem bekennen, was nach ihrer Erfahrung Gott in Jesus Christus für sie und für die Welt getan hat, und es bekannt machen – *ohne* irgendwelche Ansprüche hinsichtlich der Überlegenheit Jesu über andere religiöse Gestalten oder seiner Maßstäblichkeit für sie zu erheben.

Nach Niebuhr fügt man nicht nur anderen Religionen, sondern auch dem Christentum selbst unausdenkbaren Schaden zu, wenn man den apologetischen Kurs einschlägt und verunglimpfende Vergleiche anstellt. Er beschreibt, was er unter seinen Mitchristen häufig findet, mit folgenden Worten:

»Wir möchten nicht nur im christlichen Glauben leben, sondern sind darauf aus, uns selber durch ihn zu empfehlen und ihn als allen anderen Glauben überlegen zu rechtfertigen. Ein solches Vorgehen kann harmlos sein, wenn es der hauptsächlichen Aufgabe, nämlich unseren Zielen gemäß zu leben, strikt untergeordnet wird; setzt man es aber an die erste Stelle, zerstört es die Religion, das Christentum und die Seele mehr als jeder gegnerische Angriff es je vermöchte.«[113]

Niebuhr regt stattdessen an, die Christen sollten auf andere Menschen zugehen, »indem sie in schlichter, bekenntnishafter Form zum Ausdruck bringen, was uns in unserer Gemeinschaft zugestoßen ist, wie wir zum Glauben kamen, wie wir die Dinge sehen und was wir aus unserem Blickwinkel sehen«[114]. Und den Rest überlasse man Gott!

Eine solche bekenntnishafte Christologie, ein konfessionaler Ansatz gegenüber anderen Glaubensrichtungen ermöglicht den Christen, an ihrer persönlichen, totalen Bindung an die universale

Bedeutsamkeit Jesu festzuhalten. Es hat in der Tat den Anschein, als könne allein ein derartig bekenntnishafter Standpunkt andere davon überzeugen, daß das Handeln Gottes in Jesus für alle Menschen von Bedeutung ist. Wir werden von jenen überzeugt, die mit tiefer Überzeugung von dem erzählen, was ihr Heiland für sie getan hat. Wir werden nicht überzeugt, wenn man uns mit tiefer Überzeugung sagt, »mein Heiland ist größer als der deine«.

Ein konfessionaler Ansatz ist daher zugleich voller Gewißheit und hat einen offenen Ausgang. Er ermöglicht den Christen, eine feste Position einzunehmen; er verlangt aber auch von ihnen, daß sie offen sind und bereit, von anderen Positionen zu lernen. Er gestattet ihnen, die *Einzigartigkeit* und universale Bedeutsamkeit dessen zu bekräftigen, was Gott in Jesus getan hat; gleichzeitig aber verlangt er von ihnen, die *Einzigartigkeit* und universale Bedeutsamkeit dessen, was das göttliche Mysterium durch andere Menschen offenbart haben mag, anzuerkennen und sich davon herausfordern zu lassen.

Indem die Christen mutig verkünden, Gott sei tatsächlich in Jesus Mensch geworden, räumen sie zugleich demütig ein, Gottes Menschwerdung sei nicht auf Jesus beschränkt geblieben[115].

Wie ein derartiger konfessionaler Ansatz, der die praktische Anwendung einer theozentrischen, nicht-normativen Christologie ist, im Dialog mit Anhängern anderer Glaubensrichtungen tatsächlich verwirklicht werden kann, werden wir im nun folgenden Schlußkapitel erfahren.

Kapitel 5
Erst handeln, dann wissen – die Herausforderung des interreligiösen Dialogs

Unsere Schlußfolgerung aus dem vorangehenden Kapitel – die immer noch vorläufig ist und der Kritik aus weiteren Kreisen der christlichen Glaubensgemeinschaft bedarf – lautete, die Christen müßten im Umgang mit andersgläubigen Menschen nicht darauf beharren, daß Jesus die endgültige, maßgebende Offenbarung Gottes vermittelt. Ein bekenntnishafter Ansatz ist eine mögliche und vorzuziehende Alternative. Die Christen können bei ihren Begegnungen mit anderen Religionen bekennen und bezeugen, was sie in Christus erfahren und erkannt haben und weshalb sie überzeugt sind, daß diese Wahrheit das Leben aller Völker verändern kann; dabei brauchen sie keinerlei Urteile darüber abzugeben, ob diese Offenbarung andere Religionen überragt oder vollendet. Die Frage nach der Finalität oder Normativität Jesu kann mit anderen Worten eine offene Frage bleiben.
Aber wie fängt man nun eigentlich den Prozeß des Dialogs an, wenn man von so einem konfessionalen Ansatz ausgeht? Wie kann man sich mit anderen Gläubigen so unterhalten, daß man sie wirklich versteht und von ihnen lernt? Und wie kann man sich auf den Dialog als Mittel einer möglichen Beantwortung der offenen Frage nach der Einzigartigkeit Jesu einlassen? Dies sind die zentralen Fragen, die uns durch dieses Schlußkapitel geleitet werden.
Zuerst und grundsätzlich schlage ich vor, daß wir den Dialog als ein Mittel ansehen, *das Handeln vor das Wissen zu stellen*. Ich werde ein Verständnis und eine Methode des Dialogs skizzieren, die eine mehr die Theorie erhellende als von ihr determinierte Praxis ermöglichen.
Zweitens werde ich zu zeigen versuchen, daß ein solches Verständnis von Dialog nur funktioniert, wenn es auf einem Wahr-

heitsmodell beruht, das sich weitgehend von früheren Anschauungen über das Wesen und die Bedingungen der Wahrheit unterscheidet. Schließlich werde ich andeuten, daß ein solches Verständnis von Dialog und Wahrheit nach einer erweiterten Perspektive bezüglich der Eigenart und Aufgabe der christlichen Theologie verlangt.

Dialog als Hermeneutik der Praxis

Ich möchte im folgenden eine Anwendung und eine neue Ausrichtung des Grundprinzips der Befreiungstheologie, wie es im vorangehenden Kapitel skizziert und bekräftigt wurde, vorstellen: Um die Wahrheit zu erkennen, muß man sie tun. Praxis ist nicht einfach die Folge des bereits als wahr Erkannten; sie ist »die Grundlage für das Entstehen und die Selbstkorrektur« der Wahrheit. Wir haben gesehen, wie die Befreiungstheologen ihre hermeneutische Methode, ihr interpretatorisches Prinzip, auf die Christologie anwenden. Nur in der tatsächlichen Nachfolge Jesu, nur durch das Tun und Leben seiner Botschaft in unserer konkreten Situation, können wir wirklich wissen, wer er ist und was er bedeutet[1].

Ich behaupte, daß eine der für die Entdeckung der Wahrheit unserer christlichen Offenbarung notwendigen, grundsätzlichen Formen von Praxis heutzutage nicht nur die sozio-politische Praxis der Befreiung, sondern auch die *Praxis des Dialogs* mit Völkern anderer Glaubensbekenntnisse ist. Ein solcher interreligiöser Dialog kann als *Hermeneutik der Praxis* dienen und so ein immer helleres Licht auf die theoretischen Fragen werfen, die auf all diesen Seiten vorgetragen wurden. Diese Fragen sind die zentralen Themen für jede christliche Theologie der Weltreligionen: Gibt es in anderen Religionen Offenbarung und Erlösung? Was ist der Inhalt und Umfang so einer Offenbarung? Welchen Platz nimmt das Christentum unter den Religionen der Welt ein? Ist die christliche Wahrheit das Korrektiv oder die Vollendung anderer Religionen?

Ich bin der Meinung, daß die Antworten auf diese Frage, wie alle Antworten, nicht einfach in den christlichen Schriftzeugnissen und

Traditionen »vorgegeben« sind; sie müssen aus der Praxis des Dialogs zwischen christlicher Tradition und den Traditionen anderer Religionen erarbeitet werden. Eine Theologie der Religionen ohne Ansehen der Praxis des Dialogs zu verfassen wäre ebenso unangemessen wie wenn ein Schneider einen Anzug anfertigt, ohne am Kunden Maß zu nehmen.

Früher, über einen langen Zeitraum der Geschichte des Christentums, war die Lage vielleicht eine andere. Der interreligiöse Dialog war keine verfügbare Form der Praxis, durch die man die Theorie und Wahrheit der christlichen Offenbarung wie auch die anderer Religionen kennenlernen konnte. Wie aber im Verlauf dieser Studie, besonders im 1. Kapitel, schon wiederholt gesagt, ist die Welt von heute anders. Wir leben heute in einem Zeitalter des religiösen Pluralismus, in dem sich die Gelegenheit für eine neue Form von Praxis, eine »Grundlage für das Neu-Entstehen und die Selbstkorrektur« des christlichen Glaubens aktuell bietet.

Thomas Merton hat dies – in flüchtig hingeworfenen Vortragsnotizen, kurz vor seinem Tod – klar erkannt: »Ich bin davon überzeugt, daß tiefgehende Kommunikation über die Grenzen hinweg, die bisher Religionen und mönchische Traditionen getrennt haben, nicht nur möglich und wünschenswert, sondern auch höchst bedeutsam für das Schicksal des Menschen im zwanzigsten Jahrhundert ist.«[2] John Dunne drückt dieselbe Überzeugung mehr graphisch aus: »Der Heilige unserer Zeit ist anscheinend keine Gestalt wie Gautama oder Jesus oder Mahammed, ein Mensch, der eine Weltreligion begründen könnte; er ist vielmehr jemand wie Gandhi, ein Mensch, der durch einfühlsames Verstehen von seiner eigenen Religion auf andere Religionen überwechselt und mit neuer Einsicht in seine eigene wieder zurückkehrt. Dieses Überwechseln und wieder Zurückkommen ist anscheinend das spirituelle Abenteuer unserer Zeit.«[3] Ein derartiges spirituelles Abenteuer ist nicht nur eine Möglichkeit; es ist vielmehr eine neue Notwendigkeit. Ohne die Praxis des Dialogs können die Christen ihre Aufgabe, zu verstehen, was Gott in Jesus Christus offenbart hat, nicht adäquat erfüllen.

In der Praxis des Dialogs – und ich sollte sagen, *nur* in dieser Praxis – kann insbesondere die offene theoretische Frage nach der Einzigartigkeit Jesu geklärt werden. Das spirituelle Abenteuer des Dialogs – ein Abenteuer, das Zeit brauchen wird und das die Christen eben erst wirklich beginnen – wird diejenige Praxis vermitteln, die den traditionellen christlichen Anspruch, in Jesus von Nazaret habe Gott uns »überrascht« und uns den vollkommensten Ausdruck der göttlichen Wahrheit angeboten, das Symbol, das alle anderen religiösen Symbole bestätigen, vervollständigen, zurechtrücken und so die Menschheit einen wird, bewahrheiten oder richtig einordnen kann. Ohne Dialog mag man eine solche Wahrheit behaupten oder bezweifeln – man kann sie aber nicht erkennen.

Wesen und Voraussetzungen des Dialogs

Ehe wir uns an die Praxis des Dialogs machen können, müssen wir eine gewisse Übereinstimmung darüber erzielen, was sie bedeutet und welche Voraussetzungen sie hat. In den letzten Jahren ist über dieses Thema viel geschrieben worden[4]. Ich meine, die folgende vorläufige Definition könnte auf Zustimmung stoßen: Dialog ist der Austausch von Erfahrungen und Auffassungen zwischen zwei oder mehreren Partnern, in der Absicht, daß alle Beteiligten an Erfahrung und Einsicht zunehmen.

Wenn man diese allgemeine Beschreibung des Dialogs akzeptiert, muß man wohl auch bestimmte Voraussetzungen akzeptieren, die notwendig sind, will man ein solches Verständnis von Dialog wirklich in die Tat umsetzen. Wir könnten diese Voraussetzungen die »Bedingungen für die echte Möglichkeit des interreligiösen Dialogs« nennen; sie sind in der vorgelegten Definition natürlich impliziert oder enthalten. Ich werde drei derartige allgemeine Voraussetzungen kurz darstellen. Jede von ihnen enthält ihrerseits weitere theologische Prämissen, die notwendig sind, sofern die allgemeinen Voraussetzungen aufrichtig bejaht und angewendet werden sollen. Diese theologischen Prämissen sind die Einstellungen – oder vielleicht »Hypothesen« –, die alle Dialogpartner in ihrer eigenen Theologie anerkennen müssen, bevor sie eine Unterhaltung mit einem Andersgläubigen überhaupt anfangen, geschweige denn zu Ende bringen können. Ich werde diese theologischen Prämissen jeder einzelnen Grundvoraussetzung für einen Dialog beifügen. Alle Voraussetzungen und Prämissen sind in den verschiedenen Abschnitten

dieses Buches bereits entwickelt und begründet worden. Es folgt also lediglich eine Zusammenfassung.
1) *Der Dialog muß auf persönlicher religiöser Erfahrung und auf unerschütterlichen Wahrheitsansprüchen beruhen.* Es liegt unabdingbar in der Natur des interreligiösen Dialogs, daß er nur durch *religiöse* Menschen geführt werden kann, durch jene nämlich, die – wie man ganz allgemein sagen kann – eine religiöse Erfahrung gemacht haben, die dem Heiligen begegnet sind. Wenn dem nicht so ist, könnte man durchaus andere Religionen studieren und eine Menge über ihre Geschichte und ihre Lehren lernen; man könnte aber keinen Dialog mit ihnen führen. Ohne persönliche religiöse Erfahrung kann man unmöglich begreifen, was es mit diesem Dialog auf sich hat. Fachleute für vergleichende Religionswissenschaft räumen heutzutage ein, daß selbst ihr Studium der Religionen nicht bloß auf der intellektuellen Ebene der Analyse von Glaubensdoktrin oder Philosophie oder der Geschichtsforschung stattfinden kann. Solche schweren intellektuellen Heimarbeiten sind natürlich für das Studium wie für den Dialog lebensnotwendig; sie dürfen keinesfalls unterschätzt werden. Sie müssen jedoch auf der tieferen Ebene der religiösen Erfahrung aufruhen oder durch sie ergänzt werden[5].
Außerdem müssen die Partner – auf der Basis ihrer religiösen Erfahrung – fähig sein, standhaft zu vertreten, was sie glauben. Ihre Glaubenspositionen müssen nicht nur als für den einzelnen, sondern auch, zumindest in einem gewissen Ausmaß, als für die anderen Partner wahr bekräftigt werden. Dem Wesen der Wahrheit entsprechend (vgl. Kap. 2, die gegen Ernst Troeltsch und die Relativisten angeführten Gründe)[6] kann, was auch immer als wahr erfahren wird, nicht »nur für mich« wahr sein. Wäre es nicht so, gäbe es nichts, worüber man sich unterhalten sollte. Die Unterhaltung wäre nichts weiter als ein Austausch von Informationen ohne die Möglichkeit, aufgrund dieses Austauschs »an Erfahrung und Einsicht persönlich zuzunehmen«.
Diese allgemeine Voraussetzung muß auf einer theologische Prämisse basieren, die meines Erachtens von den meisten Weltreligionen anerkannt wird: Will man religiös und somit dialogfähig sein, muß man in irgendeiner Weise einer bestimmten religiösen Tradition zugehören. Die Seelen, die auf individualistische Weise, außerhalb der Gesellschaft und der Geschichte, in Harmonie mit dem Göttlichen leben und erleben können, gibt es – wenn überhaupt –

selten. Wie weiter oben schon dargelegt, begegnet man der *universalen* Wirklichkeit des Göttlichen durch besondere Vermittlungen und lernt sie durch diese kennen. Gewöhnlich tut man nur durch das Teleskop seiner besonderen Religion einen kurzen Blick in jene Wirklichkeit, die Ursprung und Ziel dessen bildet, was John Hick das Universum der Glauben genannt hat. Nur durch meine Religion und meinen Erlöser kann ich zur Erkenntnis des Gottes gelangen, der möglicherweise jenseits meiner Religion ist.

Diejenigen also, die vor allem in der jüngsten Vergangenheit auf einen religiösen Dialog gedrängt haben, der von einer *epoché – d.h. von der Herauslösung aus der eigenen Religion und von der Unterbrechung der eigenen religiösen Erfahrung und Überzeugung – ausgeht, töten das Herzstück des religiösen Dialogs*[7]. Das wäre genauso, als würde man eine Gruppe von Astronomen zusammenrufen, damit sie ihre Entdeckungen besprechen – unter der Bedingung, daß sie ihre Teleskope nicht benützen. Die Partner im religiösen Dialog müssen *sich selbst* und was am wichtigsten ist, ihr *religiöses* Selbst, in diesen Dialog einbringen[8].

2) *Der Dialog muß auf der Anerkennung der möglichen Wahrheit in allen Religionen beruhen; die Fähigkeit, diese Wahrheit anzuerkennen, muß in der Hypothese eines allen Religionen gemeinsamen Grundes und Zieles verwurzelt sein.* Unsere Definition der Natur des Dialogs verlangt auch, daß die Partner wirklich aufeinander hören. Das ist schwieriger als es klingt. Authentisches Zuhören erfordert eine totale Offenheit für die mögliche Wahrheit dessen, was der andere Mensch vorbringt. Es erfordert eigentlich, daß jeder Partner die Wahrheit der anderen Position als gegeben annimmt: »Ich kann den Standpunkt eines anderen Menschen nie so verstehen wie er..., solange ich seine Ansicht nicht teile; mit einem Wort, solange ich sie nicht für wahr halte.«[9]

Authentisches Zuhören ist daher unmöglich, wenn ein Partner davon ausgeht, die anderen hätten nur eine »unvollständige« Wahrheit oder könnten die Wahrheit nur insofern besitzen, als sie mit der Norm »meiner Wahrheit« übereinstimmt. Authentisches Zuhören verlangt außerdem extreme Sorgfalt im Schlußfolgern bis hin zu dem Ergebnis, man verstünde, was der andere meint. Eine Faustregel für den Dialog lautet daher: »Keine Interpretation einer anderen Religion gilt etwas, wenn die Anhänger dieser Religion sie nicht als zutreffend anerkennen«[10].

Diese Voraussetzung für den Dialog – nämlich die Wahrheit der Behauptungen anderer Religionen anzuerkennen und für sie offen zu sein – bedingt, daß die Theologie aller Dialogpartner die *Hypothese* akzeptiert, es gebe eine gemeinsame Grundschicht und ein gemeinsames Ziel für alle Religionen.

Gewiß findet sich ein gemeinsames Ziel im Anliegen aller Religionen, die Einheit der Menschheit zu fördern und die Gefahr der Weltzerstörung zu beseitigen. Auf dieses Ziel kann man aber nicht wirklich hinarbeiten und es kann auch nicht erreicht werden, solange die Einsichten und Bemühungen der verschiedenen Religionen nicht in einem tieferen gemeinsamen Grund und Boden verwurzelt sind – in einem Grund, der ihre Bemühungen um die Transformation der Welt unterstützt und ihnen gestattet, auf unterschiedliche Weise über *die gleiche Wirklichkeit* zu reden, wenn sie miteinander reden. Ohne diesen tieferen gemeinsamen Anteil an etwas, was über sie alle hinausgeht, haben die Religionen keine Basis, auf der sie miteinander reden und zusammenarbeiten können.

Die tiefste Ebene des Dialogs kann keine Frage von »Äpfeln oder Birnen« sein. Wenn wir auszuformulieren versuchen, was das bedeutet, können wir sagen, daß die Letztwirklichkeit, die göttliche Gegenwart, die Fülle und Leere – christlich gesprochen, Gott –, die alle Religionen beseelt und den tiefsten Grund, das höchste Ziel des Dialoges abgibt, ein und dieselbe sein muß. Wenn dem nicht so ist, ist die Menschheit letzten Endes Äpfel und Birnen. Die »Division«, das Düngemittel der Uneinigkeit und der Zerstörung, wird das letzte Wort haben.

Die Hypothese eines gemeinsamen Grundes und Zieles für alle Religionen birgt Gefahren. John Cobb warnt uns, die Anerkennung, »daß jede Religion auf eine höchste Wirklichkeit zentriert ist« könne allzu leicht damit einhergehen, daß man die eigene Definition dieser Wirklichkeit einer anderen Religion aufnötigt. Wenn man z.B. betont, die buddhistische Vorstellung von Leere sei in Wirklichkeit, was die Christen mit Gott meinen, kann das ebenso arrogant und beleidigend sein wie die Bezeichnung der Buddhisten als »anonyme Christen«[11].

Man muß diese Gefahren ernst nehmen. Das ist auch der Grund, weshalb ich die Anerkennung eines gemeinsamen Grundes und Zieles als *Hypothese* für den interreligiösen Dialog bezeichne. Als

Hypothese muß sie sorgfältig eingesetzt werden; die Dialogpartner können sie außerhalb des Dialoggeschehens weder verifizieren noch inhaltlich begreifen. Man wird also, ehe man sich auf einen Dialog einläßt, mit einer *Definition* des gemeinsamen Grundes – als Gott oder als Leere – zurückhaltend sein; und im Verlauf des Dialogs wird man für die eventuelle Notwendigkeit offen sein, die eigene Vorstellung vom Absoluten zu erweitern oder zu reformieren. Wird die Anerkennung eines gemeinsamen Grundes und Zieles aller Religionen als Hypothese gebraucht, lassen sich die Gefahren einer solchen Anerkenntnis vermeiden, ihre Früchte aber zugleich ernten.

Die Christen können *und* sollten auf der Grundlage ihres Glaubens an eine *universale göttliche Offenbarung* in allen Religionen Hypothesen über einen gemeinsamen Grund und ein gemeinsames Ziel für die Geschichte der Religionen bilden. Wir haben schon gesehen, in welcher Weise von verschiedenen Seiten innerhalb oder außerhalb des Christentums (von Troeltsch, Toynbee, Jung, von Protestanten und Katholiken) so eine universale Offenbarung anerkannt wird. Stellt nicht eine universale Offenbarung die Grundlage für die Möglichkeit einer gemeinsamen Quelle und Ausrichtung aller Glauben dar? Wenn man anerkennt, daß sich durch alle Religionen eine höchste Wirklichkeit offenbart, heißt das noch nicht, daß alle Religionen ein gemeinsames Wesen haben – was sie zu bloßen Varianten ein und desselben »Produkts« machen würde. Wir haben auf diese vereinfachende Sicht bereits hingewiesen[12].

Die Arten, *wie* diese universale Offenbarung in den vielen Religionen wahrgenommen, wie das Absolute erfahren wird, unterscheiden sich auf einschneidende und bedeutsame Weise. (Sie sind vielleicht so verschieden voneinander, daß man mit John Cobb von verschiedenen – wenn auch in Beziehung stehenden – Letztwirklichkeiten reden könnte)[13]. Man muß auch die Möglichkeit einräumen, daß die göttliche Gegenwart mißverstanden und entehrt wird. *Was* da erfahren wird, kann aber nach wie vor durchaus die gleiche unaussprechliche Wirklichkeit sein.

Wenn man die Hypothese einer gemeinsamen Quelle aufstellt, die auf einer universalen Offenbarung in allen Religionen beruht, gesteht man – mit einfacheren, aber persönlicheren Worten – zugleich ein, daß sich durch die überraschende Vielfalt der religiösen

Geschichte der Menschheit die Möglichkeit eines *universalen Glaubens* hindurchzieht: »An diesem Punkt, bei der Anerkennung eines einzigen Glaubens, der sich in kontrastierenden und vielleicht sogar kontradiktorischen Glaubensüberzeugungen äußert, könnte der Dialog beginnen.«[14]
Die Anerkennung eines in allen Weltreligionen enthaltenen universalen Glaubens, einer gemeinsamen Quelle und Substanz, wirft noch mehr klärendes Licht auf die Frage, weshalb es für alle Dialogpartner wichtig ist, von einer tiefen Erfahrung ihrer eigenen Religion auszugehen. Wenn in den verschiedenen Religionen die gleiche unaussprechliche Wirklichkeit – in herrlichen Variationen und Schattierungen – in den Blick kommt, dann werden meine Augen, je intensiver ich diese Wirklichkeit in der Farbe meiner eigenen Tradition wahrgenommen habe, umso geübter sein, sie auch in anderen, vielleicht sogar unerwarteten Farben zu erfassen. Je mehr ich die eine Sprache zu meistern gelernt habe, desto leichter kann ich in die Komplexität und den Geist einer anderen einsteigen. Je mehr Liebe ich in meinem eigenen Leben erfahren habe, desto deutlicher kann ich ihre Gegenwart im Leben anderer Menschen spüren. Wenn ich in das göttliche Mysterium meiner eigenen Religion ein Stück weit eingedrungen bin, bin ich darauf vorbereitet, daß mich der unfaßbare Reichtum dieses Geheimnisses auch anderswo überrascht[15].
Soll sich aber diese Anerkennung einer möglichen gemeinsamen Quelle hinter allen Religionen in irgendeiner Weise praktisch auszahlen, sollen die Dialogpartner fähig sein, diese Quelle in den je anderen Religionen zu ertasten, scheint eine weitere theologische Prämisse nötig. Die Theologie aller Beteiligten muß auch die Möglichkeit und Notwendigkeit einräumen, *daß man sich auf die religiöse Erfahrungswelt einer anderen Tradition einläßt*. Nur wenn man diesen Versuch macht, kommt nämlich die Unterhaltung wirklich vom Fleck. Ich kann den Dialog nicht von meiner eigenen religiösen Erfahrung aus beginnen und dann die andere Religion nur als ein Gebäude von Lehraussagen betrachten. Ich muß in gewisser Weise auch fähig sein, die Glaubenserfahrung hinter und in der Glaubensdoktrin zu durchdringen.
Der interreligiöse Dialog muß mit anderen Worten ein *intra*religiöser Dialog sein; er muß mein ganzes religiöses Sein einschließen und »von den Tiefen meiner religiösen Einstellung zu denselben

Tiefen bei meinem Partner voranschreiten«[16]. Eine echte Begegnung mit einer anderen Tradition kann nicht »von außen her« stattfinden; ich kann nicht erwarten, daß ich eine andere Religion wirklich begreife, wenn ich draußen stehe und hineinschaue. Irgendwie muß ich in die andere Tradition hineingehen und zum »Insider« werden, indem ich ihre religiöse Erfahrung teile[17].

Thomas Merton sprach über die Notwendigkeit, daß jede interreligiöse Kommunikation aus einer *Kommunion* entspringen muß, einer Kommunion, die dann zustandekommt, wenn die Partner zum »letzten Grund ihres Glaubens« gelangen, einer Kommunion, die »in der Stille einer letztgültigen Erfahrung« wurzelt. Sie wird »›Kommunion‹ jenseits der Worte sein, eine Kommunion eigener Erfahrung, die man nicht nur auf einem ›präverbalen‹, sondern auch auf einem ›postverbalen‹Niveau miteinander teilt.« Eine solche Kommunion, eine solche Gemeinsamkeit auf dem Grund der je anderen Glaubenserfahrung, wird alles Verbale erhellen, möglicherweise die offensichtlichen verbalen Unterschiede in den Glaubensdoktrinen durchschauen und die »großen Übereinstimmungen und Ähnlichkeiten im Reich religiöser Erfahrungen«[18] enthüllen.

Panikkar deckt in einem persönlichen Bekenntnis den Inhalt und die Schwierigkeiten der obigen Darlegung auf: »Ich ›ging‹ als Christ; ich ›erkannte‹ mich als Hindu; ich ›kehre‹ als Buddhist ›zurück‹, ohne mit dem Christsein aufgehört zu haben. Obwohl einige Leute mich für tiefgläubig halten, bezweifeln sie, daß eine solche Einstellung objektiv haltbar oder sogar verständlich ist.«[19]

Eine solche Teilhabe an einem anderen Glauben, ein solches »ein Hindu werden« ist für den Dialog notwendig. Ist es aber auch möglich? Gemeinsam mit einer wachsenden Zahl von Menschen, die derzeit diesen Dialog praktizieren, behaupte ich, es ist möglich. Was früher vielleicht nur theoretisch oder potentiell möglich war, kann heute verwirklicht werden. In einem Zeitalter, in dem die Welt »schrumpft« und die Kulturen einander wie nie zuvor kennenlernen und berühren können, können sich auch die Menschen wie nie zuvor dessen bewußt werden, was von Anfang an immerzu Wirklichkeit war: ihres gemeinsamen Menschseins und der vielen Manifestationen des einen höchsten Geheimnisses. Heute kann es, wie nie zuvor, möglich sein, »daß in einem individuellen Leben alle grundlegenden spirituellen Erfahrungen der Menschheit nachvollzogen werden.«[20]

Heute ist zumindest einigen religiösen Menschen eine sogenannte »doppelte Zugehörigkeit« möglich; sie können mehr als einer Religion angehören und mit ihnen Gemeinschaft haben[21]. Solange die Theologien der Dialogpartner dies nicht anerkennen oder es nicht zumindest anzuerkennen versuchen, wird ihr Dialog vielleicht eine informative Unterhaltung sein, kann aber keine umwandelnde Begegnung werden.

3) *Der Dialog muß auf der Offenheit für die Möglichkeit einer echten Veränderung/Konversion beruhen.* Wenn unsere Beschreibung des interreligiösen Dialogs mit der Realität übereinstimmen soll, müssen alle Partner wirklich für die Möglichkeit offen sein, daß sie Einsichten in göttliche Wahrheiten akzeptieren, die sie bis dahin nie hatten oder stets abgelehnt haben. Sie müssen also bereit sein, bestimmte Glaubensüberzeugungen ihrer Stammreligion zu reformieren, abzuändern oder vielleicht sogar aufzugeben. Dies impliziert wiederum, wovon schon oft die Rede war: Der Dialog ist unmöglich, wenn irgendein Partner ihn mit dem Anspruch beginnt, er besitze die letzte, endgültige, unabänderliche Wahrheit. Finalitätsansprüche setzen jeder echten Zunahme an Erfahrung und Einsicht ein Hindernis entgegen.

Diese Anerkennung der Möglichkeit einer Veränderung wirft die Frage nach der Bekehrung auf. Natürlich suchen die Menschen durch die Klarheit ihrer Positionen und die standhafte Beanspruchung der »universalen Relevanz« irgendeiner Wahrheit, ihre Partner zu ihrem Verständnis von Wahrheit zu bekehren. So ist eben die Natur der Wahrheit; die Erfahrung von Wahrheit bewirkt, daß man so handeln möchte. Man muß aber auch aufrichtig dafür offen sein, daß man zur Wahrheit des Partners bekehrt wird. Vor allem heutzutage bringt die Erfahrung der Wahrheit auch die Erkenntnis mit sich, daß die Wahrheit stets mehr ist als der eigene Sonderanteil an ihr. Die durch den Dialog beabsichtigte Konversion, die jeder Partner anstrebt, ist nicht in erster Linie eine Konversion zu den eigenen Glaubensüberzeugungen, zur eigenen Religion, sondern eine Konversion zur Wahrheit Gottes, wie sie im Dialog zum Vorschein kommt. Was dies für jede Religion bedeutet, wie weit die Konversion zur je anderen Religion geht, kann man nur im Dialog selbst erfahren.

Wenn die Offenheit für Veränderung/Bekehrung zugleich eine theoretische und praktische Möglichkeit ist, werden die Dialogpartner als weitere theologische Prämisse den *Unterschied zwischen Glaube und Glaubensüberzeugungen* anerkennen müssen. Die meisten Religionen werden diese Unterscheidung wohl akzeptieren, die von einer Reihe zeitgenössischer Gelehrter in sehr detaillierter Weise analysiert wurde[22]. Sie heben im Grunde sowohl einen wichtigen Unterschied als auch eine unzerstörbare Verbindung zwischen der Erfahrung des Glaubens und ihrer Artikulation in Glaubensüberzeugungen hervor. Heute ist der Unterschied zwischen Glaube und Glaubensanschauungen im Denken vieler religiöser Menschen verschwommen, und man versteht den Glauben als Zustimmung zu einer Reihe lehrsatzhafter Aussagen. Dennoch können der Unterschied wie auch die Verbindung zwischen den beiden in einfacher Weise beschrieben werden; und die Beschreibung wird mit dem übereinstimmen, was die meisten religiösen Menschen »tief drunten« empfinden.

Das Wort »Glaube« drückt sowohl die persönliche Erfahrung wie auch den unaussprechlichen Inhalt hinter jeder authentischen Religion aus. »Glaube« ist der intuitive Kontakt mit dem Höchsten, sein Begreifen und von ihm Ergriffensein; er nimmt im allgemeinen in einem Akt des Vertrauens Gestalt an, durch den wir uns als Teil einer größeren Wirklichkeit fühlen – gleichgültig, ob diese Wirklichkeit als persönlich oder unpersönlich empfunden wird. Der Akt des Glaubens wurde auf viele verschiedene Weisen beschrieben; alle derartigen Beschreibungen sind, wie könnte es anders sein, poetischer Natur. Rahner stellt den Glauben als ein Sich-dem-letzten-Geheimnis-Überlassen dar; Lonergan beschreibt ihn als »uneingeschränktes Sich-Verlieben«, ohne daß man unbedingt oder klar weiß, in was man verliebt ist; für Tillich ist der Glaube die tiefe persönliche Erfahrung »des Mutes zum Sein«, wodurch wir schlicht »das Angenommensein annehmen«[23]. Für den Buddhisten ist der Glaube das neue Bewußtsein und die neue Weise des Daseins, die einen in der Erleuchtung überwältigen. Glaube hat einen erkenntnishaften Inhalt; er sagt uns etwas. Aber das, was er uns sagt, ist stets mehr als das, was wir in Fülle wissen oder eindeutig äußern können – das »gewußte Ungewußte«.

Glaube unterscheidet sich von Glaubensüberzeugungen, kann aber ohne sie nicht bestehen. Daher gibt es diese unzerstörbare Verbindung zwischen Glaube und Glaubensüberzeugungen. Glaubensüberzeugungen sind die kulturelle, intellektuelle und emotionale

Verkörperung des Glaubens – der Versuch, auszudrücken, mitzuteilen und zu bekräftigen, was man erfahren hat. Glaubensüberzeugungen sind notwendig, weil wir verkörperte Wesen sind; auch der Glaube muß verkörpert werden. Zu behaupten, man könne Glauben frei von Glaubensüberzeugungen haben, würde der Behauptung gleichkommen, man könne lieben, ohne diese Liebe jemals in Worte oder Taten umzusetzen. Dennoch – und dies ist der Punkt, den sowohl die »gewöhnlichen Gläubigen« wie auch die geistliche Hierarchie oft übersehen – kann kein Glaubensbekenntnis oder eine Reihe von Glaubensüberzeugungen »alles aussagen«. Der Glaube ist seiner Erfahrung und seinem Inhalt nach transzendent, unaussprechlich und allseits offen. Er kann nicht vollkommen oder definitiv in Glaubensüberzeugungen ausgedrückt werden; könnte er es, würde das Objekt des Glaubens fixiert und »verendlicht« und damit das eigentliche Wesen und der Inhalt des Glaubens seiner Bedeutung beraubt. Obwohl wir also Glaubensüberzeugungen brauchen und die Notwendigkeit verspüren, ihnen die Treue zu halten, müssen wir allzeit bereit sein, sie zu überprüfen und über sie hinauszugehen. Pointierter formuliert: Wenn wir bereit sind, *für* unseren Glauben zu *sterben*, müssen wir bereit sein, *unseren* Glaubensüberzeugungen zu sterben.
Diese dynamische, im Fluß befindliche Beziehung zwischen Glaube und Glaubensanschauungen bildet den Ausgangspunkt und zugleich das Ziel des religiösen Dialogs. Die Dialogpartner beginnen mit einer Glaubenserfahrung, die Gemeinsamkeit und »doppelte Zugehörigkeit« gerade deswegen zuläßt, weil sie als universale Wirklichkeit anerkannt wird. Wenn man diese Unterscheidung zwischen Glaube und Glaubensüberzeugung akzeptiert, kann man viel leichter in den tieferen Sinn und Inhalt ansonsten fremdartiger Glaubensanschauungen eindringen und sie nachempfinden.
Bernard Lonergan sieht in einem solchen Ausgangspunkt eine große Möglichkeit: »Durch die Unterscheidung von Glaube und Glaubensbekenntnis haben wir eine sichere Grundlage für die ökumenische Begegnung und für eine Begegnung zwischen allen Religionen geschaffen, die in der religiösen Erfahrung grundgelegt sind. ...Die Glaubensbekenntnisse unterscheiden sich, aber hinter diesen Differenzen steckt eine tiefere Einheit. Glaubensbekenntnisse sind nämlich die Folge von Werturteilen, und die für ein religiöses Glaubensbekenntnis entscheidenden Werturteile stammen

aus dem Glauben, dem Auge der religiösen Liebe, einem Auge, das die Selbstoffenbarungen Gottes wahrnehmen kann.«[24]

Man nimmt nicht nur die Glaubensüberzeugungen des jeweils anderen, sondern auch die eigenen wahr. Diese Wahrnehmung ist zugleich eine Vertiefung, und zwar als stetes In-Frage-Stellen.

»Soll der interreligiöse Dialog ein wirklicher Dialog sein, ...muß er bei der In-Frage-Stellung meiner selbst und bei der Frage nach der *Relativität* meiner Glaubensüberzeugungen (was nicht mit Relativismus zu verwechseln ist) ansetzen. Ich muß das Ansinnen einer Veränderung, einer Konversion, und das Risiko akzeptieren, daß meine herkömmlichen Denkmuster über den Haufen geworfen werden.«[25]

Das Hinterfragen und das Risiko einer Veränderung, die stets in einem Dialog mitschwingen, entstammen weder einer Unsicherheit noch mangelnder Bindung an die eigenen Glaubensanschauungen; sie resultieren vielmehr aus der Erfahrung des Glaubens als solcher, einer Erfahrung, die uns aufgrund ihres eigentlichen Wesens sagt, daß »unser Verstehen immer Stückwerk ist«, daß »stets ein Mehr an Einsicht möglich ist«[26]. Die In-Frage-Stellung, das Risiko einer Veränderung und einer Konversion – ja sogar »einer Konversion, die so gründlich ist, daß die bisher hochgehaltenen Überzeugungen und Glaubensanschauungen dahinschwinden oder eine weitgehende Veränderung erfahren«[27] –, denen sich der Mensch im Dialog gegenübersieht, erlebt er nicht als beängstigende Heimsuchung, sondern als aufregendes Abenteuer, das ihn dem sein Fassungsvermögen stets übersteigenden göttlichen Geheimnis näherbringt.

Wie stellt man es an? – Die Rolle der Vorstellungskraft

Unsere bisherigen Aussagen und Feststellungen gehören immer noch der Theorie des Dialogs, seinem Wesen, seiner Absicht, seinen Voraussetzungen, an. Die praktische Frage ist noch unbeantwortet: Wie stellt man es denn nun an? Diese Frage nach dem »Wie« kommt besonders angesichts der Forderung auf, die Dialogpartner müßten sich auf die Erfahrung des jeweils anderen einlassen und gemeinsam einen universalen Glauben haben. Die Ermahnung, man solle zum »tiefsten Grund der Glaubensüberzeugungen« vor- und in die »Tiefenschichten der religiösen Einstellungen des anderen« eindringen, scheint zuweilen in eine so dichte »Wolke des Nichtwissens« eingehüllt, daß es für den, der mitten im Dialog steckt, schwierig ist zu wissen, was das nun alles heißt und wie man es bewerkstelligen kann.

Man könnte sich beispielsweise von einer solchen Wolke umgeben fühlen, wenn man Panikkar erklären hört, der Dialog solle nicht in erster Linie aus dem *Logos* (den intellektuellen Setzungen) oder aus dem *Mythos* (dem Symbol), sondern aus dem unaussprechlichen *Pneuma* (Geist) hervorgehen, das weht, wo es will – in allen Religionen. Ähnlich obskur mag einem die Behauptung Panikkars vorkommen, die mystische Erfahrung, aus der sich der Dialog ergeben sollte, sei eine Mitte, die leer ist: »Die Mitte ist unauffindbar. Diese Mitte muß leer sein, (wie) bei einem *Chakra*; sämtliche Naben und Speichen müssen sich um einen regungslosen Punkt drehen. Nur eine leere Mitte kann mit allen Bewegungen der Peripherie koinzidieren.«[28]

Die Vorstellungsbilder Panikkars enthalten sicherlich ein wichtiges Anliegen. Jede genuine religiöse Erfahrung wird ihrem Inhalt nach mystisch und in einem gewissen Sinne »leer« sein – jenseits aller Worte oder Symbole, allen *Logos* oder *Mythos*. Wenn aber das *Pneuma* oder der Geist des persönlichen Glaubens oder gemeinsamer religiöser Erfahrung die Grundlage für einen echten Dialog ist, ist es wirklich gefährlich, diese Grundlage so zu mystifizieren, daß sie ungreifbar und damit unbrauchbar wird. Wie können wir zu dieser Mitte gelangen? Wie können wir Einblick gewinnen in die Tiefenschichten des Glaubens anderer und sie mit ihren eigenen Augen wahrnehmen? Solange wir keine klarer abgegrenzte Methode oder eine Weise des Zugangs zur eigenen religiösen Erfahrung und vor allem zur religiösen Erfahrung anderer anbieten können, lähmen wir den Dialog schon in seinen ersten Schritten.

Die religiöse Imagination scheint eine derartige Eingangspforte zum Kern des persönlichen Glaubens eines anderen Menschen zu sein. In den letzten Jahren ist unter Theologen und Glaubenserziehern viel von der Notwendigkeit einer fruchtbaren und aktiven religiösen Vorstellungskraft die Rede gewesen. Man hat erkannt, daß das Licht der Offenbarung anhand von Leitvorstellungen empfangen wird; somit spielt die Vorstellung im Zustandekommen und im Fortbestand aller Religionen eine entscheidende Rolle. Wenn

unsere religiöse Vorstellungswelt stumpf und trocken wird, müssen einfach unser persönliches religiöses Leben und unsere institutionalisierten religiösen Praktiken ihre vitale Bedeutung verlieren[29].
Die für die Spiritualität des Individuums und der Gemeinschaft ausschlaggebende religiöse Imagination kann auch das Sprungbrett sein, von dem aus wir uns in die religiöse Welt eines anderen Menschen hineinversetzen können. Die Vorstellung, die die Strukturen des Intellekts überspringt und sich dennoch nicht in den »leeren« Wolken des Mystikers verliert, bietet uns ein Instrument, mit dem wir in persönlicher Weise mit dem Inhalt des Wortgestammels und der schwer faßbaren Symbole der religiösen Erfahrung eines anderen Menschen in Kontakt kommen können. Daß dieses Werkzeug wirksam ist, wird von einer Reihe altgedienter Dialogpartner bestätigt, die recht erfolgreich in andere religiöse Welten eingedrungen sind; diese Veteranen bedienen sich der Imagination, auch wenn sie ihre Methode vielleicht nicht exakt mit diesen Begriffen beschreiben.
Eine der beliebtesten und erprobtesten Methoden, auf andere Religionen zu hören und von ihnen zu lernen, ist der von John Dunne entwickelte Vorgang des *passing over* (das Überwechseln). Dunne beschreibt in allgemeiner Weise, was er als »*das* spirituelle Abenteuer unserer Zeit« ansieht:
Passing over ist ein Wechsel des Standpunkts, ein Übergehen auf den Standpunkt einer anderen Kultur, einer anderen Lebensweise, einer anderen Religion. Auf dieses Überwechseln folgt ein entsprechender und entgegengesetzter Prozeß des – wie wir sagen könnten – »*coming back*«, des Zurückkommens, einer Rückkehr mit neuen Einblicken in die eigene Kultur, die eigene Lebensweise, die eigene Religion.»[30]
Aus Dunnes detaillierterer Beschreibung seiner Technik – und aus der Art und Weise, wie er diese Technik bei seinen Erkundungen anderer Lebensstile, Kulturen und Religionen anwendet – geht eindeutig hervor, daß sich sein ganzes Mühen auf den Einsatz der Vorstellungskraft stützt. Man kommt mit den Gefühlen anderer Glaubender in Kontakt, indem man zuläßt, daß die Symbole und Geschichten ihrer Religion in der eigenen Phantasie Vorstellungsbilder hervorrufen. Man hält sich dann an diese Bilder und folgt ihnen, wohin sie einen auch immer führen mögen. Diese Imaginationsübung liefert den Stoff für weitere Überlegungen – Daten für

eventuelle neue Einsichten, neue «Theorien». Schließlich kehrt man mit diesen neuen Theorien zur eigenen Religion zurück und testet sie anhand der eigenen Lebenspraxis – nicht ohne sie gegebenenfalls zu adaptieren:
»Die Technik des *passing over* beruht auf dem *Prozeß*, den eigenen Gefühlen *Vorstellungsbilder zu entlocken*, Einsichten über diese Bilder zu gewinnen und dann die Einsicht in eine Leitlinie für das eigene Leben umzuformen. Bei diesem *passing over* versucht man, sich auf mitfühlende Weise in die Gefühle eines anderen Menschen hineinzuversetzen, für die *Bilder* empfänglich zu werden, die seinen Gefühlen Ausdruck verleihen, Einsicht in diese Bilder zu erlangen und dann, zurückgekehrt und bereichert durch diese Einsicht, zu einem Verständnis des eigenen Lebens voranzuschreiten, das einen in die Zukunft geleiten kann.«[31]
Dunne macht darauf aufmerksam, daß die Möglichkeit eines derartigen Überwechselns zu anderen Religionen auf der Anerkennung der Relativität aller Glaubensanschauungen und Standpunkte beruht. Ganz gleich, wieviel ich schon weiß, es gibt immer noch mehr zu wissen. Kein Standpunkt kann der Endpunkt sein. Diese Anerkennung der Relativität öffnet nach Dunne dem religiösen Relativismus nicht Tür und Tor. Im Gegenteil: Gerade die Erfahrung des Überwechselns bewahrt einen vor der Schlußfolgerung, daß man, insofern jede Glaubensüberzeugung relativ ist, eigentlich nichts wissen kann und gegenüber allem religiösen Wissen skeptisch sein muß. Das *passing over* beweist, daß man zwar nie eine letzte Antwort bekommen wird, aber doch zu einem Mehr an Antworten, an realen Antworten, gelangen kann. Die Vorstellungskraft wird ständig angeregt; neue Einsichten werden geboren; der Horizont des Wissens erweitert sich.
Der interreligiöse Dialog wird, wie alles Lebendige, nicht als nervöse Jagd nach Gewißheit, sondern als befreiende, erregende Suche nach Verständnis gewertet: »Wenn ich beim Überwechseln von einem Standpunkt auf einen anderen die Relativität der Standpunkte im Auge behalte, halte ich mich auf das Mysterium hin wirklich offen.«[32]
Das Überwechseln ist wohl in erster Linie die Arbeit der Vorstellungskraft; es erfordert aber auch manch harte Verstandesarbeit. Aus den Symbolen und Lehren einer anderen Religion Vorstellungsbilder zu entbinden, ist vielleicht gar nicht so leicht wie es

klingt. Ehe die Imagination eine völlig andersartige religiöse Bilderwelt korrekt erfassen und sich von ihr anregen lassen kann, muß gewöhnlich einiges an Vorarbeit geleistet werden. Zu diesen vorbereitenden Schritten gehören geschichtliche, sozio-kulturelle und semantische Studien; erst auf dem Hintergrund solcher Kenntnisse kann man Menschen oder Klassikern anderer Zeiten oder Kulturen näherkommen. Wenn wir es mit einem Mythos oder mit einer Lehraussage zu tun haben, werden wir zunächst versuchen müssen, ihre grundlegenden Sinnkonturen zu begreifen; wir tun dies, indem wir sie *in sich*, als *Text* und innerhalb eines umfangricheren literarischen Werkes, sowie *in ihrem Kontext*, in ihrer historisch-kulturellen Welt, einordnen und zu verstehen versuchen. Dieses allgemeine Verständnis mythischer oder doktrinärer Weltanschauungen und Bilderwelten unterziehen wir dann unserer Vorstellungskraft – und lassen uns von unserer Imagination dorthin führen, wo sie uns hinlenkt: möglicherweise eben zu neuen Einsichten, neuen Weltanschauungen, neuen Selbst- und Gottesbildern, neuen Weisen des Daseins in der Welt, zu überraschend andersartigen Perspektiven hinsichtlich der Symbole und Glaubensüberzeugungen unserer Tradition.

Panikkar hält bei all seiner gelegentlichen mystischen »Ausflüchtigkeit« eindeutig am *Mythos* als hauptsächlicher Datenquelle für den Dialog fest; die Daten des Mythos können nur kraft unserer Imagination begriffen und nachempfunden werden. In allen Werken Panikkars, besonders in der monumentalen Arbeit *The Vedic Experience – Mantramanjari*[33], kommt die schöpferische Art und Weise, wie seine Imagination mit den Symbolen und Bildern anderer Religionen spielt und von ihnen lernt, deutlich zum Ausdruck.

Eines der gelehrtesten und überzeugendsten Beispiele für die zentrale Rolle der Imagination beim Versuch einer Konversation mit einem uns fremden Menschen oder Klassiker hat vor kurzem David Tracy mit seinem Buch *The Analogical Imagination*[34] geliefert. Vor allem seine Kapitel über den Klassiker lassen sich wohl als Handbuch über das Wesen des Dialogs mit anderen Traditionen und die Schlüsselrolle der Imagination für den Dialog lesen. Für Tracy kommt der Versuch, einen Klassiker unserer eigenen oder einer fremden Tradition zu interpretieren und sich mit ihm zu unterreden, im Grunde dem Erleben eines echten Kunstwerks gleich.

Wir müssen dabei ein »Spiel« wagen, ein Spiel, in dem wir unser intellektuelles Steuern und unsere Selbstsicherheit aufgeben und zulassen müssen, daß unsere Gefühle und Phantasien in Führung gehen: »In jedem Spiel lasse ich mich auf die Welt, in der ich spiele, so voll ein, daß schließlich das Spiel mich spielt.«[35]
Dieses Spiel der Unterredung mit einem Klassiker oder einer anderen Religion führt uns in einen »Intensivierungsprozeß«, der uns schließlich bemerken läßt, daß wir kraft unserer Vorstellungen an einer Wirklichkeit teilhaben, deren Existenz wir bisher vielleicht gar nicht wahrgenommen haben. Dieser Intensivierungsprozeß und die aus ihm sich ergebenden Einsichten führen zu einer reflexiv vermittelten »Distanzierung« von der Erfahrung als solcher, wodurch wir wiederum und noch deutlicher die Relativität und Inadäquatheit aller religiösen Glaubensüberzeugungen erkennen; auf diese Weise werden wir wieder frei und motiviert, zu den Glaubensanschauungen unserer eigenen Religion zurückzukehren, um sie dann mit neuen Augen zu sehen und zu deuten[36].
In seinem Epilog anerkennt Tracy ausdrücklich »die Möglichkeiten, durch die Verwendung der analogischen Imagination einer Unterredung zwischen den religiösen Traditionen näherzukommen«[37]. Die analogische Imagination wird stets ein begrenztes Instrument sein, da sie davon ausgeht, daß ihre Bilder Analogien sind, die uns zwar etwas, aber nie alles sagen; dennoch ist sie *das* Mittel schlechthin, durch das wir einen Zugang zu den Erfahrungswelten anderer Religionen erhalten können. Ja, unsere religiösen Imaginationen werden uns zum Dialogisieren nötigen: »Wenn ich innerhalb meines eigenen religiösen und kulturellen Erbes schon mit Hilfe der analogischen Imagination gelebt habe, werde ich die Forderung nach weiterer Konversation viel eher begrüßen.«[38]

Dialog auf der Grundlage eines neuen Wahrheitsmodells

Ich habe eine Sicht des Dialogs, seiner Natur, seiner Bedingungen und Methoden beschrieben, deren Befolgung als christliche *Praxis* dienen kann, welche ihrerseits ein neues Licht auf die christliche *Theorie*, d.h. auf das Selbstverständnis des Christentums, werfen wird. Damit aber der Dialog die angestrebten Früchte zeitigt, damit insbesondere die mögliche Wahrheit in einer anderen Religion anerkannt und das Wachstum im Verständnis der Wahrheit der eigenen Tradition gefördert werden kann, muß die Konversation in einem – wie man sagen könnte – »neuen Modell« von Wahrheit verankert sein. Dieses neue Modell sieht die allgemeine Natur der Wahrheit und die Kriterien für ihre Auffindung ganz anders, als dies bisher im Westen ganz allgemein und im Christentum im besonderen der Fall war. Das neue Modell bietet eine andere Art von Teleskop für die Erforschung des Universums der Wahrheit.

Das frühere Modell

Das alte Teleskop, mit dessen Hilfe die Philosophen nach Wahrheit gesucht haben, war seit der Zeit des antiken Griechenland in Gebrauch. Die meisten philosophischen Vorhaben im Westen wurden auf der Grundlage gewisser Erstprinzipien durchgeführt, von denen Aristoteles behauptete, die Vernunft erfasse sie intuitiv, unmittelbar und ohne jeden Beweis. Das erste derartige Prinzip ist *das Prinzip des Widerspruchs*. Es besagt in seiner logischen Form, daß »von zwei Sätzen, deren einer einen bestimmten Sachverhalt bekräftigt, während der andere ihn leugnet, einer wahr und der andere falsch sein muß«. Mit anderen Worten: es kann nicht etwas gleichzeitig und in gleicher Weise sein und nicht sein[39]. Wahrheit ist daher wesentlich eine Angelegenheit des Entweder-Oder. Sie ist entweder so oder anders; sie kann nicht beides zugleich sein.

Das bedeutet, daß die Wahrheit – eigentlich also die Identität aller seienden Wesenheiten – *durch Ausschließung* definiert wurde. Darin liegt auch die wahre Bedeutung des Wortes »De-finition«: die Grenzen festlegen, das eine vom anderen absetzen. Ich bin ich, weil ich nicht du bin. Dies ist, was es ist, weil es nicht etwas anderes ist. Wenn man die Wahrheit durch ein Ausschlußverfahren definiert, gibt man ihr eine *absolute* Qualität. Damit etwas wahr sein kann, muß es in seiner Kategorie die einzige, die absolute Wahrheit sein. Man kann seine Wahrheit kennenlernen, indem man aufzeigt, wie es alle anderen Alternativen *ausschließt* – oder, was man neuerdings versucht, wie es alle anderen Alternativen absorbiert und einschließt.

War dies die allgemeine westliche Auffassung von Wahrheit, so war sie es insbesondere hinsichtlich der religiösen Wahrheit. Eine Religion ist wahr, weil sie alle anderen entweder aus- oder einschließt.

Ein solches Wahrheitsmodell hat dem Geist des Westens zweifellos gute Dienste geleistet. Es war die tragende Stütze ganzer Schulen der exakten Logik, kreativer metaphysischer Systeme sowie einer Wissenschaft und Technologie, die die Menschheit bereichert haben. Einige Theologen machen auch geltend, durch eine absolute Entweder-oder-Wahrheit könne die tiefsten Bedürfnisse des menschlichen Herzens wahrhaft zufriedenstellen. Nach Karl Rahner ist die menschliche Freiheit, in der Auseinandersetzung mit einer Vielfalt eventueller Wahrheiten und Wahlmöglichkeiten, von einem inneren Drang nach einer Entscheidung beherrscht, die einen endgültigen und definitiven Wert hat. Die Menschen wollen eine absolute Bindung eingehen; und diese Tatsache erfordert die Kenntnis einer absoluten, klar definierten Wahrheit. Wir werden von einem »suchenden Gedächtnis«, einem ursprünglich angeborenen Verlangen geleitet, die eine, endgültige Wahrheit zu entdecken und zu bekräftigen. Wir suchen nach der definitiven, geschichtlichen Gegenwart des Absoluten. Rahner faßt seine Argumentation zusammen und folgert, »daß man einerseits religiös konkret nur in absoluter Bejahung existieren kann und andererseits nur das Christentum unter den Religionen ernsthaft überhaupt den Mut hat zu einem absoluten Anspruch.«[40]

Das Modell der Wahrheitsdefinition durch Exklusion, durch Entweder-Oder und Absolutheitsurteile ist heute von verschiedenen Seiten der Kritik ausgesetzt. In diesem Buch steht bereits viel derartige Kritik zu lesen. Unser zeitgenössisches historisches Bewußtsein hat die sich weiterentwickelnde, pluralistische Natur der Wahrheit erkannt. Man hat schmerzhaft erfahren, wie endgültige, absolute Urteile angesichts neuer Entdeckungen aus dem Bereich der naturwissenschaftlichen Forschung oder neuer Einsichten aus anderen Kulturkreisen hinfällig werden. An der naturwissenschaftlichen Front war es vor allem die neue Physik mit ihrer Relativitätstheorie und der Unschärferelation, die den modernen Menschen an die Begrenzungen, die Relativität aller Erkenntnis erinnert hat. Die heutige Wissenschaft strebt, wie schon erwähnt, nicht mehr nach »sicheren Erkenntnissen aufgrund von Kausalzusammenhängen«, sondern nach »der Hypothese mit der höchsten Wahrscheinlichkeit«[41]. In bezug auf die angeborenen Bedürfnisse des menschlichen Herzens erkennen wir, was John Dunne weiter oben ausgedrückt hat: Wenn wir das Leben als Jagd nach Gewißheit betrachten, wenn wir unser Engagement zurückhalten, bis wir die absolute, eine und einzige Wahrheit in der Hand haben, verdammen wir uns selbst zu einem Leben der Frustration. Wenn wir stattdessen das Leben als Suche nach zunehmendem Verständnis, als Reise auf einen Horizont zu, der sich ständig erweitert, ansehen, gewinnen wir den Frieden und das erregende Gefühl einer gemeinsamen Pilgerreise.

Das Modell der absoluten Entweder-oder-Wahrheit ist auch aufgrund seiner Auswirkungen auf die christliche Glaubensgemeinschaft fragwürdig geworden. Der Katholizismus kann als Beispiel dienen. Wie es auch immer um das menschliche Bedürfnis steht, einen »definitiven und absoluten« Akt der Freiheit zu setzen – einer der Hauptgründe für die ungute Stimmung, ja sogar Rebellion, unter den Katholiken von heute scheinen die definitiven und absoluten Aussagen zu sein, die sie von ihren Seelsorgern und Erziehern zu hören bekommen. Die Katholiken erwarten in der Tat von ihren Seelenhirten (Priester, Bischof oder Papst) eine feste und inspirierende Führung ihres Glaubenslebens, aber die Direktiven, die darauf bestehen, Glaubenslehren, Moralvorschriften oder liturgische Praktiken müßten »so und nicht anders« verstanden werden, stoßen sie ab. Mehr und mehr Katholiken haben inzwischen erkannt, daß dieses Insistieren auf einer »exklusiven« Wahrheit den persönlichen Glauben allzu leicht austrocknet und den Glauben auf die Doktrin, die Moral auf Legalismus, das Ritual auf Magie reduziert. Die Katholiken sehen auch ein, wie diese Ausrichtung auf absolute Wahrheit den Wert anderer religiöser Traditionen verunglimpft.

Aufgrund der Tatsache, daß viele Kirchenoffizielle fortgesetzt auf absolutistischen Ansprüchen beharren, wird denn auch heute die Zahl der »anonymen Katholiken« in den christlichen Kulturräumen immer größer; es handelt sich dabei um Menschen, die sich persönlich mit der Wahrheit und den Werten des Katholizismus identifizieren, sich aber nicht zur katholischen Kirche zählen können. Wie John Shea bemerkt, haben seit Mitte der 60er Jahre viele Katholiken erkannt, daß sie ihre Religion auf authentische und reife Weise nur noch bejahen können, wenn sie durch einen vielleicht schmerzhaften Prozeß der *Ent-Täuschung* hindurchgehen – d.h. wenn sie realisieren und akzeptieren, daß ihre christlichen Symbole, Glaubenslehren, Moralkodices und liturgischen Formen zwar echte und verläßliche Vermittlungen des Mysteriums, aber nicht das Mysterium selbst sind. »Das Mysterium, die transzendente Bedeutung dessen, was die Christen Gott nennen, bleibt ein Mysterium. Keine endliche Wirklichkeit, sei es Jesus oder die Kirche, nimmt es ausschließlich für sich in Anspruch.«[42] Die Katholiken wie die Christen im allgemeinen erkennen, daß etwas nicht absolut sein muß, damit es wahr ist.

Das neue Modell

In unserer Welt des Geschichtsbewußtseins, der wissenschaftlichen Relativität und des Pluralismus ist das menschliche Bewußtsein gerufen, seine früheren Sicherheiten loszulassen und ein neues Verständnis von Wahrheit – auch der religiösen Wahrheit – zu bejahen. Dies mag durchaus für viele Christen eine Bedrohung der Validität ihres Glaubens bedeuten; wenn man daher ein neues Wahrheitsmodell vorschlägt, muß man mit Umsicht und pastoraler Sensibilität vorgehen. Im neuen Modell wird die Wahrheit nicht mehr mit ihrer Potenz gleichgesetzt, andere Wahrheiten auszuschließen oder zu absorbieren. Vielmehr wird, was wahr ist, sich selber in erster Linie dadurch enthüllen, daß es zu anderen Äußerungen der Wahrheit *in Beziehung treten* und durch diese Beziehungen *wachsen* kann – Wahrheit wird nicht durch Exklusion, sondern durch Relation definiert.
Das neue Modell spiegelt wider, was unsere pluralistische Welt entdeckt: Keine Wahrheit kann für sich dastehen; keine Wahrheit kann völlig unveränderlich sein. Wahrheit braucht wesensgemäß andere Wahrheit. Ist sie beziehungsunfähig, muß ihre Wahrheitsqualität hinterfragt werden können. Auf einer persönlicheren Ebene heißt dies: Nicht indem ich zeige, wie ich mich von dir unterscheide, sondern indem ich zeige, wie ich ein Teil von dir bin, begründe ich meine Identität und Einzigartigkeit. Ohne dich kann ich nicht einzigartig sein. Wahrheit ohne »andere« Wahrheit kann nicht einzigartig sein; sie kann nicht existieren. Wahrheit »be-

weist« also »sich selbst« nicht, indem sie über alle andere Wahrheit triumphiert, sondern indem sie ihre Fähigkeit ausprobiert, mit anderen Wahrheiten zu interagieren – d.h. sie zu lehren und von ihnen belehrt zu werden, sie einzubeziehen und von ihnen einbezogen zu werden.

Ein solches Modell der relationalen Wahrheit unterhöhlt die von W. C. Smith so benannte »big bang-Theorie« der Religion, nach der jede Religion in einer Art Erdbeben größeren Ausmaßes entstanden sein soll, dessen Gewalt sich in Schockwellen durch die Geschichte hin fortsetzt. Jede Religion ist im wesentlichen von Anfang an »voll da«; sie bewahrt sich ihre Identität, indem sie den Inhalt oder die Essenz dieses ersten Ereignisses getreu bewahrt.

Das neue Modell der religiösen Wahrheit entspricht eher einer Theorie der »kontinuierlichen Erschaffung« aller Religionen. Natürlich entspringt jede Religion einem oder mehreren machtvollen Offenbarungsereignissen. Aber die Identität einer jeden Religion ist in solchen Ereignissen nicht mitgegeben; die Identität einer Religion entwickelt sich vielmehr durch ihre im Ursprungsereignis wurzelnde Fähigkeit, mit anderen, ähnlichen, fortwirkenden Ereignissen in Beziehung zu treten und auf diese Weise zu wachsen. Wie alles Geschaffene entwickelt sich auch die Religion in einem beständigen Fluß des Geschehens; diese Evolution ereignet sich vermittels je neuer Beziehungen[43].

Noch wichtiger ist, daß das Modell »Wahrheit-durch-Beziehung« jeder Religion Einzigartigkeit zugesteht; eine solche Einzigartigkeit kann sogar absolut genannt werden – wenn wir bereit sind, unsere Begriffe neu zu bestimmen. Jede Religion enthält etwas ihr allein, separat, eigentümlich und unbedingt Zugehöriges: ihr besonderer Be-Griff der göttlichen Wahrheit. Die Wahrheit, die sie enthält, ist von einzigartiger Bedeutung; sie darf nicht verlorengehen. Diese Einzigartigkeit kann insofern als absolut bejaht werden, als sie nach totaler persönlicher Bindung und Hingabe verlangt und universale Relevanz beansprucht. Im neuen Modell der religiösen Wahrheit gibt es jedoch eine weitere Qualität der »absoluten Wahrheit«: Absolutheit wird nicht durch die Fähigkeit einer Religion definiert und etabliert, andere Religionen aus- oder einzuschließen, sondern vielmehr durch ihre Fähigkeit, sich auf andere zu beziehen, in echtem Dialog mit ihnen zu sprechen und ihnen zuzuhören. Je mehr mich die Wahrheit meiner Religion für andere aufschließt, desto mehr kann ich sie als absolut bejahen. Das neue Wahrheitsmodell verlangt zugegebenermaßen, daß wir die herkömmliche Sprache dehnen und mit neuen Sinngehalten auffüllen.

Die von dem neuen Wahrheitsmodell geforderte Beziehung zu anderen wird nicht immer reibungslos und friedlich sein. Sie wird nicht vor Herausforderung und Korrekturen zurückschrecken; sie wird sich nicht scheuen, den Partnern zu sagen, worin sie deren Irrtümer sieht. Dennoch wird der Schwerpunkt des neuen Verständnisses von »absoluter«, relationaler Wahrheit auf dem *Bedürfnis* nach dem Anderen liegen, das jede Religion in dieser gemeinsamen Bewegung auf ein vollkommeneres Verstehen und Er- Leben des Geheimnisses hin hat. Dies Geheimnis ist stets als namenloses und unbestimmbares, uns nicht zur Verfügung stehendes Etwas gegenwärtig[44]. Gemäß dem neuen Wahrheitsmodell wird eine einzigartige und absolute Religion nicht auf dem absolut sicheren, endgültigen und unwandelbaren Besitz der göttlichen Wahrheit begründet werden müssen; sie wird vielmehr in einer authentischen Erfahrung des Göttlichen verwurzelt sein, die einen sicheren Standort verleiht und Ausgangspunkt für die Fortsetzung der furchterregenden und faszinierenden Reise – *gemeinsam mit anderen Religionen* – zur unerschöpflichen Fülle der göttlichen Wahrheit ist[45.]

Implikationen für die religiöse Erfahrung und die missionarische Tätigkeit

Das neue Modell der relationalen Wahrheit liefert den Rahmen und ist Ansporn für das Streben nach jenem einheitlichen Pluralismus der Religionen, auf den sich, wie im ersten Kapitel dargelegt[46], unser neues religiöses Zeitalter zubewegt. Die Auffassung, Wahrheit sei eine Sache der Beziehung, bestätigt, worauf im gesamten Verlauf dieses Buches angespielt wurde: es gibt zwar wirkliche und wichtige Unterschiede zwischen den Religionen, und wenn der Dialog fruchtbar sein soll, müssen diese Unterschiede bekräftigt und der Konfrontation ausgesetzt werden; sie sind aber im Grunde keine Gegensätze, sondern »dialogische Spannungen und schöpferische Polaritäten«[47]. In all ihrer erstaunlichen Verschiedenheit sind die Weltreligionen eher komplementär als gegensätzlich.

Die Implikationen dieses komplementären Verhältnisses übersteigen die Vorstellungskraft der meisten westlichen Menschen. Die Tragweite des neuen Modells der relationalen Wahrheit geht über die Anerkenntnis hinaus, daß die in jeder Religion eingeschlossene Sicht des Absoluten begrenzt ist; sie geht über das Zugeständnis hinaus, daß jede Religion eine Landkarte des Territoriums, aber nicht das Territorium selbst ist. Indem das neue Wahrheitsmodell bekräftigt, daß die Landkarten *wirklich* verschieden sind und daß diese Unterschiede für die Kenntnis des Territoriums unentbehrlich sind, verweist es zugleich auf die wahrhaft *dipolare* Natur aller religiösen Erfahrungen und Formen.

Für den westlichen Menschen erschließt diese Dipolarität eine neue, vielleicht verblüffende Perspektive hinsichtlich dessen, was Gott erfahren und über diese Erfahrung reden bedeutet. Ein Sprichwort der Duala, einem Stamm in Kamerun, bringt es auf einen einfachen Nenner: »Will man sich verständlich machen, muß man zwei Laute von sich geben«[48]. »Zwei Laute« sind auch erforderlich, will man durchdringen und ausdrücken, was in jeder Begegnung mit dem Höchsten enthalten ist. Das taoistische Seinsprinzip von Yin und Yang versucht eben diese dynamische *coincidentia oppositorum* auszusagen, die die ganze Wirklichkeit, besonders die höchste Wirklichkeit, ausmacht[49].

Während wir unser Bewußtsein von dem erweitern, worauf wir in unserer Glaubenserfahrung gestoßen sind, und während wir nach dem verborgenen Antlitz Gottes suchen, erkennen wir, daß jede Entdeckung und Einsicht durch ihr Gegenteil berichtigt oder ausgeglichen werden muß. Während wir die Personalität Gottes entdecken, erkennen wir, daß Gott jenseits von Personalität ist. Je tiefer wir in die Immanenz des Göttlichen eindringen, desto mehr gewahren wir seine Transzendenz. Je wacher wir für das »Schon« des Gottesreiches in dieser Welt werden, desto mehr geht uns sein »Noch nicht« auf. Jede Glaubensanschauung, jede Glaubenslehre muß daher durch Glaubensüberzeugungen geklärt und berichtigt werden, die auf den ersten Blick das Gegenteil behaupten. Wenn wir dies alles einsehen, wächst unsere Bereitschaft, andere Religionen mit ihren »konträren« Erfahrungen und Überzeugungen nicht als Gegner, sondern als potentielle Partner zu betrachten.

Der Westen wird sich dieser notwendigen Dipolarität der religiösen Erfahrung und Identität zunehmend bewußt. Paul Tillich hat es so gesehen, als er seine »dynamische Typologie« für die Interpretation der gesamten Religionsgeschichte vorlegte[50]. W.C. Smith sagt es mit seiner Versicherung, daß »die Wahrheit in allen höheren und höchsten Dingen nicht in einem Entweder-Oder, sondern in einem Sowohl-als-Auch liegt«[51]. In jüngster Zeit macht John A. T. Robinson dasselbe in seinem weit ausholenden Buch über die »Zweiäugigkeit der Wahrheit« geltend; er beschreibt darin auch, daß die westliche Christenheit mit ihrer Betonung der Personalität Gottes, der Geschichtlichkeit des Glaubens, der Wichtigkeit der materiellen Welt nur mit einem Auge in das Geheimnis Gottes hineingeschaut hat[52]. John Cobb, der einen wechselseitig transformatorischen Dialog zwischen Buddhismus und Christentum vorschlägt, zeigt auf, daß die »zutiefst unterschiedlichen« Erfahrungswelten von Buddhisten und Christen nicht gegensätzlich, sondern »einander bereichernde Kontraste« sind[53]. Dieses wachsende Bewußtsein enthält die Einsicht, daß jede religiöse Erfahrung, jede religiöse Sprache zweiäugig, dipolar, eine Vereinigung von Gegensätzen sein muß. Die stereotypen Unterschiede zwischen dem Westen und dem Osten brauchen einander.

Konkreter gesagt: Die christliche Trinitätslehre *braucht* die islamische Betonung der göttlichen Einheit; die unpersönliche Leere des Buddhismus bedarf der christlichen Erfahrung des göttlichen Du; die christlichen Aussagen über den Unterschied zwischen dem Höchsten und dem Endlichen brauchen die hinduistische Einsicht in die Nicht-Dualität von Brahman und Atman; der prophetisch-praxisorientierte Gehalt der jüdisch-christlichen Tradition bedarf der Tradition des Ostens, die auf persönliche Kontemplation und auf das »Handeln, ohne nach den Früchten des Handelns zu streben« pocht. »Diese einander kontrastierenden Behauptungen können sich ebenso wenig gegenseitig annullieren, wie der Tag die Nacht oder vice versa. Daher müssen die Religionen sich selbst in ihren vielfältigen Formen bezeugen, denn nur so können sie zu ihrer vollen Bedeutung gelangen.«[54]

Viele Leute werden nun meinen, dieses neue Wahrheitsmodell und vor allem seine Implikationen bezüglich der Dipolarität der Religionen, untergrabe die lange und stets hochgehaltene christliche Tradition der missionarischen Tätigkeit – und sich heftig dagegen verwahren[55]. Das relationalistische Verständnis der religiösen Wahrheit verlangt zweifellos eine gründliche Überholung des

überlieferten Modells missionarischer Arbeit – ihrer vorrangigen Ziele, Methoden und Motive.
Das Gegenargument lautet, daß das Missionsapostolat genau durch diese Überholung eine geläuterte Integrität und neuen Schwung erhalten kann. Diese Erneuerung der Missionsziele paßt genau zum neuen Verständnis der Natur und Sendung der Kirche. Die christliche Theologie protestantischer wie katholischer Richtung räumt ein, daß die Kirche nicht mit dem Reich Gottes gleichgesetzt werden darf. Das Reich Gottes, die offenbarend-erlösende Gegenwart Gottes in der Welt, ist viel umfassender als die Kirche und wirkt außer durch sie auch durch andere Vermittlungen. Die vorrangige Sendung der Kirche ist daher nicht das »Heilsgeschäft« (Menschen zu Christen machen, damit sie erlöst werden können), sondern die Aufgabe, dem Reich, der Gerechtigkeit und Liebe zu dienen und es zu fördern – als Dienerin und lebendiges Zeichen –, wo auch immer dieses Reich Gestalt annehmen mag[56].
Um das Reich Gottes voranzubringen, müssen die Christen für Christus Zeugnis ablegen. Alle Völker, alle Religionen müssen von ihm wissen, damit sie den vollen Gehalt der Gegenwart Gottes in der Geschichte begreifen. Diese Notwendigkeit ist Teil des Zweckes und der Motivation, bis an die Enden der Erde zu gehen. Aber nach der neuen Ekklesiologie und nach dem neuen Wahrheitsmodell gilt auch, daß alle Völker Buddha, Mohammed und Krishna kennen sollten. Auch dies ist Teil des Zieles und der Inspiration zur Missionsarbeit: bezeugt zu werden, damit die Christen ihr eigenes Verständnis der Gegenwart und Absicht Gottes in der Welt vertiefen und erweitern können. Durch diese wechselseitige Bezeugung, dieses aneinander und miteinander Wachsen, geht die Arbeit an der Verwirklichung des Reiches Gottes voran.
In einem solchen Verständnis von Mission bleibt die Konversion ein gültiges und sinnvolles Anliegen. Sie ist aber nicht länger das primäre Ziel, die *raison d'être* missionarischer Unternehmungen. Wenn andere Menschen zur christlichen Glaubensgemeinschaft bekehrt werden, freut sich der Missionar – solange die Konversion in Freiheit und als Integration der persönlich-kulturellen Identität des Betreffenden stattgefunden hat. Wenn aber die Bekehrung nicht stattfindet, braucht der Geist des Missionars nicht schwach zu werden. Das zentrale Anliegen der Mission wird solange reali-

siert, als alle Beteiligten durch wechselseitige Bezeugung zu einem tieferen Erfassen und Befolgen der Wahrheit Gottes bekehrt werden. Dies stellt das Wachstum Seines Reiches sicher. Man kann also sagen, daß das Ziel der Missionsarbeit erreicht ist, wenn die an alle Völker ergehende Verkündigung des Evangeliums den Christen zu einem besseren Christen und den Buddhisten zu einem besseren Buddhisten macht[57].

Die solchermaßen angeregte Revision der Missionsarbeit kann die christlichen Missionare zu einem weiteren, spezifischeren Ziel inspirieren, zu einem Ziel, das auf ein dringendes Bedürfnis des heutigen Christentums antwortet. Die Christen werden sich heutzutage, wo das Geschichtsbewußtsein die Kirchen durchdringt und sie empfänglich macht für den Wert anderer Kulturen sowie für das Gewahren der Grenzen ihrer eigenen Kultur, zunehmend bewußt, daß das »katholische« (mit kleinem *oder* großem »K«) Christentum überhaupt nicht sehr katholisch ist. Die Wirklichkeit, die das Wort »Christentum« bezeichnet, ist keine »katholische« Religion – d.h. eine Religion, die in der ganzen Welt, in den verschiedenen Kulturnationen, Gestalt angenommen hat. Es ist vielmehr größtenteils die Botschaft des Juden Jesus, des Christen, so wie sie im Bereich der westlichen Kultur in bedeutsamer und fruchtbarer Weise Gestalt gewonnen hat: »Das Christentum ist das antike Heidentum oder präziser gesagt die komplexe hebräisch-griechisch-römisch-keltisch-gotisch-neuzeitliche Religion, die mit mehr oder weniger Erfolg zu Christus bekehrt ist.«[58] Als diese westlich-christliche Religion durch die Arbeit der Missionare in andere Kulturen eingepflanzt wurde, kamen die meisten Sämlinge aus Europa oder Nordamerika; ein Aufpfropfen auf schon vorhandene Stämme wurde nur sehr selten gestattet.

Die zeitgenössischen Missionswissenschaftler und die Christen allgemein erkennen heute, was man einmal »die Lateinische Gefangenschaft der Kirche«[59] genannt hat. Die vorwiegend im westlichen Kulturkreis ablaufende Gestaltwerdung des Christentums wird als Gefangenschaft bezeichnet, weil eine solche Eingrenzung dem wahren Wesen des Evangeliums entgegengesetzt ist; die frohe Botschaft ist für »alle Völker« (Mt 28,19), alle Kulturen da. Nach Einschätzung einiger Leute trocknet das Christentum in seiner Westlichen Gefangenschaft auch allmählich aus; vielleicht liegt das daran, daß es sich zu krampfhaft an sein früheres kulturelles

Erbe von Credo, Codex und Kult klammert, vielleicht bricht aber auch die westliche Kultur selber, in ihrem Überlegenheitskomplex und ihrer Isolation, zusammen. Was auch immer der Grund sein mag – das traditionelle westliche Christentum verliert seine Fähigkeit, Herz und Verstand vieler Zeitgenossen anzusprechen. Panikkar überzieht vielleicht etwas, wenn er seine Lösung andeutet: »Es ist eine beinahe selbstverständliche Tatsache, daß die westchristliche Tradition erschöpft, ja ich möchte fast sagen entkräftet scheint, wenn sie versucht, die christliche Botschaft in einer für unsere Zeit bedeutsamen Weise auszudrücken. Die gegenwärtige Lage der Dinge läßt sich nur durch Kreuzung und wechselseitige Befruchtung überwinden; das christliche Leben kann nur dann wieder schöpferisch und dynamisch werden, wenn es die gegenwärtigen kulturellen und philosophischen Grenzen überschreitet.«[60]

Ein zentrales Anliegen der Missionsarbeit ist die Befreiung der Kirche aus ihrer »Lateinischen Gefangenschaft«. Positiv ausgedrückt kann die Mission nur dann ein machtvolles Instrument zur wahrhaften Fleischwerdung der Botschaft Christi in anderen Kulturen werden, wenn die missionarische Tätigkeit gemäß dem neuen Modell von Wahrheit-durch-Beziehung verstanden und als Versuch gesehen wird, alle Religionen miteinander zu kreuzen und sie zu befähigen, den dipolaren, ja eigentlich multipolaren Charakter der göttlichen Wahrheit wahrzunehmen und zu leben[61]. Die Missionare werden zu jenen »Agenten« gehören, die vorrangig zuwegebringen, was Karl Rahner – wie im ersten Kapitel erwähnt – eine dritte Periode in der Entwicklung des Christentums nennt. Die »judenchristliche Kirche« (die früheste Form von Christentum), die die »westliche Kirche« hervorgebracht hat (das Christentum während dem größten Teil seiner Geschichte), wird eine wahre *Weltkirche* werden[62]. Diese Weltkirche wird eine echt *katholische* Kirche, nicht mehr bloß eine europäisch-amerikanische Religion, sondern eine indische, chinesische, japanische Religion sein. In den Forderungen und Taten der christlichen Kirchen der südlichen Hemisphäre nimmt sie bereits Gestalt an[63].

Das Bedürfnis nach einer globalen Theologie

Was wir bisher über die Natur und die Bedingungen des interreligiösen Dialogs sowie über das neue, relationalistische Wahrheitsmodell gesagt haben, hinterläßt auf der Schwelle des berufsmäßigen christliche Gelehrten, des Theologen, ein paar klare und dringliche Forderungen. Diese Forderungen stehen keineswegs an der Peripherie der Grundaussage dieses Kapitels, wonach die Praxis des Dialogs reiche Theoriefrüchte für das christliche Bewußtsein und Leben zeitigen kann. Es ist in der Tat so, daß die Früchte des praktizierten Dialogs nicht angemessen weiterverarbeitet und dem Herzblut der christlichen Glaubensgemeinschaft, ihren Führern und den Laien, verabreicht werden können, wenn nicht die Theologen bereit sind, an der Aufgabe des Dialogs mit anderen und der Erforschung der neuen Horizonte der relationalen Wahrheit mitzuwirken. Damit aber die Theologen ihren Beitrag leisten können – und auf diesen Punkt möchte ich im Folgenden abheben – müssen sie das »Unternehmen Theologie« anders als in der Vergangenheit verstehen.

Um es kurz und bündig zu sagen: die Theologen müssen heute in Theorie und Praxis anerkennen, daß Theologie nicht mehr nur von einer einzigen religiösen Tradition aus »studiert« oder »betrieben« werden kann. Gewiß müssen die Theologen im Glauben einer Religion verwurzelt sein; wenn sie aber ausschließlich innerhalb dieser einen Religion bleiben, werden sie nicht auf der Höhe dessen sein, was ihr Beruf von ihnen verlangt. Sie werden nicht Theologie in der Welt, in der pluralistischen Welt von heute treiben; sie werden nicht nach einer Wahrheit streben, die andere ein- statt ausschließt. Die Theologen werden mit anderen Worten dem nicht entsprechen, was nach den Darlegungen im ersten Kapitel die zunehmende Verpflichtung aller Völker in dieser schrumpfenden, interdependenten Welt von heute ist: persönliche Identität durch Weltbürgertum oder ein kritisches Bewußtsein zu entwickeln, das zugleich ein »korporatives« Bewußtsein ist[64]. Man kann heute nicht mehr auf der Suche nach Wahrheit sein, man kann sich oder seine Religion nicht wirklich kennen, wenn man nicht andere kennt.

Es gibt unter zeitgenössischen christlichen Theologen ein im Anfangsstadium befindliches, wachsendes Bewußtsein, daß wir drin-

gend eine neue Methode für eine »globale« oder »Welt«-Theologie brauchen[65]. Paul Tillich hat es gespürt, als er 1965, kurz vor seinem Tod, in einer Vorlesung äußerte, er wünsche sich, seine *Systematische Theologie* so umzuschreiben, daß sie »auf die gesamte Geschichte der Religion ausgerichtet wäre und im Dialog mit ihr stünde«[66]. W.C. Smith hat 1961 prophezeit:
»Es wird bald so weit sein, daß ein Theologe, der versucht, seinen Standpunkt herauszuarbeiten und sich dabei nicht im klaren ist, daß er das als Mitglied einer Weltgesellschaft tut, in der andere, ebenso intelligente, ebenso fromme und ebenso tugendhafte Theologen Hinduisten oder Buddhisten oder Moslems sind, und der nicht daran denkt, daß seine Leser durchaus Buddhisten sein oder moslemische Ehepartner oder hinduistische Kollegen haben können – daß so ein Theologe seiner Zeit nachhinkt wie ein Denker, der eine intellektuelle Position konstruieren möchte, ohne sich im klaren zu sein, daß Aristoteles über die Welt nachgedacht hat oder daß die Existentialisten neue Denkrichtungen eröffnet haben oder daß die Erde ein kleiner Planet in einer Galaxie ist, die nur aus der terrestrischen Perspektive riesige Ausmaße hat. Die Philosophie und die Naturwissenschaft haben bisher auf das theologische Denken mehr eingewirkt als die vergleichende Religionswissenschaft; aber das wird sich ändern.«[67]
Ewert Cousins gibt in einer Veröffentlichung von 1979 einen wachsenden Konsens wieder, wonach sich die Voraussagung von Smith erfüllen muß: »Die christliche Systematische Theologie ist im Bannkreis der westlichen Kultur und ihrer Geistesgeschichte geblieben. ... Bis zum heutigen Tag ist die christliche Theologie durch den Großteil der Weltreligionen weder beeinflußt noch bereichert. Dies kann nicht so weitergehen. ... Die Begegnung der Weltreligionen untereinander ruft nach der Ausarbeitung einer christlichen Systematischen Theologie, deren Horizonte die religiöse Erfahrung der Menschheit mit einbegreifen werden. ... Dies ist eine beispiellose Aufgabe. Nie zuvor in der Geschichte des Christentums hat es eine solche Herausforderung gegeben.«[68]

John Carmody schildert das gleiche Bedürfnis in etwas anschaulicher Form:
»Die Athleten des christlichen Geistes wachsen heute recht faul und wahrscheinlich in der falschen Richtung, wenn sie nur auf

ein westliches Gymnasium gehen. Ich möchte hoffen, daß meine Tradition, die römisch-katholische Kirche, ihre Schüler über das Gymnasium hinaus mehr an die Universität der Weltreligionen schickt. Wenn sie dort studieren würden, würden sie zu einer Ernsthaftigkeit und Aufrichtigkeit, zu einem Tiefgang und einer Schlichtheit gedrängt oder vielleicht sogar gezwungen werden, die zur Zeit nicht die Regel sind. Es wäre hart, aber aufregend.«[69]

Diese Forderung nach einer globalen oder interreligiösen Theologie gehen von einer religiösen Evolution à la Teilhard de Chardin aus, die ich im ersten Kapitel beschrieben habe und die diese ganze Untersuchung untermauert. Das Christentum entwickelt sich zugleich mit allen anderen Weltreligionen über die *Mikrophase* der Religionsgeschichte hinaus, in der die verschiedenen Traditionen in relativer Isolation voneinander heranwuchsen und sich konsolidiert haben. Die heutige Entwicklung ist auf eine *Makrophase* der Religionsgeschichte ausgerichtet, in der jede Religion nur durch wechselseitige Beziehungen zu anderen Religionen wird wachsen und zu einem Selbstverständnis gelangen können[70]. Will man in einer »Makro-Welt« mit einer »Mikro-Theologie« weitermachen, muß man verlassen, was traditionell unter dem Wesen der Theologie verstanden wurde: Der Glaube will verstanden sein, und zu diesem Zweck werden Glaube und Tradition mit der eigenen Erfahrung der Welt, so wie man sie vorfindet und zu verbessern sucht, »korreliert«.

Wie John Carmody einräumt, wird eine solche neue Art, Theologie zu betreiben aufregend, aber hart sein. Wir müssen etwas darüber sagen, wie man das angeht. Erstens müssen die christlichen Theologen etwas über andere Religionen wissen. (Dasselbe gilt natürlich auch für die buddhistischen oder hinduistischen Theologen; ich spreche hier Christen an). Kein Theologe sollte seine Ausbildung als abgeschlossen betrachten, solange er sich nicht gewisse Kenntnisse über andere Glaubensrichtungen erworben hat. Auch sollte kein Theologe meinen, er sei »hinsichtlich der Literatur auf dem laufenden«, wenn seine Lektüre nicht auch Bücher über andere Religionen umfaßt.

Das soll nicht heißen, der christliche Theologe müsse Religionshistoriker oder -phänomenologe sein. Niemand kann auf allen Gebieten ein Fachmann sein. Vor allem heutzutage wird die theologische Aufgabe von einzelnen Experten auf verschiedenen »funktionsbezogenen Spezialgebieten«[71] wahrgenommen. Dennoch erfordert eine globale Theologie, daß der Theologe einigermaßen weiß, was die großen Weltreligionen hinsichtlich des Wesens des Absoluten, des Phänomens der religiösen Erfahrung, der Beschaffenheit des Selbst, des Problems der *conditio humana*, der Lösung dieses Problems, des Wertes der Welt und der Tätigkeit in der Welt ausfindig gemacht und gesagt haben. Aus christlicher Perspektive ein abschließendes Urteil in irgendeiner dieser Fragen zu fällen, ohne zumindest ansatzweise Klarheit zu haben, was andere Traditionen zu ihrer Beantwortung beigetragen haben, wäre für den Theologen ebenso intellektuell und moralisch fragwürdig wie für den Anthropologen, der aus dem Studium bloß einer Kultur auf das Wesen des Menschen schließt.

Es ist aber nicht genug damit, daß der Theologe etwas oder sogar sehr viel über andere Religionen weiß. Das Faktenwissen über die Geschichte, die Glaubensanschauungen und die Praktiken anderer Glaubensrichtungen ist notwendig, aber nicht ausreichend. Wie schon festgestellt, kann man eine andere Religion nicht wirklich kennen, wenn man sie nur »von außen« kennt, ganz gleich, wie nachsichtig oder tolerant man sie betrachtet. Das war ja das Verwirrende und Hinderliche am Großteil der christlichen Literatur über andere Religionen; heute gibt man durchaus zu, daß die Christen nur allzu oft das Entscheidende übersehen haben. Das religiös Entscheidende bekommt man nicht mit, wenn man von ihm weiß – man muß es auch empfinden.

So trifft für den global denkenden Theologen in noch strikterem Sinne zu, was wir weiter oben als Bedingung für die Möglichkeit von Dialog dargelegt haben:

Die Theologen müssen auf die Erfahrung, auf die Weise des Daseins in der Welt »überwechseln«, die Credo, Codex und Kult anderer Religionen speisen. Die christlichen Theologen müssen kraft ihrer Vorstellung am Glauben der andern Religionen teilhaben: »Der Glaube kann nur von innen heraus in Theologie umgesetzt werden.«[72] »Die christlichen Theologen müssen sich nach der Subjektivität der anderen Traditionen in ihrer ausgesprochenen Vielfalt ausstrecken und in sie eindringen, und dann müssen sie ihre Erfahrungen in die Struktur einer Systematischen Theologie einbringen.«[73] Die Erfordernisse einer globalen Theologie sind in der Tat »hart«. Sie beinhalten mehr als eine Erweiterung des Wissens. Noch radikaler gesagt: »Diese neue Theologie ruft nach *einem neuen Typus von Theologe*, der eine neue Art von Bewußtsein hat – ein mehrdimensionales, kulturenübergreifendes Bewußtsein.«[74]

Eine recht praktische Hilfestellung für die Entfaltung dieses neuen Bewußtseins könnte der Versuch sein, auf andere Glaubensrichtungen in einer Gemeinschaft von Menschen überzuwechseln, die den jeweiligen Glauben leben. Es ist viel leichter, zur Glaubenserfahrung eines Freundes oder Kollegen überzuwechseln, als die hinter einer Glaubenslehre stehende Erfahrung nachzuvollziehen. Im Idealfall sollten die theologischen oder religionswissenschaftlichen Abteilungen auch Hindus oder Moslems oder Buddhisten zu ihrem Lehrkörper zählen – Menschen, mit denen christliche Theologen nicht nur ihre Einsichten testen, sondern mit denen sie auch Glauben teilen, vielleicht sogar beten, meditieren und feiern können.

Was die christlichen Theologen bei ihren Bemühungen, auf andere Glaubensrichtungen überzuwechseln, gelernt haben, nehmen sie mit, wenn sie anschließend zu ihrer eigenen Aufgabe zurückkehren. Was könnte es wohl für die christliche Theologie und für das Verständnis der Botschaft Jesu Christi bedeuten? Natürlich kann man auf diese Frage keine klare und ausgefeilte Antwort geben. Die globale Theologie steckt noch in den Kinderschuhen. Ich stelle nun lediglich ein paar methodologische Überlegungen vor, wie ein globaler Ansatz in den drei Hauptzweigen der christlichen Theologie – in der Fundamentaltheologie, in der Systematischen Theologie und in der Praktischen Theologie – aussehen könnte.

Globale Fundamentaltheologie

Es gibt heutzutage einen ausführlichen Gelehrtenstreit über die Funktion der *Fundamentaltheologie*. Die meisten Theologen würden wohl folgender grundsätzlichen Beschreibung der Rolle des Fundamentaltheologen zustimmen: Er soll das *praeambulum fidei*, die Präambel des Glaubens abstecken – die Grundlage, die Ausgangspunkte und die Voraussetzungen für den christlichen

Glauben, wie sie sich aus der *conditio humana* ergeben[75]. Der global denkende Fundamentaltheologe erkennt an, daß diese Aufgabe nicht angemessen erledigt werden kann, wenn er im Rahmen einer einzigen Religion oder Tradition bleibt: »Wenn die Fundamenthaltheologie in unserer Zeit der weltweiten Kommunikation irgendeine Relevanz haben soll, muß sie sich einer radikal kulturenübergreifenden Problematik widmen.«[76]

Die Konfrontation mit Menschen, die anders denken und die andere Ausgangspunkte haben, kann dem christlichen Fundamentaltheologen die verborgenen und vielleicht beschränkten Voraussetzungen der christlichen Ausgangspunkte enthüllen:

»Sie allein (die anderen) können mir helfen, meine Voraussetzungen und die meiner Wissenschaft zugrundeliegenden Prinzipien zu entdecken. Kurz gesagt, *das Ungedachte* kann nur von jemand aufgedeckt werden, der nicht so «denkt« wie ich und mir hilft, das Magma des Ungedachten zu entdecken, aus dem mein Denken sich herauskristallisiert.«[77]

Indem ich mir meiner eigenen Voraussetzungen klarer bewußt werde, kann ich ihre Grenzen besser erkennen. Die christliche Fundamentaltheologie erklärt beispielsweise, die Natur des Menschen sei in radikaler Weise geschichtlich, und in dieser Geschichtlichkeit könne der Mensch eine Ich-Du-Beziehung zum Göttlichen erfahren. Solche Voraussetzungen könnten vielleicht erneut durchdacht werden müssen, wenn die Christen erkennen, daß »zwei Drittel der Weltbevölkerung heute nicht im Mythos der Geschichtlichkeit leben; die halbe Menschheit (Gläubige und Nicht-Gläubige) teilt die abrahamitische Gottesvorstellung nicht; ein Drittel aller Menschen dieser Erde ist sich einer gesonderten Individualität nicht bewußt.«[78]

Aus dieser Anerkenntnis unterschiedlicher Grundvoraussetzungen und der Begrenztheit der je eigenen heraus können die Fundamentaltheologen der verschiedenen Religionen versuchen, gemeinsame Ausgangspunkte zu erarbeiten – eine Fundamentaltheologie für alle Religionen. Es klingt wie ein utopisches Ideal, scheint aber die Chance zu sein, die uns unsere neue Welt bietet. Ich trage hier, wie gesagt, nur ein »Beispiel« vor für das, was eine solche globale Fundamentaltheologie enthalten könnte. Theologen und Gelehrte aller Religionen könnten vielleicht darin übereinstimmen, daß ein Theologe eine Religion nicht verstehen, und noch viel weniger

Theologie treiben kann, wenn er nicht – mit Bernard Lonergan's Worten – persönlich *bekehrt* worden ist, d. h. eine bestimmte religiöse oder mystische Erfahrung gemacht hat[79]. Eine derartige Erfahrung würde zugleich als real und jede klare begriffliche Vorstellung übersteigend erkannt werden, als eine Wirklichkeit umgreifend, die man zugleich in personalen wie in transpersonalen Bildern symbolisch ausdrücken könnte, als auf das Individuum in einer Weise einwirkend, die das Selbst zugleich zerstört und verwandelt. Ich bin der Meinung, daß alle Religionen solch mystische Erfahrungen (Gnade, Erleuchtung, Samadhi, Satori) als *das* Fundament aller Religion und aller Reflexion über Religion anerkennen könnten. Dies könnte als gemeinsamer Ausgangspunkt für die Erforschung der Doktrin (Systematik) und der Ethik (Praktische Theologie) dienen.

Globale Systematische Theologie

Die Funktion der *Systematischen Theologie* ist es, die Tradition in den wechselnden geschichtlichen Zusammenhängen zu interpretieren. Eine globale Perspektive würde diese interpretatorische Aufgabe sicherlich inspirieren und bereichern. Durch ein *passing over* zu anderen religiösen Glaubenslehren oder Mythen, die christlichen Anschauungen analog oder homolog (von ähnlicher existentieller Funktion) sind, kann der Systematiker zu seinen christlichen Glaubensüberzeugungen zurückkehren und sie in anderer Weise sehen, sich ihrer Grenzen und unvermuteten Tiefendimensionen bewußt werden. Beispiele für solche beziehungsreiche Glaubensanschauungen sind: Brahman und Jahwe, Karma und Geschichtlichkeit, Ishvara und Christus, Avatar und Inkarnation, das *anatman* (Nicht-Selbst) und das neue Selbst, Reinkarnation und Fegfeuer.

Die Aufgabe und die Aussichten einer globalen Systematischen Theologie sind jedoch noch reicher und herausfordernder. Ihre Hoffnung liegt nicht nur darin, das Christentum besser zu verstehen, indem sie andere Religionen versteht. Sie zielt auch darauf ab, christliche Glaubensüberzeugungen so zu verstehen und darzustellen, daß sie nicht nur »intern« verstehbar und kohärent, sondern auch für Menschen anderen Glaubens – wenigstens in gewissem Ausmaß – aussagekräftig und wahr sind! Eine globale Systematische Theologie geht also in der Überzeugung vor, die kognitiven Behauptungen der christlichen Tradition müßten mit denen anderer Religionen irgendwie übereinstimmen, sollen sie für die Christen selbst in genuiner Weise stimmen! (Das gleiche gilt wiederum für den hinduistischen oder buddhistischen Theologen.)

Das hört sich noch utopischer an als unsere Vorschläge für die Fundamentaltheologie. Dennoch dringen christliche Theologen heute gerade auf ein solches Utopia. W. C. Smith, der durchaus einräumt, daß seine Vision derzeit noch ein unverwirklichter Traum ist, schreibt:

»Keine Aussage über den christlichen Glauben gilt etwas, wenn ein Nichtchrist ihr im Prinzip nicht zustimmen könnte. Natürlich sind die Theologen normalerweise nicht von diesem Grundsatz ausgegangen. ... Die Theologie der Religionen (d. h. die globale Theologie) sollte idealerweise so aufgebaut werden, daß sie für die ganze Menschheit annehmbar, ja sogar überzeugend, ist. Wir mögen träumen – dürfen wir es nicht?«[80]

Raimundo Panikkar, der aus der Perspektive des hinduistisch-christlichen Dialogs spricht, schlägt den Theologen die »Einstellung vor, an keiner Position festhalten zu wollen, die sich nicht der Analyse und Kritik durch andere aussetzen läßt. ...Diese Einstellung bildet die initiale Position für eine hinduistisch-christliche Theologie. Wir suchen hier nicht nach einer Christianisierung des Hinduismus oder einer Hinduisierung des Christentums, sondern, insofern es möglich ist, nach einer echten gültigen Theologie für Hindus und Christen zugleich.«[81]

Indem der Fachmann für Systematische Theologie sich von der Überzeugung leiten läßt, was für ihn wahr sei, müsse in gewisser Hinsicht auch für andere wahr sein, und es sei wirklich möglich, religiöse Wahrheiten mit anderen zu teilen, kann er seine Aufgabe derInterpretation und der stets erneuten Sinnschöpfung aus dem Evangelium mit neuem Schwung und neuen Aussichten erledigen. Daß diese Aussichten und Möglichkeiten vielleicht gar nicht so kompliziert und in weiter Ferne sind, zeigen die neuen Systematischen Theologien von Gott und Christus, die die christlichen Kirchen Asiens im Dialog mit dem Hinduismus und dem Buddhismus vorlegen[82].

Globale Praktische Theologie

Wie die neueren Diskussionen über die theologische Methode verdeutlichen, ist die Rolle der *Praktischen Theologie* nicht einfach die Anwendung dessen, was eine Religion hinsichtlich bestimmter ethischer Fragen für wahr hält (Theorie führt zur Praxis), sondern auch und viel mehr die Heranziehung dieser konkreten Fragen als Instrument, um die Grundüberzeugungen einer Religion zu verstehen und zu revidieren (Praxis führt zur Theorie). Die Moral ist nicht bloß ein »Anhängsel« der Systematischen Theologie[83].

Wird das Verhältnis von Theorie und Praxis so verstanden, kann man sich unschwer vorstellen, wie eine *globale* Praktische Theologie aussähe. Die ermutigendsten Schritte in Richtung auf eine interreligiöse Theologie sind in der Tat auf dem Gebiet der Ethik oder Praktischen Theologie bereits getan worden. Angesichts des offensichtlichen Bösen in der Welt und der »zwingenden Optionen«, die sich aus den weltweiten Realitäten von Hunger, Ausbeutung, schwindenden Ressourcen und ökologischer Verwüstung ergeben, haben Repräsentanten der verschiedenen Religionen bereits versucht, sich mit vereinten Kräften für den Aufbau einer besseren Welt einzusetzen[84]. Auf der Grundlage dieser gemeinsamen Praxis politischer Befreiung und sozialer Umgestaltung können die Religionen weiterhin darüber miteinander reden, wie ihre Glaubensüberzeugungen, ihre Sicht der Welt, des Absoluten und des Selbst zur Beseitigung des Bösen beitragen können, das die Menschen und die Erde in seiner Gewalt hat, und sie können einander diesbezüglich herausfordern und kritisieren.

Eines der schönsten Beispiele dafür, wie eine solche globale Praktische Theologie zur Umgestaltung der Welt wie auch der Religionen selber beitragen kann, sehen wir in den interreligiösen Gesprächen über das Verhältnis von Aktion und Kontemplation in der soziopolitischen Befreiung. Christliche Theologen des Westens, die auf den Osten übergewechselt sind, erkennen erneut (oder zum ersten Mal), daß die befreiende Aktion sowohl hinsichtlich des persönlichen Engagements wie auch der Resultate kurzlebig sein wird, wenn sie nicht Ausfluß der Erleuchtung des Individuums und der Gemeinschaft ist – Ausfluß einer vielgestaltigen Erfahrung der Einheit mit Etwas, was mehr ist, die ganze Menschheit eint und jedes Handeln beseelt. Und der Osten, der auf die »diesseitigen«

Anliegen des Christentums übergewechselt ist, sieht ein, daß die Erleuchtung entweder unvollkommen oder trügerisch ist, solange sie nicht von der umgestaltenden Aktion zugunsten anderer Menschen und der Welt gespeist wird und in sie mündet.

Eine globale Praktische Theologie sagt den christlichen Sozialpropheten, daß sie kontemplativer und den Mystikern des Ostens, daß sie prophetischer leben müssen. John A. T. Robinson folgert aus seinem *passing over* zum Hinduismus: »Das mystische Zentrum braucht das prophetische Zentrum, soll es nicht zum Luftschloß werden. ...Aber genauso braucht das prophetische Zentrum das mystische Zentrum, soll es nicht arrogant, engstirnig und lieblos werden.«[85]

Was wird kommen? Ist Jesus einzigartig?

Der in diesem Kapitel beschriebene interreligiöse Dialog, in dem alle Partner wirklich miteinander teilen und wachsen, das Modell von Wahrheit-durch-Beziehung und seine Implikationen für die Mission sowie die globale Theologie werden erst anfanghaft in das Insgesamt des christlichen Bewußtseins und Lebens eingebaut. Man kann nicht sagen, wohin das alles führen wird. Dafür ist es noch zu früh. Die Vision der kommenden »Weltkirche« und die Hoffnung auf sie läßt uns jedoch in etwa vorhersehen, was dem Christentum bevorzustehen scheint.

Wenn sich die Christen im Vertrauen auf Gott und im Respekt vor dem Glauben anderer Menschen auf eine neue Begegnung mit anderen Traditionen einlassen, dürfen sie erwarten, Zeugen eines Wachstums oder einer Evolution zu sein, wie sie die Kirche seit ihren ersten Jahrhunderten nicht mehr erlebt hat. Dieses Wachstum wird paradoxerweise zugleich die Identität des Christentums bewahren und umwandeln. Ein solches Paradoxon ist nichts Geheimnisvolles; wir kennen es aus unserem persönlichen Leben ebenso wie aus der Natur:

»Wachstum bedeutet Kontinuität und Entwicklung, schließt aber auch Transformation und Revolution mit ein. Wachstum schließt Mutation nicht aus – im Gegenteil, es gibt, auch im biologischen Bereich, Augenblicke, in denen einzig eine echte Mutation weite-

res Leben sicherstellen kann. ...Wachstum schließt einen Bruch und die innere oder äußere Revolution nicht aus. Wir wissen erst dann, was das Wachstum eines Heranwachsenden bedeutet, wenn seine Entwicklung abgeschlossen ist.»[86]
Das Christentum befindet sich zugleich mit den anderen Weltreligionen am Rand einer solchen Mutation, Transformation, ja sogar Revolution. Die zu erwartenden Veränderungen der kirchlichen Praxis und Lehre werden sich aus dem Prozeß des Wachstums ergeben, der immer schon das christliche Leben in der Welt (und überhaupt jedes religiöse Leben) charakterisiert hat – ein Prozeß, der in machtvoller Weise im »Ostergeheimnis« oder im »Gesetz des Kreuzes« symbolisiert ist: ein Prozeß, in dem das Leben aus dem Tod, das vollere Leben aus dem Schmerz hervorgeht, die Gegenwart loszulassen, damit man der geheimnisvollen Zukunft trauen und ihr entgegengehen kann.
Ein Teil dieses transformatorischen Wachstums wird meiner Meinung nach die Klärung der theoretischen Frage sein, die uns das ganze Buch hindurch beschäftigt hat: die Frage nach der Einzigartigkeit Jesu Christi. Ich habe dargelegt, daß die Christen es innerhalb ihres eigenen Glaubens wie auch in ihrem Gespräch mit Andersgläubigen nicht nötig haben, für Jesus eine »Endgültigkeit« oder »Normativität« zu beanspruchen. Ich habe aber auch hinzugefügt, daß dieser Anspruch nach wie vor zutreffen kann, obwohl er in der gegenwärtigen Phase der interreligiösen Begegnung weder erhoben werden kann noch muß. Vielleicht ist im historischen Ereignis Jesus Christus etwas geschehen, was alle anderen Ereignisse erstaunlicherweise übersteigt. Vielleicht enthält und erklärt die geschichtliche Offenbarung Gottes in Jesus Christus – begrenzt und relativ wie alles Geschichtliche – alle anderen relativen geschichtlichen Offenbarungen. Vielleicht geht das, was in der Geschichte Jesu stattgefunden hat, über alles hinaus, was jemals im kollektiven Unbewußten und in den Mythen der Menschheit auffindbar war.
Wir haben in diesem Kapitel mit Nachdruck dargelegt, daß die Praxis des interreligiösen Dialogs nötig ist, wenn man diese Reihe von Möglichkeiten erkunden und versuchen will, die offene Frage nach der Einzigartigkeit Jesu zu beantworten. Das ist jedoch leichter gesagt als getan. Zur Heranziehung des Dialogs als Instrument, die Einzigartigkeit Jesu zu erfassen, gehört eine gewisse Form von

vergleichender Einschätzung. Schon Troeltsch hat warnend darauf hingewiesen, daß kulturenübergreifende und interreligiöse Urteile schwierig und mit der Möglichkeit von Illusionen und ideologischen Vorurteilen befrachtet sind. Vielleicht ist es besser, solche Urteile gar nicht erst zu beabsichtigen, sondern sie einfach von selber zustandekommen zu lassen.

Wie dem auch sei, wenn zwischen Christen und Andersgläubigen ein authentischer Dialog stattfindet, wenn es zu einem genuinen *passing over* zu anderen religiösen Erfahrungen kommt, können die Dialogpartner allgemeine Leitlinien oder Kriterien anwenden, die den Wahrheitswert einer jeglichen Religion oder religiösen Gestalt bestimmen[87]. Wir könnten sie folgendermaßen zusammenfassen: 1) Das *persönliche* Kriterium: Rührt die Offenbarung der Religion oder der religiösen Gestalt – die Erzählung, der Mythos, die Botschaft – das Herz des Menschen an? Erschüttert sie das Gefühl, wühlt sie die Tiefen des Unbewußten auf? 2) Das *intellektuelle* Kriterium: Stellt die Offenbarung die Vernunft zufrieden und erweitert sie den geistigen Horizont? Ist sie dem Verstand zugänglich und logisch in sich? Vermehrt sie die Dimensionen des Verstehens? 3) Das *praktische* Kriterium: Fördert die Botschaft die psychische Gesundheit des einzelnen, seinen Sinn für Werte, Ziele und für Freiheit? Fördert sie insbesondere das Wohlergehen, die Befreiung aller Völker und integriert sie die Individuen und die Nationen in eine größere Gemeinschaft?

Die Anwendung dieser Leitlinien zur Einschätzung der Wahrheit eines Mythos oder einer Religion wird Christen, Buddhisten, Hinduisten und Moslems in der tatsächlichen Praxis des Dialogs vielleicht helfen, schließlich – von selber und nicht erzwungenermaßen – einzusehen, was das Christentum früher behauptet hat und was den Christen heutzutage zutiefst verdächtig sein mag. Vielleicht tritt Jesus von Nazaret (ganz zwanglos) als einigendes Symbol, als universal erfüllender und normativer Ausdruck dessen hervor, was Gott mit aller Geschichte vorhat.

Wenn die Christen den Dialog zwischen den Religionen fortführen, müssen sie jedoch im Auge behalten, daß eine solche eventuell aus der Praxis des Dialogs resultierende Anerkennung Jesu nur eine »Nebenwirkung« des Dialogs sein wird. Ob die Frage nach der Einzigartigkeit Jesu beantwortet wird, ob Jesus sich als endgültig und maßgebend erweisen wird oder nicht, ist in Wirklichkeit nicht das zentrale Anliegen oder der Hauptzweck des Dialogs. Die vorrangige Aufgabe, die den Christen und allen Religionen von der religiösen wie von der sozio-politischen Welt, in der sie leben, abverlangt wird, ist es, daß sie einander zuhören und miteinander reden, daß sie miteinander wachsen und sich dabei gegenseitig fördern, daß sie für das Wohlergehen und das Heil der ganzen Menschheit all ihre Bestrebungen bündeln.

Wenn das geschieht, wird die Verwirklichung der zentralen Hoffnungen und Ziele aller Religionen näherrücken. Allah wird erkannt und gepriesen werden; Krishna wird in der Welt handeln; die Erleuchtung wird vorangebracht und vertieft werden, und die Menschen werden das Reich Gottes verstehen und fördern.

Anmerkungen

Vorwort

1 Zu den bedeutendsten Werken dieser Periode gehören: *Hendrick Kraemer:* Religion und christlicher Glaube (Göttingen 1959); *E. L. Allen:* Christianitiy among the Religions (Boston: Beacon, 1960); *Paul Tillich:* Das Christentum und die Begegnung der Weltreligionen, in: Ges. Werke 2, Bd. V. (Evangelisches Verlagswerk, Stuttgart 1978); *Heinz Robert Schlette:* Die Religion als Thema der Theologie (Freiburg 1964); *Joseph Neuner* (Hrsg.): Christian Revelation and World Religions (London: Burns and Oates, 1967); *Charles Davis:* Christ and the World Religions (New York: Herder and Herder, 1971); *Robley Edward Whitson:* The Coming Convergence of World Religions (Westminster, Md: Newman, 1971).
2 *Willard Oxtoby:* Offenes Christentum: ein Plädoyer für mehr Toleranz zwischen den Religionen (München: Pieper, 1986).
3 *Bühlmann:* Alle haben denselben Gott (Frankfurt a.M. 1978); *Camps:* Partners in Dialogue: Christianity and Other World Religions (Maryknoll, N.Y.: Orbis, 1983); *Cobb:* Beyond Dialogue: Toward a Mutual Transformation of Christianity and Buddhism (Philadelphia: Fortress, 1982); *Drummond:* Toward a New Age in Christian Theology (Maryknoll, N.Y.: Orbis 1985)
4 Während ich an dem vorliegenden Buch schrieb, war die Arbeit von Drummond nur als Manuskript zugänglich; sein Verständnis der »bewußt für alle Religionen stellvertretend-erlösenden Rolle« Jesu erhellt aus seinem letzten Kapitel.
5 *Race:* Christian and Religious Pluralism: Patterns in the Christian Theology of Religions (Maryknoll, N.Y.: Orbis, 1983).
6 Entgegen der offensichtlichen Auffassug von *Race* glaube ich nicht, daß man von Jesus behaupten kann, er sei a priori für nur eine Kultur ausschlaggebend; ich bin auch nicht der Meinung, die letzte Begründung für eine religiöse Wahrheit sei die subjektive Aneignung. Vgl. meine Bemerkungen zur Studie von *Race* in Anm. 87, Kapitel 5.

Kapitel 1

1 »Beiträge« in: *Max Müller:* Essays Bd. II, Leipzig 1869; s.a.: Beiträge zu einer wissenschaftlichen Mythologie, 2. Bde. Leipzig 1898/99.
2 Siehe *Harvey Cox:* Licht aus Asien (Stuttgart: Kreuz, 1978).
3 Christ and the World Religions, S. 25.
4 *Wilfried Cantwell Smith:* The Faith of Other Men (New York: Harper and Row, 1962), S. 11.
5 *Wilfred Cantwell Smith:* Towards a World Theology (Philadelphia: Westminster, 1981), S. 180.

6 *Walbert Bühlmann:* Wo der Glaube lebt. Einblicke in die Lage der Weltkirche (Freiburg i.Br.: Herder, 1974), S. 119, *David Barrett* veranschlagt in seiner umfassenden »World Christian Encyclopedia« (New York: Oxford University Press, 1982) den prozentualen Anteil der Christen an der Weltbevölkerung im Jahr 1980 auf 32,8 %. Er meint, im 20. Jahrhundert sei »die Christenheit in den weniger entwickelten Ländern der Erde von 83 Millionen im Jahr 1900 auf 643 Millionen im Jahr 1980 geradezu sprunghaft angewachsen.« Er behauptet, dieser Anstieg werde sich fortsetzen, und sagt voraus, daß die Christen im Jahr 2000 32,3 % der Weltbevölkerung ausmachen werden (S. 3-4). Barett meint allerdings auch, daß die Zahl der Christen, »ausgedrückt in Prozentanteilen der Weltbevölkerung, allmählich zurückgehen wird« (S.5).
7 *Burlan A. Sizemore, Jr.:* Christian Faith in a Pluralistic World in: Journal of Ecumenical Studies, 13(1976)411.
8 *Kenneth Scott Latourette:* Advance through Storm (New York: Harper and Brothers, 1945) S. 479-80.
9 *Smith:* Faith of Other Men, S. 119-20.
10 *Nicholas Lash:* Theology on Dover Beach (New York: Paulist, 1979) S. 71.
11 *Raimundo Panikkar:* The Myth of Pluralism: The Tower of Babel - A Meditation on Non-Violence, in: Cross Currents, 29(1979)217.
12 Ibid., S. 226.
13 Ibid., S. 201.
14 *Alfred North Whitehead:* Prozeß und Realität. Entwurf einer Kosmologie (Frankfurt a.M.: Suhrkamp, 1979); *Charles Hartshorne:* The Divine Relativity (New Haven: Yale University Press, 1948); Pierre Teilhard de Chardin: Der Mensch im Kosmos (München: Beck,1959); ders.: Die Zukunft des Menschen, Werke Bd. 5/2 (Olten: Walter, 1966); Bernard Lonergan: Insight (New York: Longmans, 1957) S. 115-39; Robert A. McDermott (Hrsg.): The Essential Aurobindo (New York: Schocken, 1973).
15 *David Bohm:* Die implizite Ordnung. Grundlagen eines dynamischen Holismus (München: Dianus-Trikont, 1985).
16 Vgl. *Fritjof Capra:* Das Tao der Physik (München: Scherz-Barth, 1984).
17 Vgl. *Robley Edward Whitson:* The Coming Convergence of World Religions, a.a.O., S. 52-53.
18 Eine prägnante Zusammenfassung der Kohlbergschen Theorie der moralischen Entwicklung findet sich in: *Ronald Duska* und *Marielle Whelan:* Moral Development. A Guide to Piaget and Kohlberg (New York: Paulist, 1975), Kap. 2.
19 *Charles Davis:* Our New Religious Identity, in: Studies in Religion 9(1980)36.
20 Towards a World Theology, S. 102; siehe auch S. 59-79.
21 Ibid., S. 79
22 *Lash:* Theology on Dover Beach, a.a.O. S. 71.
23 *Panikkar:* Myth of Pluralism, S. 213, 203.
24 *Charles Hartshorne:* Beyond Enlightened Self-Interest, in: Cargass, Harry

James und Bernard Lee (Hrsg.): Religious Experience and Process Theology (New York: Paulist, 1976), S. 315.
25 New Religious Identity, S. 34.
26 Siehe *Richard Falk:* Satisfying Human Needs in a World of Sovereign States. Rhetoric, Reality, and Vision, in: Joseph Gremillion and Joseph Ryan (Hrsg.): World Faiths and the New World Order (Washington, D.C.: Interreligious Peace Colloquium, 1978), S. 109-40.
27 *Michael Foreman:* Dinosaurs and All that Rubbish (New York: Crowell, 1972) S. 26-27.
28 Siehe *Wilfred Cantwell Smith:* Divisiveness and Unity, in: Joseph Gremillion (Hrsg.): Food/Energy and the Major Faiths (Maryknoll, N.Y.: Orbis; 1978), S. 71-85.
29 Faith of Other Men, S. 127; *ders.:* Divisiveness and Unity, S. 76.
30 Siehe *Ralph Wendell Burhoe:* The Source of Civilization in the Natural Selection of Coadapted Information in Genes and Cultures, in: Zygon, 11(1976)263-303; *ders.:* Religions's Role in Human Evolution: The Missing Link between Ape-Man's Selfish Genes and Civilized Altruism, in: Zygon, 14(1979) 135-62; *Donald T.Campbell:* On the Conflicts between Biological and Social Evolution and between Psychology and Moral Tradition, in: Zygon, 11(1976) 167- 208.
31 Im Vorwort zu: Food/Energy, S. VIII.
32 *Wilfred Cantwell Smith:* Religious Diversity, in: Willard G. Oxtoby (Hrsg.) (New York: Harper and Row, 1976), S. 113.
33 *Karl Rahner:* Das Christentum und die nichtchristlichen Religionen, in: Schriften zur Theologie Bd.V (Einsiedeln: Benzinger, 1962), S. 137, 139.
34 Faith of Other Man, S. 132-33.
35 Siehe weiter unten Kap. 5.
36 The Intrareligious Dialogue (New York: Paulist, 1978), S. 58.
37 The Christian Debate: Light from the East (London: Gollancz, 1964), S. 22.
38 Zit. in: *Smith:* Faith of Other Man, S. 120-21.
39 Siehe Anm. 6 oben
40 »Theologische Grundinterpretation des II. Vatikanischen Konzils« in Schriften zur Theologie Bd. XIV (Einsiedeln: Benzinger, 1980), S. 294.

Kapitel 2

1 Diese kulturellen und christlichen Einstellungen werden in der vollständigen Originalausgabe meines Buches: No Other Name? A Critical Survey of Christian Attitudes Toward the World Religions (Maryknoll, N.Y.: Orbis, 1982) auf den Seiten 21-144 detaillierter untersucht und kritisiert.
2 2. Aufl., Tübingen, 1912 (1. Aufl., 1902).
3 Ibid., S. 86, 89ff.
4 The Place of Christianity among the World Religions in: Christianity and Oher Religions, hrsg. von John Hick und Brian Hebblethwaite (Philadelphia: Fortress Press, 1980), S. 11-31.
5 Place of Christianity, S. 31.

6 Menschheit - woher und wohin? Plädoyer für den Weltstaat (Stuttgart: Kohlhammer, 1969), S. 173.
7 Wie stehen wir zur Religion? Die Antwort eines Historikers (Stuttgart: Europa, 1958),S. 170-186.
8 What Should Be the Chritian Approach to the contemporary Non- Christian Faiths?, in: Attitudes toward Other Religions, hrsg. von Owen C. Thomas (London: SCM, 1969), S. 160.
9 New York: Harper and Row, 1975.
10 *Aniela Jaffe* (Hrsg.): Erinnerungen, Träume und Gedanken von C.G. Jung (Zürich 1962), S. 61.
11 *Carl Gustav Jung:* Gesammelte Werke Bd. 12 (Olten: Walter, 1972), S. 25 f.; vgl. auch *Aniela Jaffe:* Der Mythus vom Sinn im Werk von C.G. Jung (Zürich: Daimon, 1967), S. 61.
12 Vgl. *Gebhard Frei:* Die Grundgedanken der Psychologie von C.G. Jung, in: Victor White: Gott und das Unbewußte (Zürich: Rascher, 1957), S. 314-15.
13 *C.G.Jung:* Das Seelenproblem des modernen Menschen, in: Gesammelte Werke Bd. 10 (Olten: Walter, 1974) S. 103.
14 Gesammelte Werke Bd. 12, S. 32 - 34.
15) *William James:* Die religiöse Erfahrung in ihrer Mannigfaltigkeit, , Leipzig 4 1925, S. 59-70, 393-400.
16 Religions, Values, and Peak Experiences (New York: Viking, 1970), S. 19 - 20.
17 Handbuch der Psychosynthesis. Angewandte Transpersonale Psychologie (Freiburg i.Br.: Aurum, 1978).
18 Die Unterscheidung zwischen fundamentalistischen und evangelikalen Christen betrifft vielleicht mehr den Stil oder den Tonfall als die Substanz. Die Evangelikalen lassen sich folgendermaßen unterteilen: Die »konservativen Evangelikalen« stehen dem Rigorismus der Fundamentalisten näher; die »ökumenischen Evangelikalen« sind offen für Beziehungen mit dem Ökumenischen Rat der Kirchen und anderen christlichen Kirchen; die »weltlichen Evangelikalen« schließlich (oder die »neue evangelikale Linke«), die ihr biblisches Erbe mit den sozialen und ökonomischen Problemen der Welt in Beziehung setzen wollen. Vgl. No Other Name?, S. 75 - 78.
19 Vgl. epd-Dokumentation 35/70, S. 3, 5.
20 Vgl.Lausanne Congress, 1974, in: Mission Trends No. 2: Evangelization, hrsg. von Gerald A. Anderson und Thomas F. Stransky (New York: Paulist Press, 1975), S. 239-48.
21 Die Evangelikalen sehen in Karl Barth ihren theologischen Sprecher. Vgl. *Richard J. Coleman:* Issues of Theological Warfare: Evangelicals and Liberals (Grand Rapids: Eerdmans, 1980), S. 4 - 5; *Bernard Ramm:* After Fundamentalism: The Future of Evangelical Theology (New York: Harper & Row, 1983). Die Barthsche Theologie der Religionen wurde von *Hendrick Kraemer* vorangetrieben und »propagiert«; vgl. seine Werke: Die christliche Botschaft in einer nichtchristlichen Welt (Zollikon-Zürich 1940); Religion und christlicher Glaube (Göttingen 1959).

22 Vgl. *Paul F. Knitter:* Toward a Protestant Theology of Religions (Marburg: N.G. Elwert, 1974), S. 32 - 36.
23 *Paul Althaus:* Die christliche Wahrheit (Gütersloh: Gütersloher Verlagshaus, 7. Aufl. 1966), S. 37 - 94; *Emil Brunner:* Offenbarung und Vernunft, 2. Aufl. (Darmstadt 1961).
24 Die Inflation des Begriffs der Offenbarung in der gegenwärtigen Theologie, in: Zeitschrift für systematische Theologie 18(1941)143.
25 *Ratschow:* Die Religionen und das Christentum, in: Der christliche Glaube und die Religionen (Berlin: Tölpelmann, 1967), S. 125 - 26, 128.
26 *Paul Tillich:* Systematische Theologie Bd. 2 (Stuttgart EVW, 7. Aufl. 1981), S. 100 - 122, 148 - 172.
27 *Wolfhart Pannenberg:* Erwägungen zu einer Theologie der Religionsgeschichte, in: Grundfragen systematischer Theologie (Göttingen 1967), S. 252 - 95, bes. S. 291 - 93; *Carl Braaten:* The Future of God (New York: Harper & Row, 1969), S. 42 - 46, 58 - 66; *ders.:* The Flaming Center (Philadelphia: Fortress Pres, 1977), S. 93 - 119.
28 *Jean Danielou:* Vom Heil der Völker (Frankfurt a.M. 1952); *Joseph Ratzinger:* Christianity and the World Religions in: One, Holy, Catholic, Apostolic, hrsg. von H. Vorgrimler (New York: Sheed and Ward, 1968), S. 297 - 336.
29 Das Christentum und die nichtchristlichen Religionen, in: Schriften zur Theologie Bd. V (Einsiedeln: Benzinger 1962), S. 136 - 158; Die anonymen Christen, Schriften VI, S. 545 - 55; Anonymes Christentum und Missionsauftrag der Kirche, Schriften IX, S. 498 - 515; Jesus Christus in den nichtchristlichen Religionen in: Grundkurs des Glaubens. Einführung in den Begriff des Christentums (Freiburg i.Br.: Herder, 1976), S. 303 - 12.
30 *Hans Küng:* Die Herausforderung der Weltreligionen, in: Christ sein (München: Piper, 10. Aufl. 1980), S. 81 - 108; siehe auch: *Elmar Klinger* (Hrsg.): Christentum innerhalb und außerhalb der Kirche (Freiburg: Herder, 1976).
31 *Edward Schillebeeckx:* Kirche und Menschheit, in: Concilium 1(1965, H. 1)29-40; *Heinz Robert Schlette:* Die Religionen als Thema der Theologie (Freiburg 1963); *Walbert Bühlmann:* Alle haben denselben Gott (Frankfurt a. M. 1978); *Eugene Hillman:* Evangelism in a Wider Ecumenism, in: Journal of Ecumenical Studies 12(1975)1-12; *John B. Cobb:* Beyond Dialogue. Toward a Mutual Transformation of Christianity and Buddhism (Philadelphia. Fortress Press, 1982), Kap. 1 - 2; *Arnulf Camps:* Partners in Dialogue. Christianity and Other World Religions (Maryknoll, N.Y.: Orbis, 1983); *Pietro Rossano:* Christ's Lordship and Religious Pluralism in Roman Chatholic Perspecktive, in: Christ's Lordship and Religious Pluralism, hrsg. von G. Anderson und T. Stransky (Maryknoll, N.Y.: Orbis, 1981), S. 96 - 110; *Richard Drummond:* Toward a New Age in Christian Theology (Maryknoll: Orbis, 1985).
32 *Henri Maurier:* The Christian Theology of Non-Christian Religions, in: Lumen Vitae 21(1976)59, 66, 69, 70.

Kapitel 3

1 Christ in a Changing World: Toward an Ethical Christology (New York: Crossroad, 1981), S. 43.
2 Christlicher Glaube und christliches Leben in einer Welt religiöser Pluralität, in: Wahre und falsche Universalität des Christentums, Concilium 16(1980 H.5) 370.
3 Christ und Church: A Spectrum of Views, in: Theological Studies 37(1976)565.
4 Society and the Sacred: Toward a Theology of Culture in Decline (New York: Corssroad, 1981), S. 144.
5 Siehe: Gott und seine vielen Namen (Altenberge 1985), S. 17-22; *Hick* hat seine Revolution zuerst in: God and the Universe of Faiths (New York: St. Martin's Press, 1973) ausgerufen.
6 Whatever Path Men Choose is Mine, in: Christianity and Other Religions, hrsg. von John Hick und Brian Hebblethwaite (Philadelphia: Fortress Press, 1980), S. 180 - 81; God and the Universe, S. 120 - 31.
7 God and the Universe, S. 131; Gott und seine vielen Namen, S. 22 f.
8 *Hick* orientiert sich an dem Begriff »Achsenzeit« von Karl Jaspers. Siehe:The Outcome. Dialogue into Truth, in: Truth and Dialogue in World Religions. Conflicting Truth Claims, hrsg. von John Hick (Philadelphia: Westminster, 1974), S. 149-51; *ders.:* Whatever Path..., S. 182 - 83.
9 Whatever Path, S. 178; God and the Universe, S. 139; Gott und seine vielen Namen, S. 23. Neuerdings vermeidet es *Hick* sorgfältig, den gemeinsamen Inhalt aller Religionen »Gott« zu nenen. Er ist sich bewußt, daß eine solche theistische Deutung einer Religion wie dem Buddhismus beispielsweise nicht angemessen ist. Er zieht nun Ausdrücke wie »das Wirkliche«, »das Wahre« oder einfach »Wirklichkeit« vor. Vgl. On Grading Religions, in: Religious Studies 17(1981)452 - 53; 467.
10 Siehe: *D.B. Forrester:* Professor Hick and the Universe of Faiths, in: Scottish Journal of Theology 19(1976)65-72; *J. Lipner:* Christians and the Uniqueness of Christ, ibid. 28(1975) 359- 368; *ders.:* Does Copernicus Help? Reflections for an Christan Theology of Religions, in: Religious Studies 13(1977)243-58; *Peter Byrne:* John Hick's Philosophy of Religions, in: Scottish Journal of Theology 35(1982)289-301.
11 Towards a Philosophy of Religious Pluralism, in: Neue Zeitschrift für systematische Theologie und Religionsphilosophie 22(1980)133.
12 Ibid., S. 135 - 42, 148 - 49. Siehe auch *Hick:* Pluralism and the Reality of the Transcendent, in: Christian Century 98(1981)46-47.
13 On Grading Religions (Anm. 9 oben), S. 451.
14 Ibid., S. 463
15 Ibid., S. 464 - 65; 453.
16 Ibid., S. 463, 467.
17 Ibid., S. 462, 465 - 467.
18 The Outcome, S. 152 - 53.
19 God and the Universe, S. 146 - 47; Whatever Path, S. 188 - 89; The Outcome, S. 151 - 152.

20 Gott und seine vielen Namen, S. 23-30.
21 God and the Universe, S. 148.
22 Der Mythos der Inkarnation ähnelt daher weitgehend dem Trikaya-Mythos, mit dem die Mahayana-Buddhisten das Geheimnis auszudrücken versuchten, dem sie in Buddha begegnet waren. Hätte sich das Christentum ostwärts, in Richtung Indien, und nicht nach Westen, auf das Romanische Imperium, zubewegt, wäre Jesus - wie Hick spekuliert - als Bodhisattva aufgefaßt worden, als der eine Mensch, der die Fülle des Nirwana erkannt und dann sein Leben in dem Versuch zu Ende gelebt hat, anderen Menschen den Weg zu eben dieser Erfahrung zu zeigen (God and the Universe, S. 117; Jesus und die Weltreligionen, in: Wurde Gott Mensch? Der Mythos von fleischgewordenen Gott, hrsg. von John Hick (Gütersloh: Mohn, 1979), S. 185 - 86.
23 Whatever Path, S. 184; God and the Universe, S. 116.
24 Jesus und die Weltreligionen, S.183.
25 Ibid., S.184-85,187-88; God and the Universe, S.116.
26 Whatever Path, S. 185 - 86; Jesus und die Weltreligionen, S. 189 - 90.
27 Jesus und die Weltreligionen, S. 193 - 94.
28 Ibid., S. 186 - 87; The Center of Christianity (New York: Harper and Row, 1968), S. 32.
29 Jesus und die Weltreligionen, vgl. S. 184; God and the Universe, S. 114 - 16. Hick meint mit anderen Worten, Jesus habe in seinem eigenen Leben die von ihm gepredigte Sicht Gottes und Lebensweise tatsächlich verwirklicht: »Hätte Jesus nicht seiner Lehre entsprechend gelebt, und hätten ihn seine ersten Jünger stattdessen als selbstsüchtig, zynisch, betrügerisch und skrupellos empfunden, hätte sich die Jesus-Bewegung nie zu der großen Weltreligion ausgewachsen, die wir als das Christentum kennen« (On Grading Religions, S. 459).
30 God and the Universe, S. 148 - 58.
31 Ibid., S. 159.
32 Truth is Two-Eyed (London: SCM Press, 1979), S. 104, 120. *Robinson* weist auf die Gefahr des Relativismus hin, den er in *Hicks* Ansatz gegenüber anderen Religionen ausfindig macht; und er möchte keinesfalls - wie seiner Meinung nach Hick und andere Autoren des Buches: Wurde Gott Mensch? (vgl. Anm. 22) es zu tun scheinen - den Glaubenssatz der Menschwerdung über Bord werfen. Gemeinsam mit Hick bedeutet jedoch für ihn die mythische Sprache der Inkarnation nicht, daß Jesus »eines Wesens« (homoousios) mit dem Vater ist; für ihn ist Jesus vielmehr »einer Liebe« mit dem Vater (homoagape) (Truth ist Two-Eyed, S. 102, 116 - 117, 119 - 21). Robinson widersetzt sich zwar entschieden jeder »absolutistischen, exklusivistischen oder triumphalistischen Bekräftigung der Einzigartigkeit von Jesus als Christus«, legt jedoch das »demütige Bekenntnis« ab, daß Jesus von Nazaret für ihn die göttliche agape »vollkommener als ... jede andere zentrale Gestalt« inkarniert und ausdrückt. Er betont aber, es handle sich hierbei um ein persönliches Bekenntnis, nicht um eine metaphysische Erklärung. Wie Christus selbst sei dieses Bekenntnis eindeutig »vorläufiger Natur«. Das Bekenntnis des Christen, wonach Jesus der Brennpunkt der

Liebe Gottes schlechthin ist, müsse fortwährend im Dialog geklärt, vervollständigt und korrigiert werden» (ibid., S. 125 - 29); siehe auch: The Human Face of God (Philadelphia: Westminster, 1973), Kap. 7.

33 *Race* stellt seine »Handlungschristologie« umfassend vor in: Christians and Religious Pluralism. Patterns in the Christian Theology of Religions (Maryknoll, N.Y.: Orbis, 1983), S. 127 - 37; die Zitate in unserem Text entstammen den Seiten 129 und 135 - 36. Mit seiner Ausschließung aller metaphysischen Ansprüche und seiner Betonung, Jesus sei nur für »ein einziges kulturelles Setting« der ausschlaggebende Brennpunkt, scheint Race schließlich genau bei jenem »armseligen Historizismus« und Relativismus anzulangen, vor dem er in seiner Troeltsch-Analyse (S. 81- 82) gewarnt hatte.

34 *Ewert H. Cousins:* Raimundo Panikkar and the Christian Systematic Theology of the Future, in: Cross Currents 29(1979)143.

35 The Category of Growth in Comparative Religion: A Critical Self- Examination, in: Harvard Theological Review 66(1973)115, 131; Have »Religions« the Monopoly on Religion?, in: Journal of Ecumenical studies 11(1974)517; The Intrareligious Dialogue (New York: Paulist, 1978), S. 2 - 23.

36 The Unknown Christ of Hinduism (Maryknoll, N.Y.: Orbis, 1981), S. 23, diese überarbeitete Ausgabe ist im Gegensatz zur Erstausgabe unübersetzt.

37 Ibid:, S. 24, 19.

38 Have »Religions« the Monopoly, S. 517.

39 Unknown Christ, S. 75 - 96. *Panikkar* schreibt, er wäre gerne in dieser neuen Ausgabe »viel radikaler« gewesen, habe sich aber um der Kontinuität und des »geschichtlichen Rhythmus« willen zurückgehalten (S. 30).

40 Salvation in Christ: Conreteness and Universality, The Supername (Santa Barbara 1972, private Publikationen), S. 43. Der Hauptteil dieser privat veröffentlichten Vorlesungen wurde unter dem Titel: The Meaning of Christ's Name in the Universal Economy of Salvation, in: Evangelizations, Dialogue, and Development, hrsg. von Mariasusai Dhavamony (Rom: Gregorian University Press, 1972), S. 195 - 218, erneut abgedruckt.

41 Category of Growth, S. 127.

42 Chrisianity and World Religions, in: Christianity (Patiala, India: Punjabi University, 1969), S. 86 - 981. Panikkars Christus-Begriff ermöglicht uns auch ein genaueres Verständnis dessen, was er unter »der fundamentalen religiösen Tatsache« versteht.

43 Unknown Christ, S. 27

44 Siehe: Category of Growth, S. 115 - 116; Unknown Christ, S. 27; The Tinity and the Religious Experience of Man (Maryknoll, N.Y.: Orbis, 1973), S. 71, 74.

45 Trinity, S. 74 - 75.

46 Unknown Christ, S. 169.

47 Ibid., S. 48 - 49, 155 -59, 165, 169; Trinity, S. 53, 73. *Panikkar* faßt den Heiligen Geist als die immanente Dimension Gottes auf, die sich von der personalen Qualität des Logos unterscheidet; diese Immanenz ist das Kräftespiel, vermittels dessen alles zur QUELLE zurückkehrt (Trinity, S. 58 - 69).

48 Christus, der Unbekannte im Hinduismus (Luzern 1965, erste Ausgabe), S. 41, 43, 56; Trinity, S. 55.
49 Dieser Wendepunkt wurde in: Christianity and World Religions, signalisiert (Anm. 42 oben) und dann in: The Category of Growth, (Anm. 35), Salvation in Christ (Anm. 40) und vor allem in der vollständig überarbeiteten Ausgabe von: The Unknown Christ (1981, vgl. Anm. 36) entfaltet.
50 Salvation in Christ, S. 62, 51; Unknown Christ (1981), S. 8 - 9.
51 Salvation in Christ, S. 70 - 71; Unknown Christ, S. 83.
52 Christianity and World Religions, S. 114.
53) Salvation in Christ, S. 64; Unknown Christ, S. 7.
54 Trinity, S. 53; Unknown Christ, S. 14, 27; Salvation in Christ, S. 52 - 62; Christianity and World Religions, S. 100.
55) Siehe: Trinity, S. 53 - 54; Unknown Christ, S. 27, 48.
56 Christianity and World Religions, S. 101; Salvation in Christ, S. 71 - 72.
57 *Wilfred Cantwell Smith:* Toward a World Theology (Philadelphia: Westminster, 1981), S. 175. Für *Don Cupitt* ist die Vorstellung von der Endgültigkeit und Absolutheit Christi ein vernachlässigbares Element im zunächst mythischen Verständnis Jesu; sie ist Teil des »eschatologischen Schemas..., einer den Juden eigenen Zeitauffassung«. In seiner eigenen Reinterpretation Christi bedient sich Cupitt ausdrücklich eines Logos-Modells. So legt er eine Christologie Jesu als des Wortes Gottes vor und verzichtet auf eine Christologie, die Jesus als den endgültigen eingeborenen Sohn Gottes sieht. In einem solchen Verständnis ist Jesus nicht in sich selbst endgültig, sondern »aufgrund seines Zeugnisses für das, was endgültig und unüberschreitbar ist.« Cupitt macht mit Nachdruck geltend, »daß die Rede von Chrisus sich entweder von der ausschließlichen Verbindung mit Jesus von Nazaret lösen muß oder aber einschneidend zurechtgestutzt werden wird« (The Finality of Christ, in: Theology 78(1975) 618 - 22, 626 - 27; One Jesus, Many Christs?, in: Christ, Faith, and History hrsg. von S.W. Sykes und J.P. Clayton (Cambridge University Press, 1972), S. 137 - 39). *John Macquarrie* meint vor allem in seinen früheren Schriften, es sei »nicht nur moralisch, sondern auch intellektuell unzulässig«, wenn die Christen behaupten, »ihre besondere Offenbarung (sei) ... der Prüfstein und die Norm, an der sich jede andere Offenbarung messen lassen« müsse. ...»Die Vorstellung einer normativen Offenbarung muß abgelehnt werden« (Christianity and Other Faiths, in: Union Seminary Quarterly 20(1964)39, 44). In rezenteren Ausführungen nennt Macquarrie Jesus »den definitiven Fokus des Handelns und der Gegenwart Gottes in der Welt« (d.h. den Logos), läßt aber keinen Zweifel daran, daß diese definitive Qualität für ihn eine Eigenschaft der christlichen Hingabe und Bindung an Christus ist (Commitment and Openness: Christianity's Relation to Other Faiths, in: Theology Digest 27(1979)347 - 55). Siehe auch *Thor Hall:* The Evolution of Christology (Nashvill: Abingdon, 1982), S. 124-25). *Christopher Duraisingh,* der meint, man solle die Einzigartigkeit Jesu lediglich als »paradigmatische Maßgeblichkeit« auffassen, stimmt im wesentlichen mit der Christologie Panikkars überein (World Religions and the Christian Claim für the Uniqueness of Jesus Christ, in: Indian Journal of Theology 30(1981) 169 - 85).

58 Siehe: Courage for Dialogue. Ecumenical Issues in Inter-Religious Relationsships (Maryknoll, N.Y.: Orbis, 1982), S. 144; siehe auch: Religious Pluralism and the Quest for Human Community, ibid., S. 15 - 34.
59 Dialog als ein ständiges Anliegen der Christen, in: Dialog mit anderen Religionen, hrsg. von S.J. Samartha (Frankfurt a.M.: Lemneck, 1972), S. 148, 152, 155.
60 Siehe: Hindus vor dem universalen Christus (Stuttgart 1970). In dieser Studie spricht Samartha davon, daß die »Herrschaft des gekreuzigten und auferstandenen Christus... die Universalität des ungebundenen (universalen) Christus verkündet« (S. 196). Gleichzeitig meint er aber auch schon, der kosmische oder ungebundene Christus könne nicht auf normative Weise ausgedrückt werden – auch nicht im historischen Jesus.
61 The Lordship of Jesus Christ and Religious Pluralism, in: Christ's Lordship and Religious Pluralism, hrsg. von Gerald H. Anderson und Thomas F. Stransky (Maryknoll, N.Y.: Orbis, 1981), S. 35.
62 Courage for Dialogue, S. 151 - 52; Lordship, S. 29 - 30.
63 Lordship, S. 29.
64 Courage for Dialogue, S. 153; Lordship, S. 36.
65 Lordship, S. 27; Courage für Dialogue, S. 152. In einem vor kurzem gehaltenen Vortrag übernimmt Samartha eindeutig die Panikkarsche Unterscheidung zwischen dem universalen Christus und dem partikularen Jesus und ruft die Christen auf, anzuerkennen, »daß der auferstandene und lebendige Christus größer ist als Jesus von Nazaret. ...Die lebendige Gegenwart des erhöhten Christus schließt Jesus von Nazaret ein, geht aber über ihn hinaus« (The Other Side of the River, Vortragsmanuskript für die Alumni Association of the Gurukul and the United Theological College, Bangalore, 2. Sept. 1982, S. 16 - 18. Dieser Vortrag wurde in: The Other Side of the River (Madras: CLS,) veröffentlicht.
66 Lordship, S. 30, 33- 34, 36.
67 Siehe: *Howard R. Burkle:* Jesus Christ and Religious Pluralism, in: Journal of Ecumenical Studies 16 (1979) 457-71. Der Artikel von Burkle ist eine der schlüssigsten zeitgenössischen Erörterungen zur Frage, wie die Christen die Relativität Jesu und aller religiösen Gestalten anerkennen könnten, ohne notwendigerweise deren »Maßgeblichkeit« und universale Bedeutsamkeit zu leugnen (bes. S. 459 - 60, 462, 464). *Dawe* und *Gilkey* würden dem zustimmen; vgl. *Donald G. Dawe:* Christian Faith in a Religiously Plural World, in: Christian Faith in a Religiously Plural World, hrsg. von Donald G. Dawe und John B. Carman (Maryknoll, N.Y.: Orbis, 1978), S. 13 - 33; *Langdon Gilkey:* Society and the Sacred (s. oben Anm. 4), S. 139 - 44. Bezüglich der Frage, wie radikal man Jeus relativieren kann, ist Gilkey jedoch unklar (ibid., S. 157 - 70).
68 Eine Übersicht über die Theologen, die nach wie vor an dieser Ablösungsvorstellung festhalten, bietet *Michael B. McGarry:* Christology after Auschwitz (New York: Paulist, 1977), S. 64 - 72.
69 *John T. Pawlikowski:* Christ in the Light of the Christian Jewish Dialogue (New York: Paulist, 1982), S. 7; *ders.*, in: Christ and the Christian-Jewisch Dialogue, in: Chicago Studies 16(1977)367 - 68.

70 Siehe: *Pawlikowski:* Christ in the Light, S. 8 - 35. *McGarry* folgt denselben Rahmenvorstellung vom »zweifachen« oder »einzigen« Bundesschluß; vgl. sein Buch: Christology after Auschwitz, S. 73 - 98.
71 *Monika Hellwig:* Christian Theology and the Covenant of Israel, in: Journal of Ecumenical Studies 7(1970)37-51; *Paul van Buren:* The Burden of Freedom (New York: Seabury, 1976); *ders.:* Discerning the Way (New York: Schocken, 1973); *J. Coos Schoneveld:* Israel and the Church in Face of God. A Protesant Point of View, in: Immanuel 3(1973/74)8-83.
72 *Rosemary Ruether:* Nächstenliebe und Brudermord (München: Kaiser, 1978); *ders.:* An Invitation to Jewish-Christian Dialogue. In What Sense Can We Say that Jesus Was ›The Christ‹?, in: The Ecumenis 10(1972) 17-24; *Gregory Baum:* Einleitung zu Ruethers Nächstenliebe und Brudermord, S. 9 - 28; *ders.:* Rethinking the Church's Mission after Auschwitz, in: Auschwitz - Beginning of an New Era? hrsg. von Eva Fleischner (New York: KTAV, The Cathedral of St. John the Divine, Anti-Defamation League of B'nai B'rith, 1977), S. 113 - 28; *James Parkes:* Prelude to Dialogue. Jewish-Christian Relationships (New York: Schocken, 1969). *J. Coert Rylaarsdam:* Jewish-Christian Relationship. The Two Covenants and the Dilemmas of Christology, in: Journal of Ecumenical Studies 9(1972)249-7; *E.P. Sanders:* Paulus und das palästinische Judentum. Ein Vergleich zweier Religionsstrukturen (Göttingen: Vandenhoek, 1985); *John Pawlikowski:* Christ in the Light.
73 *Pawlikowski:* Christ and the Christian-Jewish Dialogue, S. 376; *Rosemary Ruether:* To change the World. Christology and cultural criticism (New York Crossroad, 1981), S. 43.
74 *Ruether:* An Invitation, S. 22; *Hellwig:* Christian Theology, S. 49.
75 Siehe *Ruether:* Nächstenliebe und Brudermord, , S. 66 - 198; dies.: Theological Anti-Semitism, in the New Testament, in: Christian Century 85(1968) 194ff.
76 Nächstenliebe und Brudermord, S. 232.
77 Ibid., S. 239; An Invitation, S. 22; To Change the World, S. 42 - 43.
78 Christian Theology, S. 49. In einer rezenteren Arbeit ist *Hellwig* wesentlich zurückhaltender hinsichtlich einer Neueinschätzung der Einzigartigkeit Jesu. Sie meint, eine gewisse Art von Affirmation der ausschließlichen Zentralität Jesu gehöre zuinnerst zur christlichen Erfahrung und Tradition (Jesus, the Compassion of God [Wilmington, Del.: Michael Glazier, 1983], siehe S. 127 - 41).
79 Christ in the Light, S. 114 - 115.
80 Ibid.; S. 116 - 18, 76 - 107.
81 Ibid., S. 122. An dieser Stelle zitiert *Pawlikowski* A. Roy Eckardt und pflichtet seiner Meinung bei.
82 Ibid.; S. 122.
83 Ibid., S. 149
84 Ibid., S. 122 - 23; Christ in the Christian-Jewish Dialogue, S. 385 - 87; *Ruether:* To Change the World, S. 38 - 39.
85 Siehe: Response to Pietro Rossano, in: Christ's Lordship (s. oben Anm. 61), S. 118 - 19.

86 Ich weiß sehr wohl, daß viele Theologen die bedeutsamen Unterschiede zwischen »Befreiungstheologie« und »Politischer Theologie« sowie zwischen den verschiedenen Ausfaltungen dieser Theologien in der Ersten und der Dritten Welt herausstreichen. Ich verbinde hier die Befreiungs- und die politischen Theologen, insoweit sie nach meiner Meinung methodologisch grundsätzlich übereinstimmen. Siehe hierzu *Francis Fiorenza:* Political Theology and Liberation Theology. An Inquiry into Their Fundamental Meaning, in: Liberation, Revelation, and Freedom. Theological Perspectives, hrsg. von Thomas M. McFadden (New York: Seabury, 1975), S. 3 - 29.
87 Siehe: *Gustavo Gutierrez:* Theologie der Befreiung (München, Kaiser, 1973); *Juan Luis Segundo:* Liberation of Theology (Orbis, 1976), Kap. 1 und 3.
88 Siehe: *Driver:* Christ in a changing World (s. oben Anm. 1), S. 22; *Ruether:* To Change the World (s.o. Anm. 73), S. 4.
89 *Driver:* Christ in a Changing World, S. 23.
90 Ibid., S. 16, 29.
91 Ibid., S. 58, 60.
92 To Change the World, S. 31.
93 *Driver:* Christ in a Changing World, S. 3.
94 Ibid., S. 20, 143; *Ruether:* To Change the World, S. 45 - 56.
95 *Driver:* Christ in a Changing World, S. 40.
96 Ibid.; S. 64 - 65.
97 Wahre und falsche Universalität des Christentums (s.o. Anm. 2), S. 307/8. Dieses ganze Heft ist Ausdruck der in der Mission herrschenden Unzufriedenheit mit den christlichen Ansprüchen auf Überlegenheit oder Normativität; vgl. den Beitrag von *Ignace Puthiadam,* S. 367 - 78; desgleichen den Artikel von *Burlan A. Sizemore Jr.:* Christian Faith in a Pluralistic World, in: Journal of Ecumenical Studies 13(1976) 405-19. *Aloysius Pieris* teilt die vorherrschenden asiatischen Christologien in zwei Lager auf: Die »Christus-gegen-die-Religion«-Sicht, (= die konservativen evangelikalen und die gängigen protestantischen Modelle und die »Christus-der-Religion«-Sicht, (= das katholische Modell, bes. in seiner Ausprägung vom »anonymen Christentum«). Beide Perspektiven zwingen den asiatischen Kirchen eine westliche Theologie auf und verhindern ein echtes Hören auf die kulturelle und religiöse Situation Asiens. Pieris fordert die asiatischen Theologen auf, den Anspruch auf die Einzigartigkeit Christi aufzugeben und den Weg für die Entwicklung einer wahrhaft asiatischen Christologie – aus einem echten Dialog mit der asiatischen Religiosität und Armut heraus – zu ebnen. Siehe: Sprechen vom Sohn Gottes in Asien, in: Jesus, Gottes Sohn? - Concilium 3(1982)206 - 11, hrsg. von E. Schillebeeckx und J.-B. Metz. Die negativen Auswirkungen einer normativen Christologie auf missionarische Bemühungen beschreibt *Alexandre Ganoczy:* Absolutheitsanspruch. Begründung oder Hindernis der Evangelisation?, in: Concilium 14 (1978, H.4) 221 - 25; siehe auch *Michael Singleton* und *Henri Maurier:* Die Anstrengungen der institutionellen Kirche zur Lösung der Energiekrise in der Evangelisation. Die Vierte Bischofsynode und Evangelii Nutiandi, in: Concilium 14(1978,

H. 4) 273 - 76; *Henri Maurier:* The Christian Theology of the Non-christian Religions, in: Lumen Vitae 21(1976)59-74. Siehe ebenfalls Eugene Hillman: Towards the Catholicization of the Church, in: American Ecclesiastical Review 168(1974) 122 - 34; *ders.:* The Wider Ecumenism (New York: Herder and Herder, 1968), S. 143 - 58.

Kapitel 4

1 Siehe Kap. 1,. Siehe: *John W. O'Malley:* Reform, Historical Consciousness, and Vatican's II Aggiornamento, in: Theological Studies 32(1971)573 - 601.
2 Siehe: *Knitter:* No Other Name? Kap. 5, S. 91.
3) Siehe: *Raimundo Panikkar:* Salvation in Christ. Concreteness and Universality, the Supername (Santa Barbara, 1972, private Publikation), S. 2 - 5.
4 Die Ankündigung »Das Reich Gottes ist nahe« findet sich in fünf verschiedenen neutestamentlichen Traditionen: in der Q-Tradition, der Markus-Tradition, der von Matthäus verwendeten Eigenquelle, und in der johanneischen Tradition. Vgl. *Edward Schillebeeckx:* Jesus. An Experiment in Christology (New York: Corssroad, 1979), S. 140; *Norman Perrin:* The Kingdom of God in the Teaching of Jesus (Philadelphia: Westminster, 1963), S. 158 - 206.
5 Siehe: *Schillebeeckx:* Jesus, S. 229 - 56; *Alexandre Ganoczy:* Absolutheitsanspruch. Begründung oder Hindernis der Evangelisation?, in: Concilium 14 (1978, H. 4)221 - 25 (Thema des Heftes: Evangelisation in der Welt von heute; Hrsg: Norbert Greinacher und Alois Mueller); *Hans Küng:* Christ sein (München: Piper, 10. Aufl. 1980), S. 205 - 15.
6 Siehe: *R. Brown:* Jesus, God and Man (Milwaukee: Bruce, 1967), S. 23 - 38.
7 Siehe: *Jean Milet:* God or Christ. The Excesses of Christocentricity (New York: Crossroad, 1981), S. 1 - 35. Der Titel des französischen Originals lautet: Dieu ou Christ (Paris 1980).
8 Vgl. *Joseph A. Fitzmyer:* Jesus the Lord, in: Chicago Studies 17(1978)97 - 101; James D.G. Dunn: Christology in the Making (Philadelphia: Westminster, 1980), S. 65 - 97; Reginald H. Fuller: The Foundations of New Testament Christology (New York: Scribner's, 1965) S. 119 - 29.
9 Siehe: *Dunn:* Christology, S. 253 - 54; *Schillebeeckx:* Jesus, S. 154 - 229, 441 - 515; *James Mackey:* Jesus – der Mensch und der Mythos. Eine zeitgemäße Christologie (München 1981), S.l 141 - 202. *Schubert Ogden* vertritt die Ansicht, das »früheste Jesus-Kerygma« stelle Jesus als eschatologischen Propheten hin; vgl. Ogden: The Point of Christology (New York: Harper and Row, 1982), S. 115 - 18.
10) *Schillebeeckx:* Jesus, S. 256 - 71.
11 Dies erfahren wir aus der historischen Schilderung des Selbstverständnisses Jesu. Die Theologen übersehen aber oft, daß wir auf der Grundlage der historischen Schilderung nicht schlußfolgern können, Jesus sei tatsächlich

gewesen, wofür er sich gehalten hat. Ob sein Bewußtsein wirklich mit der Realität übereinstimmte, läßt sich nicht vom Historiker klären. Auf diese Frage kann nur der Gläubige antworten, der Jesus in seinem eigenen Leben erfahren hat. Siehe: *Dennis Nineham:* Nachwort, in: Wurde Gott Mensch? Der Mythos vom fleischgewordenen Gott, hrsg. von John Hick (Gütersloh: Mohn, 1979), S. 195 - 215; *Ogden:* Point of Christolgoy, S. 41 - 63.

12 *Dermot A. Lane:* The Reality of Jesus. An Essay in Christology, S. 41 - 63.
13 *Frances Young:* Eine Wolke von Zeugen, in: Wurde Gott Mensch?, S. 29 - 30; *E. Schillebeeckx:* Interim Report on the Books Jesus and Christ (New York: Crossroad, 1981), S. 10 - 27; *C.F.D. Moule:* The Origin of Christology (New York: Cambridge University Press, 1977), S. 7, 9, 136. *Ogden* behauptet, alle neutestamentlichen Christologien seien einer »konstituiven christologischen Aussage« oder Erfahrung, d.h. der Tatsache entsprungen, daß Christen erkannt haben: Jesus ist für uns »von entscheidender Beudeutung für das menschliche Leben, weil er die maßgebliche Re-Präsentation dessen ist, was die Absolute Wirklichkeit für uns bedeutet.« (Point of Christology, s. 148 - 49; s.a. S. 76, 81, 129).
14 Siehe Kap. 3.
15 Siehe: *Martin Hengel:* Judentum und Hellenismus (Tübingen: Mohr; 1973; *James Robinson* und *Helmut Köster:* Entwicklungslinien durch die Welt des frühen Christentums (Tübingen: Mohr, 1971).
16 Siehe: *Larry W. Hurtado:* New Testament Christology. A Critique of Bousset's Influence, in: Theological Studies 40(1979) 306 - 17; *Frances Young:* Zwei Wurzeln oder ein Wurzelgestrüpp?, in: Wurde Gott Mensch?, S. 97 - 135; *I.H. Marshall:* Palestinian and Hellentic Christianity: Some Critical comments, in: New Testament Studies 19(1972-73)271-87; *Moule:* Origin of Christology, S. 11-46.
17 Siehe: *Schillebeeckx:* Jesus, S. 405 - 23.
18 Ibid., S. 424 - 29; *Young:* Zwei Wurzeln, S. 97 - 135.
19 Siehe: *Schillebeeckx:* Jesus, S. 429 - 32; *Dunn* (siehe oben Anm. 8), S. 209 - 212; *Fuller* (siehe oben Anm. 8), S. 222 - 27; *A.C. Bouquet:* Revelation and the Divine Logos, in: The Theology of the Christian Mission, hrsg. von Gerald H. Anderson (Nashville: Abingdon, 1961), S. 184 - 89.
20 Siehe: *Schillebeeckx:* Jesus, S. 432 - 36.
21 *Francis Fiorenza:* Christology after Vatican II, in: The Ecumenist 18(1980)86.
22 *Young:* Wolke von Zeugen, S. 26.
23 Zitiert in: *Young:* Zwei Wurzeln, S. 130.
24 Siehe: *Dunn:* Christology, S. 251 - 61; *Young:* Zwei Wurzeln, S. 130 - 31.
25 Siehe: *Schillebeeckx:* Jesus, S. 441, 473.
26 Siehe: *Dunn:* Christology, S. 265 - 67, auch S. 62; siehe auch *Young:* Wolke von Zeugen, S. 23; *Schillebeeckx:* Jesus, S. 436.
27 Origin of Christology, S. 3 - 4, 135.
28 *Dunn: Christology,* S. 60.
29 Siehe: *Fitzmyer:* Jesus the Lord, (siehe oben Anm. 8), S. 102.
30 Ibid., S. 91; *Dunn:* Christology, S. 60 - 64; *Young:* Wolke von Zeugen, S. 29 - 33.

31 *Dunn:* Christology, S. 256, 60 - 64.
32 Ibid., S. 254 - 56.
33 Ibid., S. 249, auch S. 257- 58; *Fitzmyer:* Jesus the Lord, S. 91 - 92; *Fuller* (siehe oben Anm. 8), S. 232 - 33.
34 *Dunn:* Christology, S. 250.
35) Method in Theology (New York: Corssroad, 1972), S. 238 - 39.
36 *Moule:* Origin of Christology, S. 165.
37 Siehe mein Buch: No Other Name? (Originalausgabe), Kap. 2, S. 31 - 32.
38 Siehe Anm. 57, Kapitel 3.
39 Siehe Kapitel 3.
40 Siehe: *Gregory Baum:* Is There a Missionary Message?, in: Mission Trends No. 1, hrsg. von Gerald Anderson und Thomas Stransky (New York: Paulist, 1974), S. 81 - 84; *Robert J. Schreiter:* Response to Stanlex Samartha, in: Christ's Lordship and Religious Pluralism, hrsg. von Anderson und Stransky (Maryknoll, N.Y.: Orbis:, 1981), S. 50 - 51.
41 *Young:* Wolke von Zeugen, S. 23.
42 Notes for Three Bible Studies, in: Christ's Lordship, S. 14 - 15.
43 Damit soll wiederum nicht gesagt sein, die Aussagen der frühen Christenheit hätten keine metaphysische Wahrheit enthalten oder es habe damals ein Bewußtsein dieses Unterschieds zwischen metaphysischer und bekenntnishafter Sprache gegeben. Wären die ersten Christen zu einer solchen Unterscheidung fähig gewesen, hätten sie wahrscheinlich gesagt, der kognitive oder metaphysische Gehalt ihrer konfessionalen Sprache seien, daß es so jemanden wie Jesus nicht noch einmal gibt. Ich meine, daß die Natur ihrer Sprache derartige methaphysische Ansprüche nicht beinhaltet. Heute können die Christen die gleiche Sprache sprechen und hören – und dabei einen ganz anderen metaphysischen Gehalt im Sinn haben.
44 Siehe: *Stendhal:* Notes, S. 14 -15.
45 Ibid., S. 12 - 15; *John A. T. Robinson:* Truth Is Two-Eyed (Philadelphia: Westminster, 1980), S. 105 - 06. Siehe: *Peggy Starkey's* aufschlußreiche Untersuchung der exklusivistischen Sprache der Schrift in: Biblical Faith and the Challenge of Religious Pluralism, in: International Review of Mission, Jan. 1982, S. 68 - 74.
46 Siehe: *Robinson:* Truth Is Two-Eyed, S. 107 - 112; *C.H. Dodd:* A Hidden Parable in the Fourth Gospel, in: More New Testament Studies (Manchester University Press, 1968), S. 30 - 40.
47 Einige repräsentative Aussagen *Rahners* hierzu in: Probleme der Christologie von heute, Schriften Bd. 1, S. 169 - 222; Zur Theologie der Menschwerdung, Schriften Bd. 4, S. 137 - 155; Die Christologie innerhalb einer evolutiven Weltanschauung, Schriften Bd. 5, S. 183 - 221; Die zwei Grundtypen der Christologie, Schriften Bd. 10, S. 227 - 238; Inkarnation, in: Sacramentum Mundi, Bd. II, S. 824 - 40; Jesus Christus, in: Sacramentum Mundi, Bd. II, S. 920 - 57; Grundkurs des Glaubens (Freiburg i.Br.: Herder, 1976), S. 180 - 312.
48 Sacramentum Mundi, Bd. II, s. 832 u. S. 942.
49 Geist in Welt (Innsbruck 1939).
50 Sacramentum Mundi, Bd. II, S. 835.

51 Dogmatische Erwägungen über das Wissen und Selbstbewußtsein Christi, in: Schriften Bd. 5, S. 238; Grundkurs des Glaubens, S. 206 - 11.
52 Sacramentum Mundi, Bd. II, S. 933 - 34.
53 Ibid., S. 924; Schriften Bd. 1, S. 208; Grundkurs des Glaubens, S. 194 - 95.
54 Schriften Bd. 4, S. 141 - 42, 151; Schriften Bd. 1, S. 204; Grundkurs des Glaubens, S. 216.
55 Schriften Bd. 4, S. 143.
56 Ibid., S. 222; Grundkurs des Glaubens, S. 222 - 23.
57 Grundkurs des Glaubens, S. 201.
58 Ibid., S. 222; Schriften Bd. 4, S. 150.
59 Grundkurs des Glaubens, S. 202.
60 Ibid., S. 217; Schriften Bd. 4, S. 144 - 45.
61 Siehe mein Buch: No Other Name? (Originalausgabe) Kap. 7, S. 137- 38.
62 *John B. Cobb Jr.* und *David Ray Griffin:* Prozeß-Theologie: Eine einführende Darstellung (Göttingen: Vandenhoek, 1979); Siehe: *Norman Pittenger:* The Lure of Divine Love (New York: Pilgrim, 1979) S. 87 - 99; *Schubert M. Ogden:* Toward a New Theism, in: Process Philosophy and Christian Thought, hrsg. von Delwin Brown u. a. (Indianapolis: Bobbs-Merrill, 1971), S. 173 - 87.
63 *John B. Cobb Jr.:* Christ in a Pluralistic World (Philadelphia: Westminster, 1975), S. 62 - 94; *ders.:* Prozeß-Theologie.
64 God in Process (London: SCM Press, 1967), S. 19 - 20.
65 *Norman Pittenger:* Christology Reconsidered (London: SCM Press, 1970), S. 141.
66 *Robert B. Mellert:* What is Process Theology? (New York: Paulist, 1975), S. 85 - 86; *Pittenger:* Divine Love, S. 109 - 13; *Bernard Lee:* The Becoming of the Church. A Process Theology of the Structures of Christian Experience (New York: Paulist, 1974), S. 109 - 19.
67 *Norman Pittenger:* Process Thought and the Significance of Christ, in: Process Theology. Basic Writings, hrsg. von Ewert H. Cousins (New York: Paulist, 1971), S. 211 - 12.
68 *John B. Cobb Jr.:* A Whiteheadian Christology, in: Process Philosophy (s. oben Anm. 62), S. 388 - 94; *ders.:* The Finality of Christ in a Whiteheadian Perspective, in: The Finality of Christ, hrsg. von Dow Kirkpatrick (Nashville: Abingdon, 1966), S. 144 - 47; *David R. Griffin:* A Process Christology (Philadelphia: Westminster, 1973), . 206 - 27; *Lewis Ford:* The Power of God and the Christ, in: Religious Experience and Process Theology, hrsg. von Harry James Cargass und Bernard Lee (New York: Paulist, 1976) S. 83 - 90.
69 *Mellert:* Process Theology?, S. 81 - 88; *Pittenger,* Christology Reconsidered, S. 87 - 101.
70 *Cobb-Griffin:* Prozeß-Theologie; *Griffin:* Process Christology, S. 228 - 32; Norman Pittenger: Catholic Faith in a Process Perspective (Maryknoll, N.Y.: Orbis, 1981), S. 87 - 101.
71   *Schubert Ogden:* The Point of Christology (New York: Harper and Row, 1982), S. 83 - 84; 148 - 49; *ders.:* On Revelation, in: Our Common History as Christians. Essays in Honor of Albert C. Outler, hrsg. von John De-

schner, Leroy T. Howe und Klaus Penzel (New York: Oxford University Press, 1975), S. 281 - 85. *Ogden* meint, diesen Anspruch müsse jeder Christ erheben, wenn er dem Zeugnis des Neuen Testaments treu bleiben will. Dies heißt aber zugleich für ihn, daß ein Christ offen ist für die Erkenntnis, daß für andere Menschen andere Heilsbringer die Offenbarung schlechthin sein können, auch wenn er/sie selbst stets daran festhalten muß, daß Jesus *die* und nicht nur eine maßgebliche Offenbarung Gottes ist.

72 *Otto Henz,* in einem Referat vor der Versammlung der American Academy of Religion im Jahr 1974.
73 *Donald Gray:* The Divine and Human in Jesus Christ, in: Proceedings of the Catholic Society of America, 1976, S. 25.
74 *Denzinger-Schönmetzer:* Enchiridion Symbolorum, 302.
75 *Cobb* scheint mehr und mehr geneigt, die Möglichkeit anderer Inkarnationen einzuräumen; vgl. No Other Name? (Originalausgabe) Kap. 7; S. 138; siehe auch *ders.:* Ist Christentum eine Religion?, in: Concilium 16(1980, H. 6/7) 390 - 97. Dennoch wirft er in seinem etwas jüngeren Buch *Beyond Dialogue* (Philadelphia: Westminster, 1982) den Autoren *John Hick, W.C. Smith* und *Paul Knitter* vor, sie hätten die Christozentrik um der Theozentrik willen fallen gelassen. Nach Cobbs Einschätzung führt die »Sicht Jesu als eines Heilsbringers unter anderen« letztlich dazu, daß man »die universale Bedeutung und Wahrheit Christi« fallenläßt (S. VIII). Wenn Cobb dann seine eigene christologische Position erläutert, hat es jedoch den Anschein, als unterscheide sie sich nur terminologisch vom theozentrischen Ansatz. Für Cobb sieht der christozentrische Glaube Gott nicht als »geistiges Absolutum«, sondern als eine Wirklichkeit, die »in uns selbst und in unserer Welt zu finden« ist (S. 44 - 45); das tut der theozentrische Glaube aber auch, wie im vorangehenden Kapitel beschrieben. Cobb hat auch keine Schwierigkeiten, die grundlegende Identität zwischen Christus und Amida anzuerkennen (S. 123 - 28). Ein solcher Christus wäre wohl in keiner Weise an Jesus gebunden oder in ihm notwendigerweise vollkommen und endgültig offenbar geworden.
76 Kap. 3.
77 *Fiorenza:* Christology after Vatican II, (s. oben Anm. 21), S. 88.
78 *David Tracy:* Theologies of Praxis, in: Creativity and Method: Essays in Honor of Bernard Lonergan, hrsg. von Matthew L. Lamb (Milwaukee: Marquette University Press, 1981), S. 36; Lamb: Dogma, Erfahrung und Politische Theologie, in: Concilium 14 (1978, H.3) 180-86; *ders.:* The Theory-Praxis Relationship in Contemporary Christian Theologies, in: Proceedings of the Catholic Society of America, 1976, S. 171.
79 *Leonardo Boff:* Jesus Christus, der Befreier (Freiburg: Herder, 1986), S. 31; *Lamb:* Dogma, S. 182; *David Tracy:* The Analogical Imagination (New York: Crossroad, 1981), S. 390-98.
80 *Boff:* Jesus Christus, S. 212-215.
81 Zit. in: *Rosemary Ruether:* To Change the World (New York: Cross road, 1981), S. 27.
82 *Lamb:* Dogma, S. 185.
83 *Boff:* Jesus Christus, S. 214.

84 Siehe: ibid., S. 197-215; siehe auch *Jon Sobrino:* Christology at the Crossroads (Maryknoll, N.Y.: Orbis, 1978), S. XXIV, 35, 391.
85 *Boff:* Jesus Christus, S. 32.
86 Ibid., S. 33-42; *Ruether:* To Change the World, S. 21.
87 Siehe: *Boff:* Jesus Christus, S. 160-61.
88 Ibid., S. 152-55.
89 *Sobrino:* Christology, S. 9-10.
90 To Change the World, S. 23.
91 Man könnte mit gutem Grund anführen, daß eine körperliche Auferstehung weder die Göttlichkeit Jesu, noch seine absolute Einzigartigkeit unbedingt impliziert (siehe: *John Hick:* The Center of Christianity (New York: Harper and Row, 1978), S. 30). Jesus wurde durch die Macht Gottes und nicht aus eigener Kraft auferweckt; und Gott kann dasselbe durchaus für andere Menschen tun – und zwar sogar vor dem »Jüngsten Gericht«. Gleichwohl wurde die buchstäblich und körperlich verstandene Auferstehung Jesu als Argument für seine exklusive Einzigartigkeit herangezogen; eben dieses Argument möchte ich jetzt untersuchen.
92 Siehe: *Schillebeeckx:* Jesus, S. 328-97; *ders.:* Interim Report, S. 74-93; *Reginald H. Fuller:* The Formation of the Resurrection Narratives (New York: Macmillan, 1971); *Norman Perrin:* The Resurrection According to Matthew, Mark, and Luke (Philadelphia: Fortress, 1977); *Hans Küng:* Christ sein (s. oben Anm. 5) S. 330- 372); *Bruce Vawter:* This Man Jesus (New York: Doubleday, 1973), S. 33-51; *Mackey* (s. oben Anm. 9) S. 113-140; *Lane (s. oben Anm. 12), S. 44-81.* Eine hilfreiche Übersicht über die derzeitige Auferstehungsdiskussion bietet *William P. Lowe:* The Appearances of the Risen Lord. Faith, Fact and Objectivity, in: Horizons 6 (1979) 177-92.
93 Die letztere Ansicht wird im allgemeinen *Bultmann, Marxsen* und *Tillich* zugeschrieben. Siehe: *Rudolf Bultmann:* Kerygma und Mythos. Ein theologisches Gespräch. Hrsg. von H. W. Bartsch (Theologische Forschung 1) Eulenhof-Verlag; *Willi Marxsen:* The Resurrection of Jesus as a Historical and Theological Problem, in: The Significance of the Message of the Resurrection for Faith in Jesus Christ, hrsg. von C.F.D. Moule (London): SCM Press, 1968), S. 15-50; *Paul Tillich:* Systematische Theologie, Bd. 2 (Stuttgart: EVW, 19817). Siehe: *Joseph Smith:* Resurrection Faith Today, in: Theological Studies 30 (1969) 395-98.
94 Siehe: *Mackey* (Anm. 9 oben), S. 117-20; *Schillebeeckx:* Interim Report, S. 78-80; *Vawter:* This Man, S. 50-51; *Fuller:* Resurrection Narratives, S. 22-23.
95 *Lane* (s.o. Anm. 12), S. 61; *Vawter:* This Man, S. 46.
96 *Schillebeeckx:* Interim Report, S. 76-77; *Küng:* (s.o. Anm. 5), S. 334-36.
97 Siehe: *Fuller:* Resurrection Narratives, S. 30-31; *Schillebeeckx:* Jesus, S. 346-48.
98 Siehe: *Schillebeeckx:* Interim Report, S. 75-77.
99 *Schillebeeckx:* Jesus, S. 385-92; *Lane* (s.o. Anm. 12), S. 60-61.
100 *Küng* (s.o. Anm. 5), S. 369.
101 *Mackey* (s.o. Anm. 9), S. 113, 115; s.a. S. 120-22, 129.

102 *Lane* (s.o. Anm. 12),S. 61.
103 Grundkurs des Glaubens, S. 271. Siehe auch *Mackey* (s.o. Anm. 9), S. 113; *Fuller:* Resurrection Narratives, S. 183.
104 *Fitzmyer* (s.o. Anm. 8), S. 94; *Fuller:* Resurrection Narratives, S. 28-29.
105 *Schillebeeckx:* Interim Report, S. 78, 80-90; *ders.:* Jesus, S. 352-60; *Fuller:* Resurrection Narratives, S. 171-79; *Mackey* (s.o. Anm. 9), S. 120-132; *Perrin:* Resurrection, S. 9-13.
106 Siehe: *Fitzmyer* (s.o. Anm. 8), S. 94; *Schillebeeckx;* Jesus, S. 392-97; *Mackey* (s.o. Anm. 9), S. 132ff.
107 Siehe: *Edward Conze:* Der Buddhismus. Wesen und Entwicklung, (Stuttgart: Kohlhammer, 7, 1981).
108 Mit anderen Worten, ich bin mit der Argumentation von *Avery Dulles* überhaupt nicht einverstanden: »Die christliche Theologie muß auch weiterhin ihre Scheinwerfer auf die absolute Einmaligkeit und Transzendenz dessen richten, was in der Laufbahn Jesu Christi geschehen ist. Wenn hier etwas verdunkelt wird, kann das Christusereignis weder den Gottesdienst noch die Haltung der Dankbarkeit zum Vorschein bringen, die für die Erhaltung der christlichen Gemeinde in ihrer lebendigen Gottesbeziehung notwendig sind« (The Resilient Church: The Necessity and Limits of Adaptation (New York: Doubleday, 1977), S. 78). Ich hoffe, in diesem Abschnitt (und in diesem gesamten Kapitel) dem Anliegen zu genügen, das *Frans Jozef van Beeck* in seiner Kritik der Schoonenbergschen Christologie zum Ausdruck bringt daß nämlich alle Reinterpretationen Christi »einen Akt der totalen Hingabe, in der Anbetung wie im tätigen Zeugnis«, hervrorufen können müssen (Christ Proclaimed: Christology as Rhetoric(New York: Paulist, 1979), S. 389, dgl. S. 385-95).
109 Siehe: Principles of Christian Theology (London: SCM Press, 1966), S. 155-58.
110 *Schreiter* (s.o. Anm. 40), S. 48; *Lewis Coser:* Theorie sozialer Konflikte (Berlin: Luchterhand, 1965).
111 *David Tracy:* Blessed Rage for Order (New York: Crossroad, 1975), S. 121-23; *ders.:* Offenbarung und Erfahrung. Der partikuläre und universale Charakter christlicher Offenbarung, in: Concilium 14 (1978, H.3) 194-200.
112 The Meaning of Revelation (New York: Macmillan, 1962) S. 39.
113 Ibid., S. 41.
114 Siehe: *Robinson:* Truth Is Two-Eyed (s.o. Anm. 45), S. 125,27.

Kapitel 5

1 Siehe Kap. 4.
2 Wie der Mond stirbt. Das letzte Tagebuch des Thomas Merton (Wuppertal: Hammer, 1976), S. 193.
3 The Way of all the Earth (New York: Macmillan, 1972), S. IX.
4 Siehe: *Raimundo Panikkar:* The Intrareligious Dialogue (New York: Paulist, 1978); Guidelines on Dialogue with People of Living Faiths and Ideologies (Genf: Ö.R.d.K., 1979); *John Hick* (Hrsg.): Truth and Dialogue

in World Religions, Conflicting Truth Claims (Philadelphia: Westminster, 1974); *Richard W. Rousseau* (Hrsg.): Interreligious Dialogue (Scranton: Ridge Row Press, 1981); *S.J. Samartha:* Courage for Dialogue (Marvknoll, N.Y.: Orbis, 1982)

5 Siehe: *Panikkar:* Intrareligious Dialogue, S. 25-52; *Mircea Eliade:* Crisis and Renewal in: The Quest: History and Meaning in Religion (Chicago University Press, 1969), S. 54-71; *W.C. Smith:* Comparative Religion: Whither - and Why?, in: Religious Diversity, hrsg. von Willard G. Oxtoby (New York: Harper and Row, 1976), S. 138-57.

6 Kap. 2. *Peter Berger* behauptet, ein Dialog könne nur von solchen Leuten mit Erfolg durchgeführt werden, »die in keiner Tradition fest verwurzelt« und »sich ihrer Position nicht sicher sind« (The Pluralistic Situation and the Coming Dialogue between the World Religions, in: Buddhist-Christian Studies 1(1981) 39, 36). Der etwas extrem formulierte Standpunkt von Berger widerspricht meinem nicht. Wenn ich vertrete, die Dialogpartner müßten »klare« Positionen beziehen, meine ich damit nicht absolute, endgültige Positionen. Alle am religiösen Dialog Beteiligten müssen erkennen, daß sämtliche Positionen in sich »unsicher« und »ungewiß« sind. Es gibt immer noch etwas dazu zu lernen und zu erfahren. Ich denke, das ist auch die Einstellung von Berger.

7 *Panikkar:* Intrareligious Dialogue, S. 39-52.

8 Die in diesem Abschnitt vorgetragenen Ansichten leugnen keineswegs die Wichtigkeit des Dialogs zwischen religiös Glaubenden und den Verfechtern nichtreligiöser Ideologien. In einem solchen Dialog kann man natürlich keine ausdrückliche religiöse Bindung oder Gläubigkeit fordern. Auch wenn ich sage, es sei nötig, einer religiösen Gemeinschaft anzugehören, um überhaupt einen religiösen Dialog führen zu können, negiere ich damit keineswegs die Tatsache, daß es von einem theologischen Standpunkt aus auch außerhalb religiöser Gemeinschaft, bei offen atheistischen oder agnostischen Menschen, echten, wenn auch verborgenen Glauben gibt.

9 *Raimundo Panikkar:* Faith and Belief: A Multireligious Experience, in: Anglican Theological Review 53 (1971) 225.

10 *Panikkar:* Intrareligious Dialogue, S. 64; siehe auch: *W.C. Smith:* Towards a World Theology (Philadelphia: Westminster, 1981), S. 97

11 *John B. Cobb Jr.:* Beyond Dialogue. Toward a Mutual Transformation of Christianity and Buddhism (Philadelphia: Fortress, 1982), S. 41-44.

12 Siehe Kap. 2.

13 *Cobb* hebt zunächst hervor, daß die buddhistische Erfahrung der Leere (im Mahayana) und die christliche Gotteserfahrung auf zwei verschiedene Wirklichkeiten hinweisen (und daß man daher nicht von einer beiden Religionen gemeinsamen Grundlage sprechen sollte); anschließend legt er in überzeugender Weise dar, daß diese beiden Wirklichkeiten einander notwendig ergänzen und brauchen. (Cobb nennt die Leere »Absolute Wirklichkeit« und Gott »Absolute Gegenwärtigkeit«). Dies läßt möglicherweise den Schluß zu, daß letzten Endes die Leere und Gott etwas gemeinsam haben. Wäre es nicht so, wäre das Cobbsche Projekt eines christlich-buddhistischen Dialogs unmöglich. Siehe: Beyond Dialogue, S. 42- 43, 86-

90, 110-14. Siehe auch *John Cobb:* Buddhist Emptiness and Christian God, in: Journal of the American Academy of Religion 45 (1979) 11-25.
14 *Panikkar:* Faith and Beliefs, S. 225.
15 Siehe: *Panikkar:* Intrareligious Dialogue, S. XIX-XXVII. Siehe auch: *Merton:* Wie der Mond stirbt, S. 192; *Eugene Hillmann:* The Wider Ecumenism (New York: Herder and Herder, 1968), S. 65.
16 *Panikkar:* Intrareligious Dialogue, S. 50, dgl. S. 40-44.
17 Siehe: *W.C. Smith:* Towards a World Theology, Kap. 6, bes. S. 111, 125,26.
18 Wie der Mond stirbt, S. 191, 192, 196.
19 Faith and Beliefs, S. 220.
20 *Dunne:* Way of All the Earth, S. XI.
21 *Joseph Spae:* East Challenges West: Towards a Convergence of Spiritualities (Chicago Institute of Theology and Cultures, 1979), S. 62-64.
22 Siehe: *W.C. Smith:* Faith and Belief (Princeton University Press, 1979); *Bernard Lonergan:* Method in Theology (New York: Crossroad, 1972), S. 115-24; *Panikkar:* Faith and Belief, (s.o. Anm. 9), S. 219-37. Eine kurze und ausgezeichnete Zusammenfassung der Diskussionslage bringt *Dermot A. Lane:* The Experience of God. An Invitation to Do Theology (New York: Paulist, 1981), S. 55-62.
23 *Rahner:* Grundkurs des Glaubens (Freiburg i. Br.. Herder, 1976) S. 42-87; *Lonergan:* Method in Theology, S. 105,09; *Tillich:* Wesen und Wandel des Glaubens. Ges. Werke Bd. 81 (Stuttgart: Ev. Verlagswerk, 1970), S. 111-38; *ders.:* Der Mut zum Sein (Stuttgart: Steingrübenverlag, 3. Aufl. 1958), S. 119 (vgl. S. 113-134). Hinsichtlich »Glaube« im Buddhismus und Hinduismus siehe: *W.C. Smith:* Faith and Belief, S. 20-32, 53-68.
24 Method in Theology, S. 119.
25 *Panikkar:* Intrareligious Dialogue, S. 40.
26 *Dunne:* Way of All the Earth, S. XI.
27 *Panikkar:* Faith and Belief, S. 228-29. Siehe auch John Cobb: Beyond Dialogue, S. 47-53.
28 *Panikkar:* The Myth of Pluralism: The Tower of Babel - A Meditation on Non-Violence, in: Cross Currents 29 (1979) 193-94; *ders.:* Myth, Faith, and Hermeneutics (New York: Paulist, 1979), S. 336- 48 (Nur die Kapitel über den Mythos liegen in deutscher Übersetzung vor: Rückkehr zum Mythos (Frankfurt a. M.: Insel, 1985)). Die Chakren sind die sechs Energiezentren im Körper, die die spirituelle Erfahrung voranbringen, wenn sie auf meditative Weise befreit werden.
29 Siehe: *William Lynch:* Images of Faith (University of Notre Dame Press, 1973); *William O'Brian:* Stories to the Dark (New York: Paulist, 1977); University of Dayton Review, Herbst 1980; die gesamte Ausgabe ist der Untersuchung der religiösen Vorstellungskraft gewidmet.
30 Way of All the Earth, S. IX.
31 Ibid., S. 53; Hervorhebungen von mir. Weitere Studien, in denen Dunne seine Methode des *passing over* entfaltet, sind: A Search or God in Time and Memory (University of Notre Dame Press, 1977); The City of the Gods (University of Notre Dame Press, 1978).

32 Search for God, S. 7, dgl. S. IX; siehe auch: Spiritual Adventure. The Emergence of a New Theology, ein Interview mit *John Dunne,* in: Psychology Today, Jan. 1978, S. 48.
33 Vedic Experience (Berkeley: University of California Press, 1977). Siehe auch sein Buch: The Unknown Christ of Hinduism (Maryknoll, N.Y.: Orbis, 1981), S. 97-162 (deutsche Übersetzung der ersten Ausgabe, 1964: Christus, der Unbekannte im Hinduismus (Luzern, 1965)), wo er die hinduistischen Symbole von Brahma und Isvara in schöpferischer Weise imaginativ bearbeitet.
34 Analogical Imagination, (New York: Crossroad, 1981).
35 Ibid., S. 113-15.
36 Ibid., S. 173-78.
37 Ibid., S. 449.
38 Ibid., S. 451.
39 *Aristoteles:* Metaphysik (RoRo-Klassiker Bd. 9, Hamburg 1968), S. 72-73 (Nr. 1005 b); *Frederick Copleston:* A History of Philosophy, Bd. 1, Teil 2 (New York: Doubleday Image Books, 1962), S. 26.
40 *Rahner:* Christentum, in: Sacramentum Mundi, Bd. I, S. 726/27.
41 Siehe Kap. 2.
42 Stories of God (Chicago: Thomas More, 19789, S. 32-36.
43 Siehe: *W.C. Smith:* Towards a World Theology, S. 154-55, 27.
44 *Rahner:* Grundkurs des Glaubens, S. 54-61.
45 *Henri Maurier* hebt einen anderen Aspekt des gleichen neuen Modells einer »Wahrheit-durch-Beziehung« als Grundlage für den religiösen Dialog hervor: The Christian Theology of the Non-Christian Religions, in: Lumen Vitae 21 (1976) 71-72.
46 Kap. 1.
47 *Panikkar:* The Myth of Pluralism, (s.o.Anm. 28), S. 226.
48 Zitiert in: *Maurier* (s.o. Anm. 45), S. 72.
49 *Jung Young Lee:* The Yin-Yang Way of Thinking. A Possible Method for Ecumenical Theology, in: International Review of Mission 289 (1971) 363-67.
50 Das Christentum und die Begegnung der Weltreligionen, in: Gesammelte Werke Bd.5 (Stuttgart: Ev. Verlagswerk, 2,1978), S. 76- 79.
51 Faith of Other Men, S. 17.
52 Truth Is Two-Eyed.
53 Beyond Dialogue, S. 47-53, 14-43.
54 *Maurier* (s.o. Anm. 45), S. 72.
55 Siehe: *H. Van Straelen:* The Catholic Encounter with World Religions (London: Burns and Oates, 1965), S. 71-132; *Peter Beyerhaus:* Humanisierung, einzige Hoffnung der Welt (Bad Salzuflen: MKB-Verlag, 1969); *Harold Lindsell:* An Evangelical Theology of Missions (Grand Rapids: Zondervan, 1970).
56 Siehe mein Buch: No Other Name? (Originalausgabe), Kap. 7, S. 132- 33.
57 Siehe: *Hubert Halbfas:* Fundamentalkatechetik (Düsseldorf, 1968), S. 240-42; *Marcello Zago:* Die Evangelisation im Raum der asiatischen Religionen, in: Concilium 14 (1978, H.4) 250-56.

58 *Raimundo Panikkar:* The Relation of Christians to Their Non- Christian Surroundings, in: Christian Revelation and World Religions, hrsg. von Joseph Neuner (London: Burns and Oates, 1967), S. 168.
59 Truth Is Two-Eyed.
60 Intrareligious Dialogue, S. 71.
61 Siehe *José Comblin:* The Meaning of Mission (Maryknoll, N.Y.: Orbis, 1977).
62 Siehe Kap. 1.
63 Siehe *Douglas J. Elwood* (Hrsg.): Asian Christian Theology. Emer ging Themes (Philadelphia: Westminster, 1980); *Emerito P. Nacpil* und *Douglas J. Elwood* (Hrsg.): The Human and the Holy: Asian Perspectives in Christian Theology (Maryknoll, N.Y.: Orbis, 1980); *Choan-Seng Song:* Third-Eye Theology: Theology in Formation in Asian Settings (Maryknoll, N.Y.: Orbis, 1979); *Robin Boyd:* An Introduction to Indian Christian Theology (Madras:CLS, 1975).
64 Siehe Kap.1.
65 *John Hick* schlägt eine »globale Theologie« vor und entwickelt sie auch in seinen Büchern: Death and Eternal Life (New York: Harper and Row, 1976), bes. S.29-34; Gott und seine vielen Namen (Altenberge, 1985); *W.C. Smith* tut dasselbe in: Towards a World Theology (Philadelphia, Westminster 1981),
66 Die Bedeutung der Religionsgeschichte für die Frömmigkeit des modernen Menschen, in: Werk und Wirken P. Tillichs, hrsg. Jerald Brauer (Stuttgart: EVW, 1967), S. 133-150; Zit. in: *Otto Haendler:* Paul Tillich - Der Mensch, ibid., S. 71.
67 Faith of Other Men S. 123.
68 *Cousins:* Raimundo Panikkar and the Christian Systematic Theology of the Future, in: Cross Currents 29 (1979) 145-46. Siehe auch: *M.R. Gualtieri:* Confessional Theology in the Context of the History of Religions in: Studies in Religion 1(1972) 347-60; *Richard H. Drummond:* Christian Theology and the History of Religions, in: Journal of Ecumencial Studies 12 (1975) 389-405; *Peter Slater:* Towards a Responsive Theology of Religions, in: Studies in Religion 6 (1977) 507-14; *Carl A. Raschke:* Religious Pluralism and Truth. From Theology to a Hermeneutical Dialogy, in: Journal of the American Academy of Religion 50 (1982) 35-48; *Paul F. Knitter:* The Challenge of the World Religions: A New Context for Theology in: Verbum SVD 19 (1978) 34-56.
69 A Next Step for Catholic Theology, in: Theology Today 32 (1976) 381.
70 Siehe: *Thomas Berry:* Religious Studies and the Global Community of Man, in: An Integral View 1 (1980) 35-43.
71 *Lonergan:* Method in Theology, S. 125-45.
72 *W.C. Smith:* Towards a World Theology, S. 124.
73 *Cousins* (s.o. Anm. 68), S. 145.
74 Ibid., Hervorhebungen von mir.
75 Siehe: *Gerald O'Collins:* Fundamental Theology (New York: Paulist, 1981), S. 21-31; *Heinrich Fries:* Fundamentaltheologie, in: Sacramentum Mundi Bd.II, S.140-50; *Johann-Baptist Metz:* Glaube in Geschichte und

Gesellschaft: Studien zu einer praktischen Fundamentalheologie (Mainz: Matthias-Grünewald,3,1980); *David Tracy:* The Task of Fundamental Theology, in: Journal of Religion 54 (1974) 13-34.
76 *Panikkar:* Myth, Faith, and Hermeneutics, S.325 (nicht übers.)
77 Ibid., S.333.
78 Ibid., S.330.
79 *Lonergan:* Method in Theology, S.237-44, 267-71. Für Lonergan hat der Begriff »Konversion« oder »Bekehrung« eine breite Bedeutung. Die religiöse Bekehrung sollte eine intellektuelle und eine moralische Umkehr mit einschließen.
80 Towards a World Theology, S.101-126.
81 *Rtatattva:* A Preface to a Hindu-Christan Theology, in: Jeevadhara: A Journal of Christian Interpreation 49 (1979) 13.
82 Siehe: *Hans Waldenfels:* Absolutes Nichts. Zur Grundlegung des Dialogs zwischen Buddhismus und Christentum (Freiburg i.Br.: Herder, 1976); *Raimundo Panikkar:* The Trinity and the Religions Experience of Man (Maryknoll N.Y.: Orbis; 1973); *M.M. Thomas:* The Acknowledged Christ of the Indian renaissance (London. SCM, 1969), *S.J. Samartha:* Hindus vor dem universalen Christus (Stuttgart, 1970); *Klaus Klostermaier:* Kristvidya (Bangalore, 1967).
83 Siehe: *David:* Analogical Imagination, S.390-398; *Tom F. Driver:* Christ in a Changing World (New York: Crossroad, 1981), S.12-31.
84 Siehe: *Gremillion* und *William Ryan* (Hrsg.): World Faiths an the New Order (Washington, D.C.: Interreligious Peace Colloquium, 1978); *Joseph Gremillion* (Hrsg.): Food/Energy and the Major Faiths (Maryknoll, N.Y.: Orbis, 1978). Einen summarischen Überblick über die Hauptanliegen und die zwingenden Optionen angesichts der gegenwärtigen Weltlage bietet *Roger Lincoln Shinn:* Forced Options. Social Decisions for the 21st Century (New York: Harper and Row, 1982).
85 Truth is Two-Eyed, S.64-65; *Paul F. Knitter:* Horizons on Christianity's New Dialogue with Buddhism, in: Horizons 8 (1981) 51-55.
86 *Raimundo Panikkar:* The Category of Growth in Comparative Religion. A Critical Self-Examination, in: Harvard Theological Review 66 (1973) 137-38.
87 Vgl. mein Buch: No Other Name? (Originalausgabe), S.68-69. Diese vorläufigen Kriterien für die Beurteilung von Wahrheitsansprüchen im interreligiösen Dialog beleuchten einen wesentlichen Unterschied zwischen meinen Schlußfolgerungen in diesem letzten Kapitel und den Konsequenzen, die *Alan Race* in seinem abschließenden Kapitel zieht (Christians and Religious Pluralism. Patterns in the Christian Theology of Religions (Maryknoll, N.Y.; Orbis, 1983), S.138-48). Wir stimmen darin überein, daß religiöse Wahrheitsbehauptungen nur in der tatsächlichen Praxis des Dialogs aufgestellt werden können und daß das Geheimnis, welches das Menschsein einhüllt – gleich wie die Wahrheitsbehauptungen lauten – stets mehr und größer sein wird, als jede religiöse Wahrheit zum Ausdruck bringen kann. Race betont jedoch, das Kriterium für die Verifikation von Wahrheitsbehauptungen innerhalb des Dialoges könne nur ein subjektives sein;

jede weitere Verifikation könne nur »eschatologisch« zustandekommen: »Die Echtheit der Begegnung (mit dem Geheimnis) läßt sich nicht mit rationalen Mitteln beweisen; sie kann nur in dem Maße verifiziert werden, in dem sie Menschen, die im Sog einer solchen Begegnung leben, befähigt, der ihr entspringenden Vision vom rechten Leben zu entsprechen. Jede weitere Verifikation wird eschatologischer Natur sein. »(S.146). Die Kriterien, die ich von C.G. Jung und den Befreiungstheologen entliehen habe, möchten über einen derartigen Subjektivismus hinausgehen; sie sollen prüfen helfen, ob die »Vision vom rechten Leben«, die eine Religion hat, das psychische Wohlbefinden und die Befreiung des einzelnen wie der Gesellschaft tatsächlich fördert. Meine Hoffnung ist, daß diese Kriterien jetzt, in dieser ungewissen und nach allen Seiten offenen historischen Phase, angewendet werden können und nicht auf irgendein eschatologisches Urteil am Ende der Zeiten warten müssen.

Hugo M. Enomiya-Lassalle
ZEN und christliche Spiritualität
120 Seiten. Gebunden

Das aus 50jähriger Erfahrung entstandene Buch zeigt an Hand der Beispiele aus beiden Bereichen, wie ein Christ sich auf das Abenteuer des Zen-Weges einlassen kann, ohne den Verlust seiner christlichen Identität zu fürchten. Hier wird die feste Überzeugung vermittelt: Der Zen-Weg bietet einen Ausweg aus der Krise des rationalen Bewußtseins im Westen. Er ermöglicht den Christen, sich auf ureigene mystische Tradition wieder einzulassen.
Das Wissen des bedeutenden Vermittlers über die Begegnung von Christentum und Zen wird in leicht lesbarer Form zusammengefaßt: Warum ist Zen im Westen so populär? Welche Weltanschauung steht hinter der christlichen Mystik? Wie absolut ist das Christentum? Was können wir vom Osten lernen? Wie kann der Weg zum neuen Menschen durch die Begegnung von Zen und Christentum für alle fruchtbar werden?
Die Summe der Erfahrungen eines 89jährigen Christen, Missionars und Zen-Meisters, des Hauptvertreters und Trägers der Integration
von Zen und Christentum

Kösel-Verlag München

Bede Griffiths
Rückkehr zur Mitte
Das Gemeinsame östlicher und westlicher Spiritualität
Mit einem Vorwort von Hugo M. Enomiya-Lassalle
139 Seiten. Gebunden

"... Bede Griffiths hat durch und mit diesem Buch wunderbar deutlich gemacht, und er "belegt" es durch sein eigenes Leben, daß der eine Geist in allen Religionen ist: "ich muß nicht nur ein Christ, sondern auch ein Hindu, ein Buddhist, ein Jainäer, ein Parse, ein Sikh, ein Muslim, ein Jude sein, um die Wahrheit zu erkennen".Die Wahrheit ist immer außerhalb der menschlichen Worte. Bede Griffiths hat mit diesem Buch die mögliche und nötige und gottgewollte Einheit in der Vielheit, bezogen auf alle geschaffenen Wesen, verdeutlicht..."
2000 - Magazin für neues Bewußtsein

"... Man hat es also nicht etwa mit "noch einem" Indien-Buch zu tun, sondern es handelt sich um ein Lebenszeugnis, das die innere Gemeinsamkeit östlicher und westlicher Spiritualität in anrührender Weise nahebringt."
ESOTERA

Kösel-Verlag München